Peter Neysters / Karl Heinz Schmitt · Denn sie werden getröstet werden

Peter Neysters
Karl Heinz Schmitt

Denn sie werden getröstet werden

Das Hausbuch
zu Leid und Trauer,
Sterben und Tod

Kösel

ISBN 3-466-36395-0
© 1993 by Kösel-Verlag GmbH & Co., München
Printed in Germany. Alle Rechte vorbehalten
Druck und Bindung: Kösel, Kempten
Layout: Ilse Weidenbacher, München
Umschlag: Elisabeth Petersen, Glonn, unter Verwendung eines Ausschnitts aus dem
Apsismosaik von S. Apollinare in Classe, Ravenna

Gedruckt auf umweltfreundlich hergestelltem Werkdruckpapier
(säurefrei und chlorfrei gebleicht)

Inhalt

6. Kapitel

Tod und Auferstehung im christlichen Glauben

7. Kapitel

Sterbebegleitung – Menschenwürdig sterben helfen

8. Kapitel

Wenn der Tod eingetreten ist 231

9. Kapitel

Trauer und Trost 279

10. Kapitel
Sterben lernen – abschiedlich leben

Anhang

Ein Buch über Leid und Trauer,
Sterben und Tod…?

Wir, die Autoren, haben zwei Bücher geschrieben, die offensichtlich als hilfreich erfahren werden und deshalb auf große Resonanz gestoßen sind. Ein Buch für das Leben zu zweit »Zeiten der Liebe« und ein Hausbuch für das Leben in der Familie »Durch das Jahr - durch das Leben«. Bücher über die Liebe und das Leben. Und nun ein Buch über Sterben und Tod?

Wir wollen das Sterben und den Tod in all seiner Vielgestalt anschauen. Wohl wissend, daß beides auch denen, die es oft bedenken, unvertraut bleibt, bis es einen selbst trifft. Wir möchten dem Tod jedenfalls nicht »das Angesicht« nehmen und sozusagen mit einem »Make up« verschönern, wie es zum Teil bei entsprechenden Bestattungsriten in den USA und Japan geschieht. Wir wollen vielmehr sehen mit den Augen von Menschen, die den Tod miterlebt haben. Wir wollen ihn bedenken und einander Trost zusprechen. Wir wollen helfen, mit Sterbenden und Toten menschenwürdig umzugehen.

Wir tun dies aus unserer christlichen Überzeugung. Der Tod ist nicht nur Schlußstrich. Er ist auch nicht nur das Tor, das zum Eigentlichen führt. Er hat mit diesem Leben schon sehr viel zu tun. Er ist der Hintergrund, auf dem wir das Leben erst wirklich erfahren. Wie erst der »Hunger« spüren läßt, was wirklich »Brot« ist; wie erst der »Durst« das »Wasser« wirklich offenbart: So merken wir erst durch die Erfahrung von Sterben und Tod, was Leben, wirkliches Leben ist! Und doch – bleibt der Tod nicht auch für den gläubigen Menschen unbegreiflich? Sollte man nicht besser darüber schweigen?

Jemand hat einmal gesagt, warum sie dennoch im Glauben eine Hilfe findet, gerade angesichts des Todes:

»Ich will euch sagen, warum ich ein Christ bin – weil die Welt unglaublich geschwätzig ist, laut und vorlaut, solange alles gutgeht. Nur wenn jemand stirbt, dann wird sie verlegen, dann weiß sie nichts mehr zu sagen. Genau an dem Punkt, wo die Welt schweigt, richtet die Kirche eine Botschaft aus. Ich liebe die Kirche um dieser Botschaft willen. Ich liebe sie, weil sie im Gelächter einer arroganten Welt sagt, daß der Mensch ein Ziel hat, weil sie dort ihren Mund aufmacht, wo alle anderen nur die Achseln zucken.«

Und wie lautet diese Botschaft der Kirche? Gibt sie Trost in der Trauer, Gelassenheit im Sterben und Hoffnung auf ein Leben? Beantwortet sie wirklich all unsere Fragen? Die christliche Hoffnung ist nicht selbstsicher. Sie findet ihren Ausdruck vor allem im Gebet.

>>Ich steh vor dir mit leeren Händen, Herr;
fremd wie dein Name sind mir deine Wege.
Seit Menschen leben, rufen sie nach Gott;
mein Los ist Tod, hast du nicht andern Segen?
Bist du der Gott, der Zukunft mir verheißt?
Ich möchte glauben, komm mir doch entgegen!<<

Wir alle suchen Trost angesichts des Todes. Doch dieser stellt sich nicht von selber ein. »Trost« meint ursprünglich »Vertrag« oder »Bündnis«. Im Glauben dürfen wir auf Gottes Bund mit uns vertrauen. Aber dieser Bund, dieser Vertrag muß auch unter uns Menschen realisiert werden, wenn wir einander trösten wollen. So hoffen wir, daß dieses Buch auch einen alten Bund und Vertrag zwischen den Generationen erneuern hilft: den Generationenvertrag, der den Weg vom Geborenwerden bis zum Sterben neu sichert. Ein Generationenvertrag, der gebrochen wurde durch die Entwicklung in einer Gesellschaft, die den Anfang und das Ende des Lebens, *Geburt* und *Tod*

- in erster Linie zu einem nur medizinischen Problem gemacht,
- sie aus der Familie ausgelagert und ins Krankenhaus verlegt und
- beiden ihr tiefes Geheimnis genommen hat.

In einer solchen Zeit brauchen wir einen neuen Generationenvertrag: Wie Eltern ihre Kinder zur Welt bringen, werden Kinder ihre Eltern aus der Welt begleiten! Wo die Alten die Jungen ins Leben eingeführt haben, werden die Jungen die Alten aus diesem Leben hinausbegleiten. Ein lebensnotwendiger Generationenvertrag!

Danken möchten wir in besonderer Weise Herrn Winfried Nonhoff und Frau Ilse Weidenbacher, beide Kösel-Verlag, München, für die einfühlsame Bildauswahl und Gestaltung sowie Frau Beatrix Wachsmann für manche inhaltlichen Anregungen.

Peter Neysters   *Karl Heinz Schmitt*

1. Kapitel

Der Tod
hat viele Gesichter

So viele Leben, so viele Tode

Carmen starb im Mutterleib und wurde tot geboren

Stefan wurde als Frühgeburt nur wenige Tage alt

Anna starb am hellichten Tag ganz plötzlich den »Kindstod«

Carsten wurde auf dem Weg zum Kindergarten von einem Auto überfahren

Judith starb achtjährig an der unheilbaren Stoffwechselkrankheit Mukoviszidose

Holger erlag mit vierzehn Jahren einem Gehirntumor

Tobias nahm sich mit sechzehn Jahren das Leben

Angela setzte sich mit 28 Jahren den tödlichen Schuß: Überdosis Heroin

Rolf starb – 35jährig – an der tödlichen Immunschwäche AIDS

Elisabeth, Mutter von drei Kindern, verliert mit 40 Jahren den Kampf gegen den Krebs

Rolf bricht – gerade 50 Jahre alt – im Büro tot zusammen: Herzinfarkt

Elisabeth starb mit 81 Jahren nach einem erfüllten Leben im Kreise ihrer Familie

So viele Leben, so viele Tode! Der Tod kennt viele Namen; der Tod hat viele Gesichter. Mit jedem Menschen hat der Tod seine ganz persönliche Geschichte. Zum Leben des Menschen gehören auch Sterben und Tod.

Mit dem Eintritt in das Leben tritt gleichzeitig auch der Tod ins Leben. Denn das Leben erstreckt sich buchstäblich vom ersten bis zum letzten Atemzug. Er ist das sichtbarste Zeichen beginnenden und verlöschenden Lebens.

Der Tod kommt nicht »von außen« dazu; er gehört vielmehr ganz sicher – »totsicher« – zum Leben. Und er tritt oft völlig unerwartet und überraschend auf. Wer dazugehört, muß sich nicht eigens anmelden. Das gilt auch für den Tod. Wie oft kommt er viel zu früh; wie oft trifft er Menschen in den besten Jahren; wie oft tritt er bereits vor oder bei der Geburt auf: als Totgeburt. Auf Lebenspläne nimmt der Tod keine Rücksicht. »Ich wollte doch noch dieses und jenes tun...«, diese Rede hat vor ihm keinen Bestand.

Der Tod läßt sich nicht vorschreiben, wann er das letzte Kapitel in der Lebensgeschichte eines Menschen zu schreiben hat. Er setzt den Punkt, den Schlußpunkt. Nicht der Mensch selbst »gibt den Griffel aus der Hand« – wie eine volkstümliche Redeweise behauptet –; ihm wird vielmehr der »Griffel aus der Hand genommen«.

Der Tod und der Gänsehirt

Einmal kam der Tod über den Fluß, wo die Welt beginnt. Dort lebte ein armer Hirt, der eine Herde Gänse hütete.

»Du weißt, wer ich bin, Kamerad?« fragte der Tod.

»Ich weiß, du bist der Tod. Ich habe dich auf der anderen Seite hinter dem Fluß oft gesehen.«

»Du weißt, daß ich hier bin, um dich zu holen und dich mitzunehmen auf die andere Seite des Flusses.«

»Ich weiß. Aber das wird noch lange sein.«

»Oder wird nicht lange sein. Sag, fürchtest du dich nicht?«

»Nein«, sagte der Hirt. »Ich habe immer über den Fluß geschaut, seit ich hier bin, ich weiß, wie es dort ist.«

»Gibt es nichts, was du mitnehmen möchtest?«

»Nichts, denn ich habe nichts.«

»Nichts, worauf du hier noch wartest?«

»Nichts, denn ich warte auf nichts.«

»Dann werde ich jetzt weitergehen und dich auf dem Rückweg holen. Brauchst du noch etwas, wünschst du dir noch was?«

»Brauche nichts, hab' alles«, sagte der Hirt. »Ich habe eine Hose und ein Hemd und ein Paar Winterschuhe und eine Mütze. Ich kann Flöte spielen, das macht mich immer froh. Meine Gänse verstehen nicht viel von Musik.«

Als dann der Tod nach langer Zeit wiederkam, gingen viele hinter ihm her, die er mitgebracht hatte, um sie über den Fluß zu führen. Da war ein Reicher dabei, ein Geizhals, der Zeit seines Lebens wertvolles und wertloses Zeug an sich gerafft hatte: Klamotten, auch Gold und Aktien und fünf Häuser mit etlichen Etagen. Der Mann jammerte und zeterte: »Noch fünf Jahre, nur noch fünf Jahre hätte ich gebraucht, und ich hätte noch fünf Häuser mehr gehabt. So ein Unglück, so ein Unglück, verfluchtes!« Das war schlimm für ihn.

Ein Rennfahrer war unter ihnen, der zeit seines Lebens trainiert hatte, um den großen Preis zu gewinnen. Fünf Minuten hätte er gebraucht bis zum Sieg. Da erwischte ihn der Bruder Tod.

*Dann war da ein junger Mann, der hatte an seiner Braut gehangen, denn
sie waren ein Liebespaar gewesen, und keiner konnte ohne den anderen
leben. Ein schönes Fräulein war dabei mit langen Haaren. Und viele
Reiche, die jetzt nichts mehr besaßen, und noch mehr Arme, die jetzt auch
nicht das besaßen, was sie gerne hätten haben wollen. Ein alter Mann war
freiwillig mitgegangen. Aber auch er war nicht froh, denn siebzig Jahre
waren vergangen, ohne daß er das bekommen hatte, was er hatte haben
wollen. Schlimm für sie alle. Als sie an den Fluß kamen, wo die Welt
aufhört, saß dort der Hirt. Und als der Tod ihm die Hand auf die Schulter
legte, stand er auf, ging mit über den Fluß, als wäre nichts, und die andere
Seite hinter dem Fluß war ihm nicht fremd. Er hatte Zeit genug gehabt,
hinüberzuschauen, er kannte sich hier aus, und die Töne waren noch da,
die er immer auf der Flöte gespielt hatte. Er war sehr froh.
Was mit den Gänsen geschah? Ein neuer Hirt kam.*

Janosch

»Nach einem erfüllten Leben ...«
– Tod im Alter –

»Nach einem erfüllten Leben ist unsere Mutter im gesegneten Alter von
81 Jahren im Frieden mit sich und der Welt von uns gegangen ...« Beim
täglichen Lesen der Todesanzeigen in den Zeitungen achten wir besonders auf das Lebensalter der Verstorbenen. Stirbt ein Mensch in relativ
jungen Jahren, merken wir auf, werden wir nachdenklich, sind wir
mitunter sogar erschüttert. Von jungen Leuten heißt es ja, daß ihnen
»die Welt offenstehe«. Und nun hat sich eine(r) von ihnen aus dieser
Welt verabschieden müssen ...
Der Tod im Alter hingegen ist für uns »ein ganz normaler Tod«. Alte
Menschen haben ihr Leben gelebt; sie wissen um den herannahenden
Tod. Die Zeit, die ihnen vor dem Sterben bleibt, kann der Vorbereitung
auf den Tod dienen. Mit dem Tod im Alter scheinen wir ganz gut
zurechtzukommen: Der Lebenskreis eines Menschen hat sich geschlossen
– im gesegneten Alter. Was können und dürfen wir mehr vom Leben
erwarten?

In memoriam

*H*euer im Sommer
sagte mir meine Mutter plötzlich:
»Nein, wünscht mir keinen anderen Winter mehr,
ich bin zu lang hier, viel zu lang
schau …«

Sie blickte schüchtern
aufs Photo meines Vaters an der Wand
und begann schweigend
die Namen der Verstorbenen
in ihrem Adreßbuch zu streichen

Der Herbst
entfaltet sich unterm Himmelblau
zum Abschied.
Jetzt erst begreifen wir das Glück
der bitteren schönen
langen Jahre.

Ludvik Kundera

Jeder Mensch hat seinen eigenen Tod, jeder Mensch muß auf seine ureigenste Art den letzten Weg gehen: Sterben ist ein höchst persönlicher Vorgang. So verschieden das Leben der Menschen, so verschieden der Tod der Menschen! Das gilt selbstverständlich auch für die alten Menschen. Das Wissen um den bevorstehenden Tod ist die eine Seite, seine Auseinandersetzung mit ihm die andere.

Frau M. ist weit über achtzig. Sie ist sehr kränklich, beinahe ein Pflegefall. Ihr Platz ist der Sessel am Fenster. Stundenlang schaut sie nach draußen, so als erwarte sie nichts sehnlicher als den Tod …

Herr K., Anfang 70, hat seine Frau verloren. Fast 50 Jahre waren sie verheiratet. Nun fühlt er sich hilflos und alleingelassen. Nicht einmal seine Kinder haben Zeit für ihn. Gelegentlich kommt der Gedanke auf, mit dem Leben einfach Schluß zu machen …

Frau S., eine rüstige Achtzigjährige, ist noch voller Lebenslust und Tatendrang. Sie ist jeden Tag unterwegs, ständig auf den Beinen. Mal besucht sie die Familien ihrer drei Kinder, mal nimmt sie an Ausflügen, Wanderungen und Fahrten teil. Drei- bis viermal im Jahr macht sie anstrengende Bildungsreisen in aller Herren Länder. Was ihr in jungen Jahren nicht vergönnt war, genießt sie im Alter in vollen Zügen. Der Tod ist (noch) kein Thema …

Herr R., mit 57 Jahren in den Vorruhestand geschickt, ist auch nach 3 Jahren noch nicht über diesen »Schock« hinweggekommen. Seitdem fühlt er sich nutz- und wertlos, nicht mehr gebraucht, zum alten Eisen zählend. Er weiß mit sich und der Welt nichts anzufangen. Zugleich fürchtet er sich vor der Zukunft, vor allem vor Sterben und Tod. Aus seinem Freundes- und Kollegenkreis hat er schon einige Frauen und Männer zu Grabe getragen. Der Friedhof macht ihm große Angst …

Alter und Tod liegen nahe beieinander. Dennoch ist es eher eine Mär aus alten Lesebüchern, daß alte Menschen friedlich und ergeben auf den Tod warten. Auch sie kennen Todesängste und die ganz konkrete Furcht vor dem Sterben, auch sie verdrängen oft genug den Tod »bis in die letzte Stunde«. Selbst im hohen Alter ist er noch Tabu, ein weithin vernachlässigtes Thema. Aber der Tod steht auf der »Tagesordnung«. Jeder Tag könnte der letzte sein … nach einem hoffentlich erfüllten Leben.

Nachtgebet (1964)

*J*unge Leute werden manchmal wach
Und wissen, daß sie sterben müssen.
Dann erschauern sie kurz,
Und sehen verschiedene Bilder,
Und denken: Jeder muß sterben, und
Es ist noch Zeit.

Alte Leute werden manchmal wach
Und wissen, daß sie sterben müssen.
Dann wird ihr Herz bang,
Denn sie haben gelernt,
Daß Niemand weiß, wie Sterben ist,
Daß Keiner wiederkam, davon zu künden,
Daß sie allein sind, wenn das Letzte
kommt. Und wenn sie weise sind,
Dann beten sie. Und schlummern wieder.

Carl Zuckmayer

»Es hatte ja keinen Namen ...«
– Totgeburt männlich/weiblich –

DAS PERSONENSTANDSRECHT sieht vor, daß totgeborene Kinder *namenlos* bleiben. Beim Standesamt wird kein Vorname eingetragen. Die Eltern erhalten lediglich eine Bescheinigung, auf der das Geschlecht des Kindes festgehalten wird: »Totgeburt männlich/weiblich«. Das Personenstandsrecht sieht weiter vor, daß diese Eintragung nur für die Kinder gilt, die über 1000 Gramm wiegen und eine Körperlänge von mehr als 35 cm aufweisen. In einem solchen »Fall« besteht auch Bestattungspflicht. Was aber geschieht mit den totgeborenen Kindern, die diese Grundvoraussetzungen nicht erfüllen? Sie gelten amtlich als ein Nichts! Sie bleiben anonym und namenlos: Weit über 5000 Kinder werden in Deutschland Jahr für Jahr tot geboren oder sterben unmittelbar bei oder nach der Geburt.

Beinahe acht Monate ist Carmen schwanger gewesen, ohne Probleme, ohne Komplikationen. Wie andere Mütter ist sie »guter Hoffnung«, erwartet sie sehnsüchtig das »freudige Ereignis«. Eines Tages treten plötzlich Schmerzen auf. Der Arzt beruhigt sie: Nichts Auffälliges, nichts Aufregendes, so kurz vor der Geburt ganz normal. Zwei Wochen später, bei der nächsten Vorsorgeuntersuchung, sind keine Herztöne des Kindes mehr zu hören. Die Ultraschalluntersuchung bringt die schreckliche Gewißheit: Das Kind ist tot, gestorben im Mutterleib. Auf der Geburtshilfestation des örtlichen Krankenhauses wird die Geburt eingeleitet. Viele Stunden dauert dieser mühselige Geburtsvorgang. Carmen weiß, daß sie ein totes Kind zur Welt bringt. Und im Kreißsaal nebenan hört sie das Schreien neugeborener Kinder. Die Hebamme zeigt ihr das leblose Kind – ganz normal gewachsen, weiße Hautfarbe, dunkler Haarschopf. Das Kind wird gewogen, in ein Tuch gewickelt und fortgetragen – für immer. Die Mutter sieht es nie mehr wieder. Der Vater hat sein Kind überhaupt nicht zu sehen bekommen.
Carmen bleibt noch einige Tage im Krankenhaus. Kurz vor der Entlassung trifft sie und ihren Mann völlig unvorbereitet der nächste Schock: Das Kind muß beerdigt werden. Der Bestatter rät zu einer »formlosen« Bestattung – ohne Pfarrer, ohne Freunde, ohne großes Aufsehen. »Es war trostlos, so entsetzlich trostlos. Aber was sollten wir machen ... Das Kind hatte ja keinen Namen.«

Vergessen können Eltern ein solch schreckliches Ereignis nie. Die Wunde wird immer wieder aufbrechen, selbst wenn sie schon längst vernarbt zu sein scheint. Aber Carmen und ihr Mann wissen um den *Ort ihrer Trauer*. »Mir war die Frage der Beerdigung an diesem Tag völlig gleichgültig. Das Kind war tot, meiner Frau und mir ging es schlecht«, erinnert sich Carmens Mann. »Aber unsere Freunde haben uns zum Glück geraten: Laßt euer Kind beerdigen, das ist ganz wichtig, dann wißt ihr später, wo es ist.«

Was jedoch ist mit den Eltern, die ihr Kind nie zu Gesicht bekamen, die keine konkreten Erinnerungen an ihr Kind haben, die keinen Ort für ihre Trauer kennen? Auch diese Eltern haben sich so auf ihr Kind gefreut, bereits Namen ausgesucht, den winzigen Körper mit den Augen, den Ärmchen und den Füßchen auf der Ultraschallaufnahme bewundert, das Kinderzimmer hergerichtet! Auch diese Mütter haben das neue Leben in ihrem Körper gespürt, auch diese Väter haben das Leben im wahrsten Sinne des Wortes heranwachsen sehen.

Aber ihre Kinder erreichten nicht das Standardgewicht und die Standardgröße. In bester Absicht hat das Krankenhaus alles für die Eltern »erledigt«. Was im ersten Moment wie eine Erleichterung erscheint, stellt sich später als eine fürchterliche Belastung heraus. Die Eltern, vor allem die Mütter, bleiben in ihrer Trauer allein – ungetröstet in ihrer trostlosen Situation. Falsche Rücksichtnahme verhindert oft die unerläßliche »Trauerarbeit«.

IN JAPAN stellen die Eltern kleine Figuren aus Stein zu Füßen der *Kwannon*, der Göttin der Barmherzigkeit auf. Sie soll das Kind, das ohne ein Zeichen des Lebens fortging, beschützen und bewahren. Und Kwannon soll zugleich den Schmerz der Eltern verstehen und behüten. *Kokeshi* nennen die Japaner diese kleinen Steinfiguren: Zeichen für ein ungelebtes Leben.

Eltern, die vom frühen Tod ihrer Kinder betroffen waren, haben sich vor zehn Jahren zur Selbsthilfegruppe »Regenbogen« zusammengeschlossen und mittlerweile ein weites Netz solcher Gruppen über das ganze Bundesgebiet geknüpft (siehe Anschriftenliste, S. 367).

Man sagt mir,
    ich solle es nicht so schwer nehmen

Man sagt mir,
    das Leben ginge weiter

Man sagt mir,
    jeder müßte lernen
    Verluste zu überwinden

Man sagt mir,
    jede Prüfung des Lebens
    brächte mich weiter

Man sagt mir,
    die Zeit läßt jeden Schmerz vergehen

Aber
    hier und jetzt bin ich allein!
    Mein Gott
    laß mich nicht alleine in diesen Abgrund stürzen
    Strecke Deine Hand aus
    und
    fange mich im Fluge ab
    bevor ich
    am Boden
    zerbreche

Tina Krug

totengedenken

Kind
lang verloren
aus meiner liebe
nie entlassen
dein grab vermeid ich
damit der schatten
meiner Trauer
es nicht beschwere
dafür begegne ich
dir anderswo oft
und spiele mit dir
in den wolken

Gudrun Reinboth

In der Bundesrepublik Deutschland sterben jährlich etwa 2000 Säuglinge den »plötzlichen Kindstod« – im Durchschnitt alle vier Stunden ein Kind. Jeder dritte Tod eines Kleinkindes im ersten Lebensjahr läßt sich auf diese weithin noch unerforschte Todesursache zurückführen. Dieser »grundlose Tod« überrascht im Schlaf: kein Schrei, kein Röcheln, kein Aufbäumen, kein Todeskampf – nichts, rein gar nichts. Selbst die Fachärzte stehen vor einem Rätsel: Auf unerklärliche Weise kommt es zu einem völligen Zusammenbruch aller lebenswichtigen Regelungssysteme.

Täglich sechs Opfer von »plötzlichem Säuglingstod«

■ **München** (dpa) – Der »Plötzliche Säuglingstod« ist mit 40 Prozent die häufigste Todesursache bei Kleinkindern. Täglich erleiden in Deutschland fünf bis sechs Babys dieses Schicksal, teilte die Gesellschaft zur Erforschung des Plötzlichen Säuglingstods am Mittwoch in München mit. Die Säuglinge sterben ohne Symptome.

Süddeutsche Zeitung, 20.8.92

Je rätselhafter der Tod, je hilfloser und ohnmächtiger der Mensch, desto schmerzlicher das Leid und desto untröstlicher die Trauernden. »Nicht-betroffene können letztlich das Leid, das wir Eltern spüren, gar nicht ermessen – und haben oft schon nach kurzer Zeit nicht mehr die Kraft, uns zuzuhören«, heißt es in einem Informationsblatt der **Selbsthilfegruppe »Verwaiste Eltern«.** Auch diese Initiative hat ein Netzwerk über das gesamte Bundesgebiet geflochten (s. Anschriftenliste, S. 366).

Der Weg führt in den Tod
– Eine tödliche Krankheit –

»Als der Arzt mir schonend beibrachte, daß meine einjährige Ruth an Mukoviszidose leidet, da hab' ich dieses unaussprechliche Wort zum ersten Mal gehört«, sagt Frau R. »Was ich dann über diese Krankheit und ihren Verlauf erfuhr, traf mich wie Keulenschläge.«

MUKOVISZIDOSE, auch Cystische Fibrose (CF), ist bis heute un-heilbar und führt nach Jahren unaufhaltsam zum Tod durch Ersticken. 17 Jahre ist die durchschnittliche Lebenserwartung. Mukoviszidose ist eine angeborene Stoffwechselerkrankung der schleimproduzierenden Drüsen. Lunge und Bauchspeicheldrüse sind insbesondere betroffen. Diese Krankheit ist die am häufigsten auftretende Erbkrankheit der weißen Bevölkerung. Weltweit ist jeder zwanzigste Mensch Erbträger. Wenn zwei Ehepartner ent-sprechende Anlagen haben, ohne selbst daran erkrankt zu sein, kann aus der Ehe ein Kind mit dieser Krankheit – bei einer Wahrscheinlichkeit von 1 : 4 – hervorgehen. Kinder wie Eltern bleibt als einzige Hoffnung mögliche Fortschritte in der Medizin. Ein Strohhalm, an den sie sich klammern … letzte Hoffnung in der Hoffnungslosigkeit.

»Unser dreijähriger Tommy darf keine Nahrung zu sich nehmen, ohne gleichzeitig auch Medikamente für die Bauchspeicheldrüse zu schlucken. Sonst bekommt er Verdauungsstörungen, fürchterliche Bauchschmerzen. Kinder mit CF haben den doppelten Kalorienbedarf wie Gesunde. Tommy muß also für zwei essen. Aber er hat fast nie Hunger. Es ist ein grausamer Druck für mich, ihn zum Essen zu bringen. Weil Nervosität und Depressionen sich auf das Kind übertragen und ihm schaden, zwinge ich mich zum Fröhlichsein.

Mehrmals am Tag muß Tommys Lunge vom Schleim befreit werden. Dazu muß das Kind zunächst schleimlösende Medikamente einnehmen, dann ausgiebig inhalieren und anschließend seine Physiotherapie machen. Das heißt: spezielle Gymnastikübungen für den Brustkorb zur Lockerung des Schleims, Vibrieren des Brustkorbs in verschiedenen Lagen und Atemübungen, um den Schleim abhusten zu können. Wenn es dem Jungen gut geht, genügen morgens und abends jeweils eine Stunde Therapie. Hat er einen Infekt, was sehr oft der Fall ist, behandle ich ihn viermal, immer eine Stunde lang.«

Ein 15jähriger sagt: »Bei einer Kur auf Amrum habe ich von anderen Kranken erfahren, daß wir nur ein kurzes Leben vor uns haben. Meine Eltern haben sich offenbar nicht getraut, mir die Wahrheit zu sagen: Ich war fix und fertig, konnte vor Angst nächtelang nicht schlafen.«

Ein 14jähriger: »Meine Eltern zerbrechen an meiner Krankheit. Jeden Tag fühle ich ihren Kummer.«

Ein 16jähriger: »Du leidest, weil du nicht radeln, nicht bergsteigen, nicht schwimmen kannst. Und dann siehst du deine Mutter, die leidet, weil du leidest. Das ist ein Leben! Ich muß mich noch mehr zusammennehmen, damit meine Mutter nicht weint.«

Eine 15jährige: »Vor dem Winter habe ich jedes Jahr Angst. Da bekomme ich überhaupt keine Luft mehr, da ist es ganz schlimm zu leben. Im Winter muß ich einmal sterben.«

Eine 20jährige: »Jetzt muß ich wieder für zwei Wochen ins Klinikum. Viermal im Jahr, je zwei Wochen lieg ich da. Und danach fühl' ich mich drei Wochen lang richtig gut. Jedesmal hoffe ich, es könnte so bleiben. Aber es geht mir jetzt schon viel schlechter als noch vor ein paar Jahren.«

Mukoviszidose ist unheilbar. Trotz jahrelanger Dauerbehandlung, unvergleichbar an Intensität, Zeitaufwand und Kräfteverschleiß, besiegt letztlich doch diese bösartige Krankheit allen menschlichen Überlebenswillen der betroffenen Kinder und deren Eltern. Eine ausweglose Situation – der Weg führt in den Tod!

Muß dies alles so sein?

Fragen zum Tode von Martin X.

Martin X. ist kürzlich 14jährig verstorben.
Von Geburt an körperbehindert, war er seit acht Jahren gelähmt. Er kannte viele Kliniken und Krankenhäuser. Er kannte die Welt der Rollstühle, der Sauerstoffflaschen, der Stethoskope.
Martin war unerhört geduldig. Wenn es ihn am Knie juckte, konnte er sich dort nicht kratzen. Er mußte jemanden bitten, ihn am Knie zu kratzen. Er konnte sich im Bett nicht auf die andere Seite drehen. Wollte er seine Lage verändern, mußte er jemanden bitten, ihn herumzudrehen.
Martin hatte einen hellen Verstand. Er hat alles begriffen. Er wußte, was ihm bevorstand.
Und genau so, wie wir es immer befürchtet hatten, daß sein Ende einmal sein würde, so war es dann auch. Sein Sterben war sehr mühsam. Es bestand darin, daß er langsam erstickte. Er litt am Schluß so sehr, daß ich Dich inständig gebeten habe, Herr, sein Leiden abzukürzen, sein Leben zu beenden. Viele haben Dich darum gebeten, Herr, eigentlich alle, die Martin kannten und mochten.
Dann endlich hast Du ihn von seinem Leiden erlöst.
Ich frage Dich, Herr, warum mußte dieser Junge mit den freundlichen sanften Augen so lange leiden?
Ich frage mich immer wieder, was war der Sinn dieses Lebens und dieses qualvollen Sterbens?
Martin war ein freundlicher Junge, ein liebenswerter Mensch. Er hatte ein gutes Herz, er hatte keine Schuld.
Ich will glauben, Herr, daß Du ein guter Gott bist. Daß Du es gut mit uns allen meinst, daß Du alles zu einem guten Ende führen wirst. Ich verstehe nicht, daß ein Kind einen so schweren Tod sterben muß.
Warum sagst Du uns nicht, warum dies alles so sein muß?

Kurt Marti

Der Tod fährt mit
– Tod auf der Straße –

Beerdigung auf dem Zentralfriedhof. Eine Schulklasse versammelt sich, um ihren Mitschüler Thomas, 18 Jahre, zu Grabe zu tragen. Thomas ist mit seinem Auto tödlich verunglückt. Keine überhöhte Geschwindigkeit, kein Alkohol am Steuer nach einem nächtlichen Disco-Besuch, kein Leichtsinn anläßlich einer Spritztour mit Freunden und Freundinnen – nein, Thomas traf keine Schuld an diesem schrecklichen Unfall mit Todesfolge. Ein Lkw-Fahrer hatte die Vorfahrt nicht beachtet …
Für viele Schülerinnen und Schüler kommt es an diesem Tag erstmalig zur unmittelbaren Begegnung mit dem Tod. Tiefe Betroffenheit, aber auch Ratlosigkeit, Hilflosigkeit, Verständnislosigkeit spiegeln sich in den jungen Gesichtern. Schweigend reihen sie sich ein in den Zug der Trauernden. Als der Sarg in das Grab gelassen wird, verharren die meisten regungslos, wie gelähmt. Einige schluchzen in sich hinein, andere wiederum brechen in hemmungsloses Weinen aus. Zwei Jungen halten es nicht mehr aus: Sie laufen davon …
Die Konfrontation mit dem Tod hat die jungen Menschen überwältigt. In ihrem Leben war der Tod bisher so gut wie ausgeschlossen. Schließlich hatten sie – so hörten sie es von allen Seiten – das Leben ja noch vor sich. Warum dann über den Tod nachdenken?

Anläßlich eines Todes

In Karlsruhe läuft, wie du weißt, Gott, eine Straßenbahn seit achtzehn-hundertsiebzig ohne Unfall, diese bestieg am ersten März, bestieg genau den Waggon, den du ausgesucht hattest, Gott, der Musikstudent G.B., du kennst ihn, er kam öfter ins Haus, heiter, begabt. Bild eines Menschen, liebenswert machtest du ihn, und pünktlich bestieg er die Bahn, die dann aus unerklärlichen Gründen, doch du kennst sie, nehme ich an, entgleiste und den Studenten, dem du als einzigem Fahrgast abzuspringen befahlst, in der Sekunde genau, als der Anhänger kippte, erschlug samt seiner Geige, ihn, keinen andern, du weißt es, doch was sag ich der Mutter, die das Bündel schwarzgeränderter Karten nach Ursachen abklopft, soll ich sagen,

Spuren

Kreide auf dem Asphalt,
das Dunkle wird Blut sein.
Umriß eines Körpers.

Davor ein, zwei Wörter,
das wird: Brille heißen,
Splitterglas daneben.

Umriß eines Körpers.
Niemand, der hineintritt
in die Kreidestriche.

Hans Georg Bulla

du hättest das eingefädelt, genau nach Plan, soll ich sagen, daß alles Sinn hat, verborgenen Sinn meinetwegen, oder, was meinst du, ich sage schwarzgerändert das Wort, das dich ausschließt, das dich zur Hilfskonstruktion macht, Gott, das Wort, das die Tröster entlarvt, das Wort, das bleibt, wenn du fortgehst, wenn du sagst, du kenntest die Karlsruher Straßenbahn nicht, nicht den Studenten G.B., das Wort, das einzige, das dich ersetzt, das, falls du tot bist, stehen muß auf dem Grabstein: Pech gehabt – soll ich's sagen, das Wort, dem toten Studenten G.B., soll ich's sagen der Mutter?

Rudolf Otto Wiemer

Junge Menschen sind zukunftsorientiert: Die Frage nach der eigenen Zukunft und nach der Zukunft der Menschheit hat Vorrang vor allen anderen Fragen. Sie ist im wahrsten Sinne des Wortes eine *»Lebensfrage«*. Der Jugend gehört die Zukunft. Das Leben liegt noch vor ihr.

Mit der Frage nach der Zukunft stellt sich auch die »Todesfrage«. Der Tod scheint langfristig jede sinnvolle Zukunft zunichte zu machen. Aber er gehört vorerst zur »fernen« Zukunft. Naheliegender ist für die jungen Menschen das Leben. Ihre Zukunft ist das Leben *vor* dem Tod.

Dennoch sind dem Jugendlichen Todesvorstellungen und Todesahnungen nicht fremd. Die Suche nach der eigenen Identität ist stets verbunden mit der Erfahrung eigener Begrenztheit, mit persönlichen Unzulänglichkeiten und Verkümmerungen. Das Streben nach individueller Freiheit stößt immer wieder auf gesellschaftliche Schranken und soziale Widerstände. Die Auseinandersetzung mit der persönlichen Lebensgeschichte entfacht einen Sturm widersprüchlicher Gefühle von Hoffnung und Angst, Vertrauen und Unbehagen, Zuversicht und Zweifel. Solche schmerzlichen Erlebnisse und Erfahrungen können Todessehnsüchte und Todesfantasien hervorrufen. Aus Situationen der Überforderung und Enttäuschung können Selbstmordgedanken erwachsen. Der Tod als Erlösung erscheint dann als letzter Ausweg aus einer Lebenswirklichkeit, die zwar erfülltes Dasein versprach, dieses Versprechen jedoch nicht oder nur unzulänglich einlösen konnte.

Selbst wenn die meisten Jugendlichen dem Tode noch nicht unmittelbar begegnet sind, so fremd und unbekannt ist er ihnen nicht. Erste Ahnungen und Erkenntnisse lassen sie spüren, daß Leben sich als »Leben auf Zeit« versteht, – auch wenn sie den größten Teil ihrer »Lebenszeit« noch vor sich haben.

Vielleicht

Einsam. Ganz allein.
Von allen verlassen.
Keine Freunde mehr.
Lohnt es sich noch zu leben?
Für wen? Wofür?
Warum?
Was kann man mit mir
noch anfangen?
Doch vielleicht geht es
einem anderen schlechter als mir.
Vielleicht liebt mich
doch noch einer.
Vielleicht gibt es jemanden,
der mich braucht.
Ich werde zu ihm zurückkehren.

Tanja Seute

Endstation Bahnhofstoilette
– Der Drogentod –

Eine junge Frau auf den Fliesen der Bahnhofstoilette – so sieht das Ende aus. Neben ihr die Spritze, die den tödlichen Schuß setzte. Gibt es einen grausameren Tod – allein, von allen verlassen, verzweifelt, kein Ausweg mehr? Gibt es einen schrecklicheren »Sterbeort« als die schaurige Bahnhofstoilette mit ihren kalten Fliesen? Ich bin zu Tode erschrocken. Das Foto in der Zeitung erinnert mich an gestern.

Gestern, da hatte mich diese Frau am Bahnhofsvorplatz angesprochen. Sie wollte irgendeine belanglose Auskunft. Ich spürte sofort, sie wollte mehr! Ich blieb stehen. »Ich muß mit jemandem sprechen. Ich halte es nicht mehr aus. Hörst Du mir zu?« Ich nickte. »Und Du verrätst mich nicht?« Ich verneinte. Die Schleusen öffneten sich: »Ich bin seit Jahren drogenabhängig. Meine Eltern haben mich damals aus dem Haus geworfen. Ich war schon immer das ›schwarze Schaf‹. Dieser Rauswurf war das allerschlimmste. Jetzt wohne ich in einer billigen Absteige in einem Hinterhof. Den täglichen Strich halte ich nicht mehr aus. Wie mich das alles ankotzt. Aber was soll ich tun? Ich geb' mir nur noch ein paar Tage. Dann mach' ich endgültig Schluß. Dann setz' ich mir den ›goldenen Schuß‹. Dann hat das ganze Elend ein Ende.«

Ich fühlte mich hilflos wie nie zuvor. Was sollte ich sagen? »Das wirst Du schon schaffen. Geh' doch zur Drogenberatung, die werden Dir helfen. Du kannst doch Dein Leben nicht einfach wegwerfen« – hörte ich mich sagen. Und spürte zugleich die Wirkungslosigkeit meiner Worte.

»Danke, daß Du mir zugehört hast«, klingen mir noch ihre letzten Worte in den Ohren. In der Tat: Es waren ihre letzten Worte! Dann verschwand sie. Am anderen Morgen fand man sie – eine junge Frau, auf den Fliesen der Bahnhofstoilette.

Weit über 2.000 Drogentote in der Bundesrepublik Deutschland zählt die Statistik jährlich. Jedes Jahr ist mit 40.000 Alkoholtoten zu rechnen. Etwa 100.000 Personen sterben Jahr für Jahr an den Folgen des Tabakkonsums. Tabak ist die Hauptursache des unheilbaren Lungenkrebses, der mehr als ein Viertel aller Karzinome bei Männern ausmacht.

Die Zahl der Todesfälle durch Suchtproblematik steigt von Jahr zu Jahr fast sprunghaft an – in dem Maße, wie die Abhängigkeit von den verschiedenen Süchten zunimmt. In der Bundesrepublik gibt es derzeit etwa 1,8 – 2 Millionen Alkoholabhängige, 500000 – 800000 Medikamentenabhängige, 60000 – 80000 Drogenabhängige und etwa 6 Millionen abhängige Raucher. Hinzu kommen Zehntausende von Spielsüchtigen und eine unbekannte Zahl von überwiegend Frauen, die unter vielfältigen Formen von Eßsüchten bzw. Eßstörungen leiden.

Zahlen über Zahlen, oft genug Todeszahlen! Aber hinter jeder Zahl verbirgt sich ein Mensch mit seinem ganz persönlichen Lebensschicksal. Ein Mensch, der keinen anderen Ausweg sah als die Flucht in eine der vielen Süchte. Am Anfang steht die *Sehnsucht*, am Ende bleibt die *Sucht*!

AIDS-Patient Hans-Peter
– Der AIDS-Tod –

Es ist Donnerstag abend. Ich werde in die Klinik gerufen und gebeten, einen unserer AIDS-Patienten zu besuchen, der nach mir gefragt hat. Es ist Hans-Peter, der mit einer manifesten Erkrankung bei uns behandelt wird, so gut es geht. Es ist sein dritter Aufenthalt bei uns. Ich setze mich an sein Bett, und wir reden miteinander. Plötzlich bekommt er einen Hustenanfall, der ihn zu ersticken droht. Ich rufe nach dem Stationsarzt. Er läßt auf sich warten. Als er endlich kommt, versucht er mit Ausflüchten sein Verhalten zu entschuldigen, er könne ihm nichts gegen diese Hustenanfälle geben, Hans-Peter müsse es doch verstehen. »Der Dreck muß raus. Das wissen Sie doch. Mit Beruhigungsmedikamenten erreichen wir das nicht.«
Ich ärgere mich über den Arzt. Sieht er denn nicht, daß es mit Hans-Peter zu Ende geht? Aber er ist noch ein sehr junger Arzt. Er hat den Notdienst in der Klinik. Vielleicht weiß er nicht die Symptomatik bei AIDS-Kranken richtig einzuschätzen. Er ist sonst in einer anderen Abteilung. Ich bleibe bei Hans-Peter. Nach ungefähr 20 Minuten beruhigt er sich und kann wieder richtig atmen und sprechen.
»Bitte«, sagt er zu mir, »Du mußt meine Eltern anrufen. Ich, nein wir zusammen müssen mit ihnen sprechen. Ich kann und will jetzt nicht mehr lügen. Ich spüre, es geht langsam mit mir zu Ende. Genauso war es bei Dieter auch. Bitte, ruf sie an.«
Am Telefon habe ich sehr erschreckte Eltern. Sie hatten nur sporadisch Kontakt mit Hans-Peter, seitdem er das Dorf verlassen hatte, in dem sie wohnten, in dem er auch zur Schule gegangen ist. Zu den Feiertagen kam er immer nach Hause. Aber, wenn man 19 Jahre ist, so sagten sich die Eltern, haben die jungen Leute ja doch andere Gedanken – und in einer so großen Stadt ist ja auch so viel Abwechslung. Was er denn hat, fragen sie mich. »Er ist krank und liegt bei uns in der Klinik. Kommen Sie doch vorbei. Wir können ihn dann zusammen besuchen gehen.«
Es ist Samstag mittag. Die Mutter läßt mich durch den Pförtner anfunken, und wir gehen gemeinsam zu Hans-Peter. Der Vater, die Mutter und ich.

Hans-Peter liegt im Bett. Er hat wieder so einen Hustenanfall, wie vor einigen Tagen. Er schimpft. Aber er spürt auch, daß das nicht hilft. Er sieht seine Eltern, lächelt etwas, aber wird dann ganz traurig. Er will ihnen die Wahrheit sagen. Seine Lebenslüge soll geklärt werden.

»Mutter«, kommt es heraus, »du mußt es wissen: Ich bin AIDS-krank. Ja, ich bin schwul«, und er weint. Aber die ganze Wahrheit, die ihn so belastet hatte, war nun in zwei Sätzen ausgeschrien. Eine Erleichterung, eine Anklage, ein verzweifelter Hilferuf? Vielleicht alles zusammen.

Die Mutter sitzt im Stuhl am Bett und sinkt in sich zusammen. »Warum hast du uns das angetan, Hans-Peter?«

Ich lege ihr meinen Arm um die Schulter, und ich spüre, daß sie Halt sucht. Ich sage ihr, daß ich sie nun sehr schockiert erlebe und frage, was sie so hart trifft. Sie versucht zu erklären, aber wagt es nicht so recht in Worte zu fassen. »Sie wissen doch«, sagt sie, »das ist doch anormal. Und wir haben ihn doch richtig erzogen!«

Ich brauche viel Zeit, ihr zu erklären, wie es Hans-Peter jetzt zumute ist, wo sie so spricht. Ich versuche ihr zu erklären, daß ihr Sohn nun endlich Ja zu sich selbst, zu seiner Sexualität gesagt hat, daß er Vertrauen zu ihr gefaßt hat, um nicht mit einer Lüge sterben zu müssen.

Ihr Mann steht etwas abseits und schweigt.

Dann sprechen wir über Hans-Peters Krankheit. Er sagt, daß er sicher bald sterben werde, denn sein Freund sei auch so gestorben. Da geht sein Vater auf ihn zu, nimmt ihn in seine Arme und sagt nur: »Hans-Peter, ich danke dir, daß du so ehrlich warst. Können wir dich nicht mit nach Hause nehmen? Dein Zimmer steht doch noch frei – und ich habe doch jetzt Zeit, wo ich pensioniert bin, und ich kann versuchen, dich zu pflegen!«

Seine Mutter nickt nur. Sie braucht noch Zeit, das alles zu verstehen. Aber auch sie willigt ein, ihn mitzunehmen. Der diensthabende Arzt, es ist zufällig der Stationsarzt, willigt in die Entlassung ein. Medizinisch kann man nichts mehr tun. Alles wird gepackt, und noch am Samstag fahren sie gemeinsam nach Hause.

Die Eltern scheuen sich, so ganz offen mit Hans-Peter zu sprechen. Aber er hilft ihnen. Die Eltern sind ihm dankbar. Vier Tage später stirbt Hans-Peter in den Armen seines Vaters.

Die Eltern rufen mich an. Ich halte die Beerdigung. Er war das einzige Kind. Erst sehr spät in der Ehe geboren. Nun mußten sie Abschied nehmen. Mußten verstehen, daß ihr Sohn nicht »normal« leben konnte, daß er aber ehrlich war, daß er ihnen vertraut hatte. Aber ein wenig Angst hatten sie. Was wird man im Dorf sagen, wo Hans-Peter doch so jung war!

»Es ist Krebs«, hatten sie den neugierig Fragenden gesagt. »Er ist unheilbar krank«, hatten sie angefügt. Aber sie hatten das Gefühl, daß man über ihren Sohn hinter vorgehaltener Hand tuschelte.

Helmut Reinhold Zielinski

AIDS, die erworbene Immunschwäche, ist eine Infektionskrankheit, der wir nahezu machtlos gegenüberstehen. Noch ist kein Impfstoff entwickelt, der vor der Ansteckung mit dem HIV-Virus schützt. Wer sich infiziert hat, bleibt sein Leben lang infektiös und kann wiederum andere anstecken. Auch wenn nicht alle Infizierte im Laufe der Jahre krank werden, so müssen sie doch jeder Zeit mit dem Ausbruch der Krankheit rechnen. Und der Erkrankte wiederum muß sich darauf einstellen, daß er in absehbarer Zeit sterben wird.

Die Zahl der AIDS-Infizierten in der Bundesrepublik beläuft sich auf bald 60000. Dazu kommt eine Dunkelziffer von noch einmal 40000 Personen, die nicht registriert sind. In Deutschland waren bis Ende 1992 insgesamt 9088 Menschen an Aids erkrankt, von ihnen sind bislang 4771 gestorben.

Auch wenn der tödliche HIV-Virus längst die Grenzen der Hauptbetroffenengruppen überschritten hat und zu einer lebensbedrohenden Gefahr für alle Menschen geworden ist, sind nach wie vor Drogenabhängige besonders gefährdet. Der Anteil HIV-Positiver unter intravenös Drogenabhängigen ist in Ballungsräumen wie Berlin, Frankfurt oder Hamburg mittlerweile auf 40 bis 50% angestiegen. Die Spritze als Virusüberträger wird auch in dieser Hinsicht zur »tödlichen Waffe«.

Mehr als 600 000 Aids-Fälle gemeldet
WHO legt neue Zahlen vor

■ Genf, 21. Januar (dpa). Der Weltgesundheitsorganisation (WHO) sind bis Ende des Jahres 1992 insgesamt 611 589 Fälle von Aids gemeldet worden. Die Organisation wies am Donnerstag in Genf darauf hin, daß diese Zahl keinen verläßlichen Trend über die Entwicklung der Krankheit darstelle. Das von den Ländern zur Verfügung gestellte Material sei häufig unvollständig oder veraltet, die Diagnosemöglichkeiten seien unvollkommen.

Die Organisation schätzt, daß seit dem Ausbruch von Aids insgesamt 2,5 Millionen Männer, Frauen und Kinder daran erkrankt sind und sich ungefähr dreizehn Millionen Menschen mit dem Virus angesteckt haben, darunter eine Million Kinder.

In den USA haben Eltern, Angehörige und Freunde von AIDS-Toten eine landesweite Initiative ergriffen: Sie stellen Gedenktücher nach »folk-art«, sogenannte Quilts, her. »Die Mutter unseres verstorbenen Freundes liefert den Stoff, ein Freund bringt ein Foto, ein Kollege ein wichtiges Schriftstück, ich schneide aus den Jeans ein kleines Stück heraus, gemeinsam überlegen wir, wie wir diese Elemente auf dem Tuch anbringen, wie wir den Namen unseres verstorbenen Freundes plazieren und seine Lebensdaten dokumentieren«, berichtet Jeanette Koiganie aus San Francisco.

Das Format des Gedenktuches ist genau festgelegt: 91 mal 182 Zentimeter; die Gestaltung bestimmt jede Gruppe selbst. Bei der Arbeit wird die Persönlichkeit des Verstorbenen durch den Austausch von Erinnerungen noch einmal lebendig: »Dein Name lebt weiter...«, so lautet die tröstliche Botschaft der trauernden Eltern, Angehörigen und Freunde.

»Freiwillig« aus dem Leben geschieden
– Selbsttötung als letzter Ausweg –

Die Nachricht:
Gestern morgen ereignete sich ein tragischer Unfall. Von einer Brücke stürzte sich der Student Martin S. in die Tiefe. Der herbeigerufene Notarzt konnte nur noch den sofortigen Eintritt des Todes feststellen. Martin S. ist schon das dritte Todesopfer in diesem Jahr, das seinem Leben mit dem Sprung von der »Todesbrücke« ein Ende setzte.

Martin S. war einundzwanzig Jahre jung. Er war ein liebenswürdiger und aufgeschlossener Student. Er hatte ein glückliches Zuhause. Er zerbrach an einer Liebe und Freundschaft. Er sah keinen Ausweg mehr. Von einer Brücke sprang er in die Tiefe. Seinen Eltern und Geschwistern hinterließ er einen Abschiedsbrief ...

40

Meine Lieben,

nun ist es also trotzdem soweit. Ich spüre die endgültige Absage von … Meine Leiden sind so stark, daß ich die Kraft nicht mehr habe, weiter zu machen. Das Leiden muß aufhören, weil ich sonst krank werde und ein Wrack. Ich bin zu diesem Leiden nicht gemacht, darum soll es aufhören. Das Leid, das ich Euch antue …, erscheint Euch wahrscheinlich als nicht gerechtfertigt. Aber ein Leben mit nicht abnehmenden Schmerzen ist nicht auszuhalten.

Ich bin zu schwach für ein Leben ohne den Halt von … Später hätte ich mich durch sie vielleicht stärken und festigen können. Das ist alles jetzt nicht möglich.

Ich freue mich auf den Tod, er wird mir Ruhe und Gerechtigkeit bringen. Ihr wart immer gerechte Eltern, und was ich Euch jetzt antue, schmerzt mich selbst wahnsinnig. Haltet zusammen und erinnert Euch an mich! Ich habe Euch alle wahnsinnig gern, und der Beistand von Eurer Seite hat mir sehr geholfen. Das Letzte aber mußte ich allein entscheiden.

Dank vor allem …, auch an Euch Geschwister. Grüßt alle, die mich kennen, herzlich, ich werde noch an sie denken.

Mutter, bitte leb Du weiter, ich habe Dich immer gern gehabt. Lebt alle wohl!

Martin

IM JAHR 1990 nahmen sich 13.924 Menschen (9.534 Männer/4.390 Frauen) in Deutschland das Leben. Der Anteil der unter 25-jährigen lag bei 7,6 Prozent, der der über 60jährigen bei 38 Prozent. Insgesamt sind die Zahlen der Selbsttötungen seit 1977 rückläufig!

Bedrückende Tatsache: Menschen wählen den Tod. Sie legen Hand an ihr Leben. Sie scheiden »freiwillig« aus dem Leben aus. Alle Lebenswege scheinen versperrt zu sein. Sie finden keinen Ausweg mehr aus der Sackgasse. Sie setzen ihrem Leben ein Ende.

Der Selbsttötung (auch Suizid genannt) gehen meist zahlreiche Versuche voraus – nicht selten bis zu zehn an der Zahl. Jeder Versuch ist ein Not-Signal, ein Hilfe-Schrei, ein verzweifelter Ruf nach menschlicher Nähe und Wärme, Anerkennung und Verständnis, Wertschätzung und Geborgenheit.

Man wird materiell reich und an Liebe arm. Und die Liebe ist mit das Wichtigste im Leben!

Unser Werner ist tot

★ 7.10.1965   † 14.3.1992

Er sah keinen anderen Weg.
Wir sind unendlich traurig.

»Suizidversuche gelten oft als letzter Hilfeschrei der Betroffenen. Tatsächlich kalkulieren über die Hälfte der Menschen, die einen Selbsttötungsversuch unternehmen, eine Rettungsmöglichkeit ein. Demgegenüber wählen Menschen mit festem Selbsttötungs-Entschluß Methoden, die mit größerer Sicherheit zum Tode führen. Dies ist das Ergebnis einer Studie, die suizidgefährdete ehemalige Patienten der psychiatrischen Klinik des Bezirkskrankenhauses Leipzig sowie Angehörige von Menschen, die sich selbst getötet hatten, untersuchte« (*Krankenhauspsychiatrie 4/1992*).

Jeder Mensch hängt am Leben. »Freiwillig« scheidet niemand so leicht aus dem Leben, niemand wirft sein Leben »leichtsinnig« weg. Hinter jedem Suizidversuch verbirgt sich ein Mensch in tiefster Einsamkeit und Verlassenheit, in seelischer Zerrissenheit und Hoffnungslosigkeit, in bitterer Enttäuschung und letzter Verzweiflung. Wer wagt es, über diesen Menschen zu richten? Wer wagt es, den Stab über ihn zu brechen? Wer wagt es, von Selbst-Mord und Selbst-Mördern zu sprechen?

Selbstmord ?

*S*elbst angetan
weil sich das Selbst verlor

in unendlichen Traurigkeiten
die Flügel brachen

der Weg zog sich von den Füßen zurück
das Licht verließ die Augen
das Brot entfloh den Händen
die lieben Laute verstummten
die freundlichen Menschen lösten sich auf
es blieb nichts
als das Nichts

Mord ausgeschlossen

Christa Peikert-Flaspöhler

Nach christlicher Auffassung ist Leben ein Geschenk Gottes – sozusagen eine göttliche »Leihgabe« –, aus der die menschliche Aufgabe erwächst, das Leben in der Spanne von Geburt und Tod verantwortlich zu gestalten. Folglich hat der Mensch kein Verfügungsrecht über sein Leben. Gott ist der Schöpfer, der Mensch sein Geschöpf. Gott ist der Herr über Leben und Tod, nicht der Mensch. Sein Leben verdankt er dem Schöpfer allen Lebens. Niemand ist berechtigt, sich das Leben, das Gott ihm geschenkt hat, zu nehmen, selbst in scheinbar ausweglosen Lebenssituationen.

Doch bei allen theologischen und ethischen Überlegungen darf nicht übersehen werden, daß physische und psychische Leid- und Notsituationen eintreten können, die jede moralische Verurteilung und Ächtung verbieten. Im Gegenteil: Trauer, Takt und Respekt vor der Lebenstragödie eines Menschen sind gefordert. Wo die Zumutbarkeit ihre Grenzen findet, bleibt die Achtung vor dem Tod dieses Menschen. Die Frage stellt sich doch, ob bei der Selbsttötung wirklich von einem Freiheitsakt gesprochen werden kann. Der »Freitod« ist so frei nicht! Die meisten Menschen, die Hand an ihr Leben legen, befinden sich in einem außergewöhnlichen Zustand seelischer Überbelastung, der ihnen eine freie Entscheidung wohl kaum ermöglicht.

Diagnose Krebs
– Eine unheilbare Krankheit –

Es klang wie eine Vorwarnung: »Kommen Sie bitte morgen früh in meine Praxis. Am Telefon möchte ich mit Ihnen darüber nicht sprechen.« Die letzten Zweifel scheinen beseitigt: Also doch Krebs! Wären die Knoten an der Brust eine »harmlose Sache«, müßte ich morgen nicht in die Praxis kommen. Die längste Nacht meines Lebens stand mir bevor – eine Nacht zwischen dem kleinen »Fünkchen Hoffnung« und der riesengroßen Last zunehmender Gewißheit.

Am Morgen die Diagnose: Brustkrebs im fortgeschrittenen Stadium. Die Gewebeprobe war eindeutig: bösartiger Krebs.

Weitere Schritte: Computertomographie, Operation, Bestrahlung mit den Nebenwirkungen wie Haarausfall, Gewichtsverlust, tiefe Depression. Abschließender Befund: Metastasen überall. Lebensprognose: Noch ein Jahr, maximal. Und das im besten Lebensalter – gerade 42 Jahre?!

Plötzlich ist alles ganz anders – von heute auf morgen. Plötzlich wird der normale Lebensrhythmus jäh und abrupt unterbrochen. Plötzlich kommt es »wie ein Schicksalsschlag« über uns. Eine tödliche Krankheit bedroht das Leben, durchkreuzt alle Zukunftspläne und verwirft alle Lebensentwürfe. Plötzlich ist alles ganz anders ...

Es gibt Ereignisse, die brechen geradezu in unser Leben ein. Sie lassen uns schmerzlich spüren, wie zerbrechlich unser Leben ist und wie schnell wir aus der (Lebens-)Bahn geworfen werden können. Es gibt Ereignisse, die lassen uns wissen: Leben ist weder planbar noch steuerbar – allen Vorsorgemaßnahmen und Absicherungen zum Trotz!

PRO JAHR erkranken etwa 270000 Personen an Krebs, rund 170000 Menschen sterben an der Krebserkrankung. Bei den Frauen geht nach einem Bericht über die Gesundheit der Nation das Krebsrisiko zurück; bei den Männern steigt es langsam an.

Intensivstation

Sie sagen, mein Herz sei noch stark, Gott. Auch eine Lüge; denn von Tag zu Tag pocht es hastiger, härter, bockiger, böser, verzweifelter. Es klopft an Türen, die verschlossen bleiben, und fragt Menschen, die einer Antwort ausweichen. Sie meinen es gut mit mir, aber sie stoßen mich damit in einen Abgrund an Isolation. Und wo bleibst du, Gott? Auch du bist weit, weit weg. Hast auch du Angst vor den Schläuchen, der Technik, dem Geruch nach Perfektion, nach meinen Fragen? In den seltenen Augenblicken, da mein Herz etwas ruhiger schlägt, kommt mir eine Ahnung, daß du mir dann die endgültige erlösende Antwort gibst, wenn du es zu dir geholt hast. Aber der Weg bis dahin scheint nur über hindernde, verletzende Stacheldrähte zu gehen. Selbst meine nächsten Angehörigen haben einen Schutzwall um sich gebaut. In ihren Augen lese ich die Sorge um mein Leben, aber sie töten meine Seele mit tröstenden Worten, die ich nicht mehr glauben kann. Gott, ich schreie es stumm zum Himmel: Gib mir einen Menschen, mit dem ich vom Sterben sprechen kann, der den Mut hat, bewußt mit mir die letzten Schritte zu tun, der nicht lügt, der mir Antwort gibt als Hilfe beim Sterben.

Hildegard Kremer

Der Tod stellt viele Fragen

Der Tod begegnet uns in vielfältiger Gestalt. Mit verschiedenen Gesichtern und verschiedenen Namen trifft er uns Menschen in unterschiedlichsten Lebenssituationen und Lebensaltern. So gewiß der Tod, so unsicher macht uns jeder Tod, den wir erleben. Der Tod stellt viele Fragen:

– Warum mußte unser Kind so jung und so plötzlich sterben?

– Warum hat der Junge von nebenan mit seinem Leben Schluß gemacht?

– Wie geht es jetzt weiter ohne die Mutter?

– Was hat das Leben noch für einen Sinn ohne den geliebten Partner?

– Wie kann Gott den Tod so vieler Menschen zulassen?

– Wie geht es weiter nach dem Tod?

– Wo sind die Toten?

– Wo gibt es Trost in Leid und Trauer?

– …

Wo finde ich Antwort(en) auf meine vielen Fragen?

Der Schwur

Meine Toten
sprechen immer
nur meine Sprache
Ich verstehe sie besser
als meine Lebenden

»Laß es nicht nochmals geschehen!«
verlangen sie jede Nacht
Und jedes Mal
wenn ich schwören will
wache ich auf

Erich Fried

Streitlied zwischen Leben und Tod

So spricht das Leben:
>Die Welt ist mein,
>Mich preisen die Blumen und Vögelein,
>Ich bin der Tag und der Sonnenschein.
>So spricht das Leben:
>Die Welt ist mein.

So spricht der Tod:
>Die Welt ist mein,
>Dein Leuchten ist nur eitel Pracht,
>Sinkt Stern und Mond in ewge Nacht.
>So spricht der Tod:
>Die Welt ist mein.

So spricht das Leben:
>Die Welt ist mein,
>Und machst du Särge aus Marmorstein,
>Kannst doch nicht sargen die Liebe ein.
>So spricht das Leben:
>Die Welt ist mein.

So spricht der Tod:
>Die Welt ist mein,
>Ich habe ein großes Grab gemacht,
>Ich habe die Pest und den Krieg erdacht.
>So spricht der Tod:
>Die Welt ist mein.

So spricht das Leben:
>Die Welt ist mein,
>Ein jedes Grab muß ein Acker sein,
>Mein ewiger Samen fällt hinein.
>So spricht das Leben:
>Die Welt ist mein.

Unbekannter Dichter aus dem Mittelalter

*S*terbliche sind wir

2. Kapitel

Mitten im Leben – mitten aus dem Leben

Nichts ist in unserem Leben so sicher wie der Tod. Von alters her werden die Menschen deshalb auch die »Sterblichen« genannt. So wurden sie unterschieden von den Göttern, den »Unsterblichen«.

»Alles Sterbliche ist wie Gras, und all seine Schönheit ist wie die Blume auf dem Feld. Das Gras verdorrt, die Blume verwelkt« (Jesaja 40,6b-7a), heißt es im Alten Testament. Wir Menschen müssen sterben. Der Tod steht jedem bevor. Wir wissen nicht wann. Aber können wir deshalb leben, als ob es den Tod nicht gäbe?

»Ich mag eigentlich nicht darüber sprechen, auch nicht darüber nachdenken. Schließlich bin ich noch jung. Man weiß zwar nie ganz genau, aber ich glaube noch nicht, daß ich bald sterben werde.«

»Ich denke oft an den Tod. Angst vor dem Tod habe ich eigentlich nicht; mehr Angst vor dem Sterben.«

»Jeder muß sterben. Es hat keinen Sinn, davonzulaufen. Nicht, daß ich mich viel mit dem Sterben beschäftige, aber ich weiß, daß ich auch eines Tages an der Reihe sein werde. Ich versuche mein Leben so zu gestalten, daß ich die Zeit und das Leben nutze.«

»Ich denke nicht an Sterben und Tod. Ich habe mein Leben zu leben und keine Zeit, mich mit diesem Thema zu befassen.«

»Ich bin erst 50; aber es vergeht kaum ein Tag, an dem ich nicht vom Tode eines Menschen erfahre, den ich gekannt habe. Mit den Jahren werden ihrer täglich mehr sein.«

»Mitten im Leben sind wir vom Tod umfangen«. So heißt es in einem mittelalterlichen Lied. Der Tod aber ist nicht nur mitten *im* Leben, er reißt oft auch mitten *aus* dem Leben. Er ist ein Teil des Lebens unserer Welt.

- Tod durch Naturkatastrophen
- Tod durch Hunger
- Tod durch Kriege
- Tod durch Gewalt
- Tod durch Unfälle
- Tod durch Krankheiten
- …

Drei Buchstaben

*I*ch gehe ihm aus dem Weg
laufe ihm in den Weg
der lebenslang um mich wirbt
mit schwarzer Magie

Ich verwandle ihn
in ein Wort
drei Buchstaben
der Wohlklang tut weh

Rose Ausländer

Der Tod steht auf der Tagesordnung

Dem Tod begegnen wir Tag für Tag. Wir haben ihn auf die Tagesordnung gesetzt: auf die Titelseiten der Zeitungen und Magazine, in die Schlagzeilen der Nachrichten von Funk und Fernsehen. Aber dieser Tod bleibt anonym. Er reißt Menschen aus dem Leben, die uns unbekannt sind. Der Tod selbst ist uns fremd geworden – und unheimlich dazu. Der Tod steht auf der Tagesordnung – aber wir gehen zur Tagesordnung über, als wäre nichts geschehen … Der tausendfache Tod – täglich vermeldet – schreckt uns kaum noch. An solche Schreckensbotschaften haben wir uns gewöhnt. Wie könnten wir sonst auch (über-)leben?

Der Tod steht auf der Tagesordnung
immer wieder, jeden Tag.
Er gehört zur Routine,
wird geschäftig erledigt,
ist keine Schlagzeilen mehr wert.
Flugzeugabstürze mit siebzig
und Katastrophen mit Hunderten,
ja, Kriege mit Tausenden
und Völkermorde mit Millionen
von Toten –
sind nichts, was uns den Appetit
für länger als zwanzig Sekunden nehmen könnte.

Wir haben gelernt,
mit dem Tod zu leben,
mit dem sinnlosen Morden
in weit entfernten Kriegen,
mit dem Fließbandsterben
in unseren Spitälern,
mit den zerfetzten Leichen auf unseren Straßen,
mit dem einsamen Verlöschen
in verlassenen Stuben.

Einzig das Makabre am Tod
lockt uns aus der Reserve:
der Lustmord gestern in der Zeitung,
der Unfall mit dem aufgespießten Fahrer
und die vergiftete Hochzeitsgesellschaft.
Vielleicht noch die grausamen Einzelheiten
aus dem Prozeß gegen einen Sadisten
oder der malerische Heldentod im Film,
allenfalls noch der rührende Tod
einer gutgeschminkten jungen Frau
im sauberen Spitalsbett einer Love Story –
Tod erster Klasse sozusagen.

Nur wenn dann einer vor uns liegt,
auf der Straße oder sonstwo –
unerwartet, ungeschminkt, unsensationell –
dann kommt uns die Gänsehaut, bedenkend,
daß jeder andere genausogut daliegen könnte –
auch du und ich.

Peter Paul Kaspar

Doch plötzlich sind wir zutiefst erschüttert. Ein Mensch, den wir lieben;
ein Freund, dem wir uns verbunden fühlen; eine Kollegin, die wir zu
schätzen gelernt haben; ein Nachbarskind, das wir von der Straße her
kennen – ist gestorben.
Der Tod hat einen Namen angenommen. Er hat einen uns nahestehenden Menschen bei seinem Namen gerufen, gleichsam aus dem Leben
»abgerufen«. Dieser »Todesruf« trifft uns um so mehr, je unerwarteter
und überraschender er für uns kommt. »Mitten aus dem Leben gerissen«
– eine solche Todesnachricht rüttelt an den Grundfesten unseres Lebens.
Wo der Tod für uns persönlich wird, gleichsam ein persönliches Gesicht
annimmt, versagen alle Verdrängungs- und Abstumpfungsmechanismen.
Schließlich geht es »um Leben und Tod« – Fragen nach dem Tod sind
immer auch Fragen an das Leben. Jeder Tote erinnert uns an den eigenen
Tod; jeder Tote stellt unser eigenes Leben in Frage. Wer ist der Nächste
aus dem Freundes- und Bekanntenkreis? Bin ich es gar?

Die Nächste

er der mir mitten
ins Leben platzt
er der den Punkt setzt
für meine Linien

er der das Lachen
aus meinen Augen wischt
und meinen Mund füllt
mit Schweigen

manchmal
winkt er mir zu
raunt aus dem Dunkel
du bist
die Nächste im Reigen

Ursula Teicher-Maier

»Ich habe noch keinen wirklichen Toten gesehen ...«

Noch nie sind so viele Menschen getötet worden, und noch nie wurde so öffentlich und häufig über den Tod geredet. Doch die persönlichen Erfahrungen vor allem junger Menschen stehen dazu in deutlichem Widerspruch:

Viele 20-30jährige haben noch nie eine unmittelbare Begegnung mit einem Toten gehabt. Die Gründe sind vielfältig:

Die jüngere und mittlere Generation hat keine eigenen Erfahrungen mehr mit Toten, die im Krieg oder an Hunger gestorben sind.

Die Lebenserwartung der Menschen ist gestiegen. Alte Menschen jedoch sind aus dem Familienverband ausgegliedert, so daß Jüngere das Sterben nur noch selten ganz unmittelbar erleben.

Sterben vollzieht sich heute vorwiegend (bis zu 80%) in Krankenhäusern, Alters- und Pflegeheimen. Den Toten bekommen viele Angehörige erst gar nicht mehr zu Gesicht.

Der Tod ist überall – und ereignet sich dennoch höchst selten mitten unter uns. Vor allem in unseren Städten gehört der Tod schon lange nicht mehr zum Leben. Während sich auf den Dörfern noch eine große Anzahl von Menschen zur Bestattung eines Verstorbenen versammelt, merkt man in unseren Städten kaum mehr etwas von der Gegenwart des Todes. Dort hat es sich eingebürgert, die Toten »im engsten Familienkreis« oder »in aller Stille« beizusetzen.

DER SCHWARZ-SILBERNE LEICHENWAGEN von einst ist zur unscheinbaren grauen Limousine geworden, die im Straßenverkehr kaum auffällt. Die Gesellschaft legt keine Pause mehr ein. Das Verschwinden eines einzelnen unterbricht nicht mehr ihren kontinuierlichen Gang. Das Leben der Großstadt wirkt so, als ob niemand mehr stürbe.

Philippe Ariès

In *Solschenizyns* bekanntem Roman »*Krebsstation*« fordert der Funktionär Rusanow systementsprechend: »Lassen Sie den Tod aus der Debatte!«, und sein Gegenspieler Kostoglotow stellt fest: »Wie die Hühner. Allen wird am Ende der Hals umgedreht, aber sie gackern und scharren nach Futter. Während eines zum Schlachten weggetragen wird, scharren die anderen weiter.«

Angst vor dem Tod

Die meisten Menschen haben Angst vor dem Tod. Bei vielen ist es aber mehr die Angst vor dem Sterben:
– Angst vor einer langen und schmerzlichen Krankheit.
– Angst vor dem Alleinsein.
– Angst, nicht mehr bei Sinnen zu sein.
– Angst vor der Abhängigkeit von anderen.
Unsere Vorstellungen und Phantasien vom Sterben können schon Angst machen. Viele wünschen sich deshalb einen schnellen Tod – kurz und schmerzlos, möglichst ohne langes Leiden.
Es gibt aber auch die Angst vor dem Tode selber – die Todesangst.

LEBENSNOTWENDIGE ANGST

Die Angst vor dem Tod ist lebensnotwendig. Ohne Todesangst gäbe es kein Leben. Zum Leben gehört die Sorge um Gesundheit und Wohlergehen. Das Leben will geschützt werden vor allen Gefahren, insbesondere vor den tödlichen.
So hat Todesangst die wichtige Schutzfunktion, Vorsorge und Fürsorge zu treffen für das Leben. Es gibt eine gesunde und im wahrsten Sinne des Wortes lebensnotwendige Todesangst.

VERDRÄNGENDE ANGST

Andererseits kennen wir auch die krankhafte, übersteigerte und oft unbegreifliche Todesangst. Sie kann darin begründet sein, daß Sterben und Tod sowohl aus dem persönlichen als auch aus dem gesellschaftlichen Leben verdrängt werden sollen.

Dies geschieht gerade in einer Zeit, in der nur das gesunde, junge und starke Leben gilt und Vitalität, Dynamik und ungebrochenes Durchsetzungsvermögen zum Maß aller Dinge geworden sind. Hier müssen Sterben und Tod verleugnet, verheimlicht und damit ausgegrenzt werden. Unsere Gesellschaft hat den Tod buchstäblich »ausgebürgert«.

> Die Angst vor dem Tod ist die Angst
> vor dem Vergessenwerden.

Paul Tillich

LEBENSANGST

Verschwindet der Tod aus unserem Bewußtsein und unserem alltäglichen Leben, so wird er ins Unterbewußtsein abgedrängt. Dort löst er Ängste aus, die sich mit der Zeit zu panischen Lebensängsten auswachsen können: Angst, etwas zu verlieren; Angst, etwas zu verpassen; Angst, längst nicht alles geschafft und geleistet zu haben; Angst, noch nicht alles erlebt zu haben; Angst, etwas weggeben zu müssen; Angst davor, nichts mehr machen zu können, wo doch alles und jedes machbar erscheint.

Eine solche Todesangst führt schon zu Lebzeiten dazu, kein Vertrauen mehr ins Leben zu haben. Menschen werden unfähig, persönliche Beziehungen zu anderen Menschen aufzunehmen aus Angst, diese könnten sich irgendwann auflösen oder zerbrechen. Der »soziale Sterbeprozeß« beginnt: Isolierung, Vereinsamung, Verlassenheit. Am Ende steht der »soziale Tod«.

ZUKUNFTSANGST

Es gibt zunehmend eine Angst vor dem, was nach dem Tod kommt. In einer Gesellschaft, die nicht mehr selbstverständlich christlich geprägt ist, bleibt die Frage, was nach dem Tod ist, offen.

> Die Angst vor dem Tode ist die Angst vor dem,
> was nach ihm kommt.

Karl Jaspers

61

Ich habe Angst vor dem Tod

Beim Einschlafen denke ich manchmal:
Was wird mit mir sein, wenn ich nicht mehr aufwache?
Ich denke mir oft,
daß ich vor der Geburt
von meiner Mutter umgeben war,
in ihrem Leib, ohne sie zu kennen.
Dann brachte sie mich zur Welt,
und ich kenne sie nun und lebe mit ihr.
So, glaube ich,
sind wir als Lebende von Gott umgeben,
ohne ihn zu erkennen. Wenn wir sterben,
werden wir ihn erfahren,
so wie ein Kind seine Mutter,
und mit ihm sein.

Warum soll ich den Tod fürchten?

Carl Zuckmayer

Warum?

*W*arum
ist denn der gestorben?
Und wohin?
Und ist er morgen auch noch tot?
Auf seinem Grab, da blüht es rot.
Doch da ist nur sein Körper drin.
Seine Furcht und sein Glück,
seine Traumgestalten,
und was in seinen Worten enthalten,
ist nicht mit Erde zugedeckt.
Wo hält sich das alles versteckt?
Was er gehofft hat und geliebt,
obs das noch gibt?
Ob es einer weiß?
Und versteht,
wohin alles geht?

Gina Ruck-Pauquèt

Der Mensch Jesu, in dem die Christen Gott begegnen, sprach angesichts seines bevorstehenden Todes: »Meine Seele ist zu Tode betrübt« (Markus 14,34). Selbst er geriet in »Todesangst«. – Und er betete in seiner »Angst noch inständiger und sein Schweiß war wie Blut, das auf die Erde tropfte« (Lukas 22,44). Jesus fürchtete sich vor dem Tod. Spätere Zeiten wollten das nicht wahrhaben und strichen den Satz kurzerhand aus der Bibel. Man wollte nicht wahrhaben, daß der Gottessohn Angst gehabt haben soll vor dem Tod. Die Abscheulichkeit des Todes Jesu wegzudenken, war schon den Alten ein Bedürfnis. Der »schöne Tod« ist also keine moderne Erfindung.

Und doch ist es wahr: Jesus hatte Todesangst. Christlicher Glaube schafft Todesangst und Todeshaß nicht einfach ab, aber er nimmt beiden die Hoffnungslosigkeit.

Sich mit dem Tod abfinden, bedeutet doch, jede Hoffnung aufzugeben. Wir können den Tod weder aufheben noch verhindern. Wir müssen den Tod annehmen. Das heißt aber nicht, sich mit ihm schicksalsergeben abzufinden.

Der Tod wird etwas von seinen Schrecken verlieren, wenn wir ihm einen Platz geben in unserem Leben. Alles Fremde, Verdrängte löst bedrohliche Ängste aus und behindert das Leben. Je mehr uns etwas vertraut und nah ist, je häufiger wir etwas erlebt haben, um so weniger angstbesetzt begegnen wir ihm.

Andererseits kann niemand seinen eigenen Tod vorweg erleben. Wir erfahren Sterben und Tod immer nur bei anderen. Der römische Philosoph Epikur meinte noch, mit einem scheinbar sehr überzeugenden Satz das Problem des Todes überspielen zu können:

**»Solange wir sind, ist der Tod nicht da,
und wenn er da ist, sind wir nicht da.«**

Herr, seit Menschengedenken warst du
unser Schutz. Du, Gott, warst schon,
bevor die Berge geboren wurden,
ehe die Erde unter Wehen entstand,
und du bleibst in alle Ewigkeit.

Du sagst zu dem Menschen: Werde wieder Staub!
So bringst du ihn dahin zurück,
woher er gekommen ist.
Vielleicht leben wir siebzig Jahre,
vielleicht sogar achtzig – doch selbst die
besten Jahre sind Mühe und Last!
Wie schnell ist alles vorbei, und wir sind
nicht mehr! Laß uns erkennen, wie kurz
unser Leben ist, damit wir zur Einsicht kommen!

Herr, hab Erbarmen mit uns!
Laß uns jeden Morgen spüren, daß du
zu uns hältst; dann sind unsere Tage erfüllt
von Jubel und Dank.

Herr, unser Gott, sei freundlich zu uns!
Laß unsere Arbeit nicht vergeblich sein.
ja, Herr, laß gelingen, was wir tun!

aus Psalm 90

Lernt den Sinn des Todes fassen! (Novalis)

Leben und Tod aber sind nicht zwei verschiedene Dinge. Wie ich mein Leben gestalte, hängt entscheidend davon ab, für was ich den Tod halte.

IN EINER GROSSEN DEUTSCHEN ZEITUNG wird wöchentlich ein Fragebogen mit Antworten von mehr oder weniger bekannten Leuten veröffentlicht. Eine der Fragen lautet: »Wie wollen Sie sterben?«.

Hier einige Antworten:

– so, daß der Tod einen Sinn hat
– an einem Herzinfarkt, während ich meine Beete jäte
– umfallen und Schluß
– schnell und ohne Schmerzen
– bewußtlos
– mitten aus meiner Arbeit
– plötzlich – aber noch lange nicht

Niemand denkt fortwährend über seinen möglichen Tod nach. Und doch hängen Leben und Tod eng zusammen. Tod kann bedeuten:

– Anfrage an das Leben
– Abbruch des Lebens
– Vollendung des Lebens
– Ende des Lebens
– Übergang zu einem neuen Leben
– Erfüllung des Lebens
– Erlösung vom Leben
– Verzweiflung am Leben
– …

Vielleicht führt uns weniger das Nachdenken über den eigenen Tod zur Frage nach dem Sinn des Todes; eher ist es wohl die Begegnung mit dem Tod eines geliebten Menschen.

3. Kapitel

Der Tod –
ein Freund des Lebens?

Brief Mozarts an seinen kranken Vater

vom 4. April 1787

»Diesen Augenblick höre ich eine Nachricht, die mich sehr niederschlägt; – um so mehr, als ich aus Ihrer letzten vermuten konnte, daß Sie sich Gott Lob recht wohl befinden. – Nun höre ich aber, daß Sie wirklich krank seien! – Wie sehnlich ich einer tröstenden Nachricht von Ihnen selbst entgegen sehe, brauche ich Ihnen doch wohl nicht zu sagen. – Und ich hoffe es auch gewiß – obwohl ich es mir zur Gewohnheit gemacht habe, mir immer in allen Dingen das Schlimmste vorzustellen.

Da der Tod (genau zu nehmen) der wahre Endzweck unseres Lebens ist, so habe ich mich seit ein paar Jahren mit diesem wahren, besten Freunde des Menschen so bekannt gemacht, daß sein Bild nicht alleine nichts Schreckendes mehr für mich hat, sondern recht viel Beruhigendes und Tröstendes. Und ich danke meinem Gott, daß er mir das Glück gegönnt hat, mir die Gelegenheit (Sie verstehen mich) zu verschaffen, ihn als den Schlüssel zu unserer wahren Glückseligkeit kennenzulernen. Ich lege mich nie zu Bette, ohne zu bedenken, daß ich vielleicht, so jung als ich bin, den anderen Tag nicht mehr sein werde, und es wird doch kein Mensch von allen, die mich kennen, sagen können, daß ich im Umgange mürrisch oder traurig wäre, und für diese Glückseligkeit danke ich alle Tage meinem Schöpfer und wünsche sie von Herzen jedem meiner Mitmenschen.«

Über die Natur

Leben ist ihre schönste Erfindung,
und der Tod ist ihr Kunstgriff,
viel zu haben.

Johann Wolfgang von Goethe

Das Zeitliche segnen

Weil unsere Lebenszeit begrenzt ist, ist die Zeit des Lebens so wertvoll. Der Tod stößt uns darauf, wie kostbar jede Stunde, jeder Tag, jedes Jahr in unserem Leben ist. Jeder Augenblick könnte unsere »letzte Stunde« sein. Der Tod mahnt uns, das Leben nicht aufzuschieben … nicht bis zum Wochenende, nicht bis zum Urlaub, nicht bis zum Ruhestand. Leben ist immer *jetzt* und *hier!* Keine Minute kehrt wieder, keine versäumte Stunde läßt sich zurückholen, kein Leben wird noch einmal gelebt. Unser Leben ist vergänglich.

Unser Wissen um den Tod hat auch seine positive Seite: Im Angesicht des Todes duldet das Leben keinen Aufschub. Wir stehen »in der Zeit«. Und diese Zeit ist endgültig. Unsere Vorfahren wußten darum: »Das Zeitliche segnen« war ihre Redeweise über das Ende des Lebens, über das Sterben.

Wir haben alle gleich viel

An einem warmen Sommertag hatte die Eintagsfliege um die Krone eines alten Baumes getanzt, geschwebt und sich glücklich gefühlt. Als sich das kleine Geschöpf einen Augenblick in stiller Glückseligkeit auf den großen, frischen Blättern ausruhte, sagte der Baum: »Arme Kleine! Nur einen einzigen Tag währt dein ganzes Leben! Wie kurz das ist! Wie traurig!«

»Traurig?« erwiderte die Eintagsfliege, »was meinst du damit? Alles ist so herrlich leicht, so warm und schön, und ich selbst bin so glücklich!«

»Aber nur einen Tag, und dann ist alles vorbei!«

»Vorbei!« sagte die Eintagsfliege, »was ist vorbei? Bist du auch vorbei?«

»Nein, ich lebe Tausende von deinen Tagen, und meine Tage sind ganze Jahreszeiten! Das ist etwas so Langes, daß du es gar nicht ausrechnen kannst!«

»Nein, denn ich verstehe dich nicht! Du bist Tausende von meinen Tagen, aber ich habe Tausende von Augenblicken, in denen ich froh und glücklich sein kann! Hört denn alle Herrlichkeit dieser Welt auf, wenn du einmal stirbst?«

»Nein«, sagte der Baum, »die währt gewiß viel länger, unendlich viel länger als ich denken kann!«

»Aber dann haben wir ja gleich viel, nur daß wir verschieden rechnen.«

Hans Christian Andersen

Unvorstellbar – ein Leben ohne Tod

Die bedrohlichen Vorstellungen vom Tode, die panische und krankmachende Angst vor dem Tod konnten sich erst in einer Kultur entwickeln, in der die Gesetze der Natur nicht mehr so ohne weiteres akzeptiert werden, weil sich der Mensch selbst zum Herr über die Natur gemacht hat. Wenn alles besiegt werden kann, warum nicht auch der Tod? Wenn die Natur beschnitten, gezügelt, vergewaltigt, zerstört, begrenzt werden kann – warum nicht auch der Tod?

Menschen, die sich in Einheit mit ihrer Lebenswelt und der Schöpfung sehen und sich dabei der eigenen Begrenztheit vergewissern, werden verstehen und annehmen lernen, daß im Leben der Tod anwesend ist. Vielleicht hatten frühere Generationen auch deshalb ein unbefangeneres Verhältnis zum Tod, weil sie auf dem Land in ganz unmittelbarer Abhängigkeit von Leben und Sterben, von Wachsen und Vergehen in der Natur lebten. Tiere und Pflanzen sterben, damit andere Lebewesen leben können. Leben bedeutet immer auch Sterben, wie Sterben immer auch Leben bedeutet.

Unsere Körperzellen sterben ab und erneuern sich alle sieben bis zehn Jahre. Bei der Menstruation der Frau wird zyklisch der Körper gereinigt, werden abgestorbene Zellschichten abgetragen und gleichzeitig neue Zellschichten aufgebaut. Ob Frauen durch diese regelmäßige Erfahrung mit dem eigenen Körper ein »natürlicheres Verhältnis« zu Sterben und Tod haben?

Es gibt eine Verschmelzung von Leben und Tod. Das Lebendige bringt den Tod, damit durch diesen Tod das Leben erhalten werden kann.

> In jedem Körper ist Leben,
> und in jedem Körper ist Tod.
>
> Gottfried Benn

Das Leben wird besser

*D*as Leben wird besser wird täglich gesünder
Das Leben der Reichen das Leben der Kinder
Das Leben verlängert die Jahre verschwiegen
Das Leben als Kampf um den Tod zu besiegen
Das Leben als Traum
Und wo sind die Tode wo

Der Tod kommt gefahren geflogen gegangen
Der Tod ist im Brot in der Furcht im Verlangen
Der Tod in der Freundschaft der Tod in Gewehren
Der Tod ohne Hoffnung der Tod ohne Ehren
Der Tod überall
Und wo ist das Leben wo

Das Leben gewonnen das Leben gestundet
Das Leben verspielt und das Leben verwundet
Das Leben verfehlt und geliebt und zertreten
Das Leben voll Glauben und Hoffen und Beten
Das Leben als Traum
Und wo sind die Tode wo

Der Tod nach dem Tode der Tod ohne Wohnung
Der Tod als das Ende der Tod als Belohnung
Der Tod an den Kreuzen die Sonne bedroht
Der Tod an dem Kreuz als der Tod ohne Tod
Der Tod ohne Tod
Und wo ist dein Leben wo

Hildegard Wohlgemuth

Ein Leben ohne Tod ist geradezu unvorstellbar. Dies gilt auch und gerade für das menschliche Leben. Der Tod des Menschen ist die unerläßliche Bedingung für das Fortleben der Menschheit. Eine Menschheit, deren Menschen unsterblich wären, hätte in wenigen Jahren nicht mehr genug Luft, Energie, Nahrung und Raum, um ihre Existenz zu sichern. Die Gattung Mensch würde von diesem Planeten verschwinden. Anders ausgedrückt: Ohne den Tod des Menschen gäbe es weder Gesellschaft, noch Geschichte, noch Zukunft, noch Hoffnung.

Unsterblichkeit macht die Menschen wertlos

Wie es wäre, wenn Tabletten das ewige Leben verliehen / Über die jüngsten Forschungsergebnisse eines Träumers

Die Nachricht habe ich aus dem Rundfunk erfahren: Eine Tablette verlängert das Leben, verleiht Unsterblichkeit. Anfangs wollte ich es nicht glauben. Wie soll das möglich sein? Das ewige Leben! Wer hätte davon nicht wenigstens einmal geträumt? Aber mit Hilfe von Tabletten? Mir schien das unwahrscheinlich. Doch am nächsten Tag wurde die Nachricht wiederholt. Auch die Presse schrieb darüber.

Mir schossen tausend Ideen durch den Kopf. Endlich würde ich meine Pläne verwirklichen können. Die neuentdeckten Planeten garantierten genug Platz für alle Menschen. Auch der Hunger war längst besiegt; dank der Gentechnik war die Produktion von Lebensmitteln kein Problem mehr. Zwar konnte man schon fast jedes menschliche Organ durch ein künstliches ersetzen; aber das ewige Leben – das wäre eine neue Dimension. Überall wurde über die neue Erfindung gesprochen: auf der Straße, bei der Arbeit, beim Essen. Es war das einzige Thema. Das Medikament sollte, einmal im Jahr eingenommen, garantieren, daß man nicht älter werde. (...)

Die ersten Folgen waren positiv. Die Leute reagierten mit doppelter Kraft. Leider mehrten sich später die traurigen Nachrichten. Als die Menschen bemerkten, daß sie für alles Zeit hatten, breitete sich Trägheit aus. Zur Zusammenarbeit konnten sie sich nicht mehr entschließen. Der Individualismus triumphierte, übrig blieb blanker Egoismus. Niemand wollte seinen Erfolg mit einem anderen teilen. Die Menschen gaben sich schließlich nur noch dem Vergnügen hin.

*Da rang sich unsere Forschungsgruppe zu dem Entschluß durch, die
Produktion des Medikamentes anzuhalten und den Vorrat zu vernichten.
Wir sahen keine andere Möglichkeit, die Menschen vor dem seelischen
Sterben zu retten. (...) Allen war klar, daß die einzige Motivation, aktiv
zu bleiben, die Angst vor dem Sterben war. Aber diesen Stachel hatten
die Menschen verloren. Als sie bemerkten, daß sie ewig leben konnten,
hörten sie auf zu arbeiten. Sie wollten jede Arbeit »auf morgen verschieben«,
und das führte zu Passivität und totaler Resignation.*

*(...) Die Leute nahmen unsere Aktion überraschend ruhig auf, und das
Leben kehrte langsam zur Normalität zurück. Die Menschen waren
jetzt sogar glücklicher, weil ihre Sterblichkeit sie wieder wertvoll machte.*

Jan Kucza

Wenn ich noch einen Tag
zu leben hätte ...

Wie oft leben wir bedenkenlos in den Tag hinein. Wie oft leben wir
einfach so in den Tag hinein, ohne daran zu denken, es könnte der letzte
sein. Wie oft leben wir so lebenshungrig in den Tag hinein, ohne
beizeiten – zur rechten Zeit – uns mit dem Tod auseinanderzusetzen.
Wie oft tun wir so, als könnte der Tod uns nichts anhaben, als hätten
wir alle Zeit der Welt noch vor uns.

> Die Uhr schlägt. Alle.
>
> Stanislaw Jerzy Lec

Wenn ich noch einen Tag zu leben hätte ... diese eigenwillige Frage
sprengt alle Grenzen menschlicher Vorstellungskraft. Was würde ich tun,
wenn ich nur noch 24 Stunden, 1440 Minuten, 86400 Sekunden zu
leben hätte? Diese Frage wurde Jugendlichen im Alter von 15 bis 20
Jahren gestellt. Diese Frage könnte eines Tages auch an uns gerichtet
werden ...

Es ist schwierig, sich in diese Situation zu versetzen, obwohl es sich lohnt, sich darüber Gedanken zu machen. Vielleicht müßte man mich irgendwo festbinden, damit ich nichts zerstöre oder mich sogar selbst umbringe, weil ich die Gedanken nicht ertragen kann: Jetzt mußt du noch ein paar Stunden warten, und dann bist du weg. Dann kommt bestimmt auch irgendwann die Frage: Warum gerade ich? Warum nicht die oder der?
19 Jahre, Mädchen

Ich würde eine Pistole nehmen, die V. Symphonie von Beethoven hören und mich im ersten Satz erschießen.
15 Jahre, Junge

Mir persönlich würde alles, was sonst mein Leben bestimmt, mit einem Schlag unwichtig erscheinen. Dann bedrängten mich eher Fragen wie »Gibt es ein Leben nach dem Tod?« Eigentlich kann ich mir gar nicht vorstellen, daß mit den paar Jahren lumpigen Lebens alles aus sein soll. Aber die Frage nach dem Sinn des Lebens ist ein anderes Thema. Man denkt im allgemeinen nicht über den Tod nach. Man lebt einfach so in den Tag hinein. Dabei ist jeder einzelne kostbar.
15 Jahre, Mädchen

Und dann, wenn meine Frist so auf das Ende zugeht, würde ich mich in meine Karre setzen und solange fahren, bis es soweit ist … Beten? An Gott denken? Hoffnung und Hilfe verspreche ich mir von Gott nicht. Meine Eltern sind vor fünf Jahren bei einem Verkehrsunfall ums Leben gekommen. Wo war da Gott?
16 Jahre, Junge

Ich würde mich gut amüsieren, um mit einem Lächeln zu sterben und noch einmal Spaß gehabt zu haben. An diesem Tag würde ich drei Laster ausgeprägter betreiben: Wein, Weib und Gesang.
18 Jahre, Junge

Es ist Freitag, morgens halb acht. Ich sitze in meinem Bett und warte auf den Tod. Ich starre auf die Uhr. Jede Sekunde, die tickend vergeht, bereitet mir Schmerzen. Der Tod rückt unaufhaltsam näher. Wut und Verzweiflung packen mich. Warum gerade ich? Ist das die Rache eines Gottes für meinen Unglauben? Wo bleibt sein Erbarmen? Gott, hilf mir! Mein Leben endet, bevor es beginnt, bevor es ein Ziel gefaßt hat. So sinnlos. Mir fällt ein Theaterstück ein: Ein junger Mann

überlistet den Tod und erreicht seine Unsterblichkeit. »Tod, wo bist du, ich will mit dir kämpfen!« In dem Stück erfleht der Mann schließlich den Tod. – Aber ich, ich will leben. Verstehst du? Leben. Und immer wieder die Frage: Warum? Wie ein Vogel im Nest, schreiend vor Hunger. Er ist noch nicht flügge. Wartet sehnsüchtig auf den Tag, da er seine Flügel ausbreitet und die Welt erobert. So wie ein Vogel im Käfig bin ich. Warum erhört mich niemand? Verflucht, du Gott! Verflucht, ihr christlichen Heuchler! Frieden soll ich finden? »Asche zu Asche, Staub zu Staub.« Dunkel wird es und still. Ein Morgen gibt es nicht.
16 Jahre, Mädchen

Wenn ich noch einen Tag zu leben hätte …, »dann tauchen Fragen auf, die man sich im Leben nie gewagt hat zu stellen«, so ein achtzehnjähriger junger Mann. Wer keine Fragen stellt, wagt auch keine Fragen an sein Leben zu stellen. Bis es dann plötzlich heißt: Morgen ist dein letzter Tag. Dann kommen Fragen über Fragen – bis hin zur letzten aller Fragen.

Jack

Heute morgen um 7 ging das Telefon
sie sagten: »Dein Freund Jack ist tot
ein Laster ist frontal in ihn reingeknallt
der hatte überholt trotz Überholverbot.«
Zuerst wollte ich das nicht begreifen
ich dachte, das ist ein makabrer Gag
mein Freund Jack kann doch nicht so plötzlich sterben
wir wollen doch heute abend noch zusammen weg.
Es war wie ein Faustschlag in den Magen
diese Nachricht von Jackies Unglück
ich versuchte, mir vorzustellen,
wie dieser LKW auf ihn zukommt
und was in Jack vorgeht in diesem Augenblick.
Ein komischer Zufall, erst vor zwei Wochen
haben wir noch über den Tod gesprochen
er hatte Angst davor, er meinte, dann ist alles zu spät
ich sagte, »nein, Jack ich glaub', daß nach dem Tod
das Leben irgendwie weitergeht!«

Udo Lindenberg

Alles hat seine Stunde.
Für jedes Geschehen unter dem Himmel
gibt es eine bestimmte Zeit:
eine Zeit zum Gebären,
eine Zeit zum Sterben,
eine Zeit zum Pflanzen,
eine Zeit zum Abernten der Pflanzen,
eine Zeit zum Töten,
eine Zeit zum Heilen,
eine Zeit zum Niederreißen,
eine Zeit zum Bauen,
eine Zeit zum Weinen,
eine Zeit zum Lachen,
eine Zeit für die Klage
und eine Zeit für den Tanz …

Kohelet 3,1-4

Laßt uns ein Fest feiern!

Es war einmal ein armer Holzhacker, der lebte glücklich und zufrieden mit seiner Familie in einem kleinen Hause am Rande des Waldes. Obgleich er sich mit Holzfällen nur mühsam sein tägliches Brot verdiente, klang nach Feierabend für gewöhnlich Lachen und Singen aus dem kleinen Haus, so daß die Leute sich verwunderten.

Eben dies aber ärgerte den König des Landes, dessen Weg zum Schloß ihn täglich am kleinen Haus vorbeiführte. »Was haben Tagelöhner zu lachen?« fragte er grimmig und schickte eines Tages seinen Diener mit einer Botschaft zum Holzhacker: »Mein Herr und König befiehlt dir, bis morgen früh fünfzig Säcke Sägemehl bereitzustellen. Wenn du das nicht vermagst, sollst du samt deiner Familie umkommen.«

»Ich vermag es ganz gewiß nicht«, klagte der arme Holzfäller. Seine Frau jedoch tröstete ihn: »Lieber Mann, wir haben es gut gehabt in unserem Leben. Wir hatten Freude aneinander und mit unseren Kindern und versuchten, auch andere daran teilhaben zu lassen. Es ist wahr, wir vermögen die Säcke nicht zu füllen. Deshalb laß uns auch in dieser Nacht ein Fest feiern mit unseren Kindern und Freunden zusammen. Wie wir gelebt haben, so wollen wir auch sterben.«

Und so feierten die armen Leute im kleinen Holzfällerhaus ihr schönstes und glücklichstes Fest. Nach Mitternacht gingen die Gäste schlafen, einer nach dem anderen. Zuletzt blieben der Holzfäller und seine Frau allein zurück.

Traurigkeit überkam sie, als die Morgenröte am Horizont aufstieg. »Nun ist es aus mit uns«, klagte die Frau. »Laß gut sein«, tröstete sie ihr Mann. »Es ist besser, glücklich und in Frieden zu sterben, als ein Leben in Traurigkeit und Angst zu verbringen.«

Da klopfte es an die Türe. Der Holzfäller öffnete weit, um den erwarteten Diener des Königs einzulassen. Zögernd trat der Hofbeamte näher und sagte nach einer kurzen Stille: »Holzhacker, stell zwölf eichene Bretter bereit für einen Sarg. Der König ist in dieser Nacht gestorben.«

Armenisches Märchen

Der Tod ist nicht das Letzte

Die Endlichkeit ist auch die Chance unseres Lebens. Der Tod, der unserem Dasein eine Grenze setzt, begrenzt die Zeit. So bekommt jeder Lebensaugenblick einen Platz und einen Sinn; jedem einzelnen Menschen kommt eine Bedeutung zu. Nichts und niemand ist gleichgültig und wertlos, jedes Leben ist kostbar.

> (Der sechsjährige Ascher spricht mit seinem Vater über den Tod, als er einen toten Vogel sieht:)
> »Warum?«
> »So hat der Ribbono schel Olom seine Welt gemacht, Ascher.«
> »Warum?«
> »Damit das Leben kostbar sei, Ascher.
> Etwas, das man für immer hat, ist nicht kostbar.«
>
> Chaim Potrok

Ist der Tod deshalb schon ein Freund des Lebens? Ist er nicht eher ein Feind für uns Menschen? Vernichtet der Tod nicht gerade alles Wertvolle und Bedeutsame, alles Einmalige und Wichtige in meinem Leben? Bleibt nicht allenfalls die Erinnerung der Überlebenden, die auch bald vergeht? Wenn der Tod das Letzte für uns Menschen, die Tiere, die Natur und die ganze Welt ist, wozu dann dieser Kreislauf von Werden und Vergehen, Geborenwerden und Sterben, Leben und Tod?
Darin liegt tatsächlich kein Sinn! Nur wenn der Tod nicht das letzte Wort hat, kann er ein Freund des Lebens sein. Die Sehnsucht der Menschen aller Zeiten ist, daß nicht alles von uns und von dieser Welt zugrunde geht. Der Tod ist nicht das Letzte – im Doppelsinn des Wortes. Dies ist die Verheißung *aller* Religionen! Oder: Nur eine Vertröstung – weil Menschen sich sonst mit dem Tod nicht abfinden können?

*E*ine Straße muß ich gehen,
die noch keiner ging zurück.

Wilhelm Müller, aus: Franz Schuberts »Winterreise«

Für einen Großteil der Menschen ist der Tod offensichtlich nichts anderes als das Ende. Es kommt nichts danach. Immer weniger Menschen glauben der christlichen Botschaft von der Auferstehung. Selbst von den Christen glauben nicht alle an ein Leben nach dem Tod.

Gegen Verführung	Gegen Verführung
Laßt euch nicht verführen!	Laßt euch nicht verführen!
Es gibt keine Wiederkehr.	Es gibt eine Wiederkehr.
Der Tag steht in den Türen;	Der Tag steht in den Türen;
Ihr könnt schon Nachtwind	Ihr könnt schon Nachtwind
spüren:	spüren:
Es kommt kein Morgen mehr.	Es kommt ein Morgen mehr.
Laßt euch nicht betrügen!	Laßt euch nicht betrügen!
Das Leben wenig ist.	Das Leben wenig ist.
Schlürft es in schnellen Zügen!	Schlürft nicht in schnellen Zügen!
Es wird euch nicht genügen	Es wird euch nicht genügen
Wenn ihr es lassen müßt!	Wenn ihr es lassen müßt!
Laßt euch nicht vertrösten!	Laßt euch nicht vertrösten!
Ihr habt nicht zu viel Zeit!	Ihr habt nicht zu viel Zeit!
Laßt Moder den Erlösten!	Faßt Moder den Erlösten!
Das Leben ist am größten:	Das Leben ist am größten:
Es steht nicht mehr bereit.	Es steht noch mehr bereit.
Laßt euch nicht verführen	Laßt euch nicht verführen
Zu Fron und Ausgezehr!	Zu Fron und Ausgezehr!
Was kann euch Angst	Was kann euch Angst
noch rühren?	noch rühren?
Ihr sterbt mit allen Tieren	Ihr sterbt nicht mit allen Tieren
Und es kommt nichts nachher.	Und es kommt kein Nichts nachher.
Bertolt Brecht	Hans Küng

Der Schauspieler Ernst Ginsberg hat – gezeichnet von schwerer Krankheit – kurz vor seinem Tod ein Gedicht geschrieben:

Augenschein

Zur Nacht hat ein Sturm alle Bäume entlaubt
sieh sie an, die knöchernen Besen.
Ein Narr, wer bei diesem Anblick glaubt
es wäre *je* Sommer gewesen.

Und ein größerer Narr, wer träumt und sinnt
es könnt je wieder Sommer *werden*.
Und grad diese gläubige Narrheit, Kind,
ist die sicherste Wahrheit auf Erden.

Jeder dritte Deutsche
glaubt an ein Leben nach dem Tod

■ **twa Allensbach** (Eigener Bericht) – Mehr als ein Drittel der Bundesbürger glaubt an ein Leben nach dem Tod. Das ergab eine Untersuchung des Instituts für Demoskopie Allensbach im Auftrag von »Tele 5«. Von den 2165 Befragten in ganz Deutschland glauben 37 Prozent an ein Leben nach dem Tod »in irgendeiner Form«. 41 Prozent glauben nicht daran und 22 Prozent machten keine Angaben. Erhebliche Unterschiede bestehen dabei zwischen den Bürgern in den alten und den neuen Bundesländern. Während in Westdeutschland 44 Prozent der Befragten an ein Leben nach dem Tod glauben, sind es auf dem Gebiet der atheistisch geprägten ehemaligen DDR nur 13 Prozent. Dagegen verneinen mehr als zwei Drittel (70 Prozent) der Ostdeutschen die Frage, ob sie an ein Leben nach dem Tod glauben. Bei den Westdeutschen verneint nur ein Drittel (33 Prozent) diese Frage. Die Allensbacher Umfrage weist auch konfessionelle Unterschiede auf. Während nicht einmal die Hälfte (45 Prozent) der kirchennahen Protestanten an ein Leben nach dem Tod glaubt, tun dies fast drei von vier (72 Prozent) praktizierenden Katholiken. 12 Prozent von ihnen lehnen diesen Glauben ab. Bei den kirchennahen Protestanten glauben 31 Prozent nicht an ein Leben nach dem Tod.

Viele halten die Verheißung eines Lebens nach dem Tode für eine falsche Vertröstung, manche sogar für eine arge Verführung.
Aber: Liegt nicht gerade in der Leugnung eines Lebens nach dem Tod die eigentliche Verführung der Menschen?
Manche leben gar nach dem Motto: »Laßt uns essen und trinken, denn morgen sind wir tot!«
Doch: Kann dies der Sinn des Lebens sein?

Die Neugier nach dem, was nach dem Tode kommt, läßt sich offensichtlich nicht verdrängen. Viele Menschen haben einerseits keine konkrete Hoffnung und Vorstellung von einem Leben nach dem Tod, andererseits wollen sie sich aber auch nicht fraglos damit abfinden, daß der Tod das endgültige Ende bedeutet.

Erfahrungen an der Grenze zum Tod

Mitte der 70er Jahre erregte ein Buch des Psychologen R. Moody großes Aufsehen. »Leben nach dem Tod« war der Titel. Hier wurden die Ergebnisse von 300 Interviews wiedergegeben, die mit Menschen gemacht wurden, die bereits einmal »klinisch tot« waren.

Richtiger wird man sagen müssen, es waren Menschen, die man für »klinisch tot« gehalten hat, die aber wiederbelebt werden konnten. Insofern ist der Titel des Buches nicht unproblematisch. Handeln diese Berichte doch nicht von einem Leben nach dem Tod, sondern vom Leben im Sterben, also vor dem Tod. Es liegen hier also keine Auskünfte von Toten vor. Dennoch sind die Inhalte dieser Aussagen äußerst anregend und interessant. In vielen Punkten stimmen sie überein:

- Viele sprechen von einem Gefühl des Friedens und der Ruhe;
- sie schildern den Durchgang durch einen dunklen Tunnel, an dessen Ende ein strahlendes, aber nicht blendendes Licht steht;
- sie berichten über die Begegnung mit anderen, die vor ihnen gestorben sind;
- sie beobachten lichthafte Wesen, die von Gläubigen den Engeln gleichgestellt werden;
- sie vollziehen eine Rückschau über ihr eigenes Leben; gleichsam eine Art Selbstgericht;
- sie haben das Empfinden von einer jetzt noch nicht zu überschreitenden Grenze;
- sie schildern die Umkehr von dieser Grenze und die schmerzhafte Rückkehr in den eigenen Körper.

Interessant sind vor allem die Konsequenzen, die viele von ihnen aus dieser Sterbenserfahrung für ihr zukünftiges Leben gezogen haben:

- »Ich werde jetzt anders leben«;
- »Ich werde bewußter und gewissenhafter leben«;
- »Ich werde meine Welt mehr lieben und geduldiger sein«;
- »Ich werde auf den Tod jetzt nicht mehr mit Angst zugehen, denn er erzeugt mir ein ungeahntes Gefühl der Freiheit.«

Noch einmal muß festgehalten werden: Keiner der Befragten war wirklich tot, etwa aufgrund eines festgestellten Gehirntodes. Die Antworten geben vielmehr die Erfahrungen Sterbender wieder, die sich an der Grenze zum Tode befunden haben. Dennoch sind es tröstliche Erfahrungen, die möglicherweise verhindern können, sich von der Angst vor dem Sterben gleichsam lähmen zu lassen.

Kontakte mit dem Jenseits

Immer häufiger beschäftigen sich Menschen mit bestimmten Praktiken, um Kontakte mit dem Jenseits aufzunehmen:

- Tischklopfen oder Tischerücken;
- Gläserrücken;
- Stimmen und Klopfzeichen wahrnehmen;
- …

Diese Versuche beruhen alle auf der Überzeugung, daß es eine Welt jenseits unserer Welt gibt, in der die Verstorbenen leben. Man glaubt fest, daß sie mit uns und wir mit ihnen in Kontakt treten können. Im Umgang mit solchen Praktiken, die nicht selten Menschen in seelischen und gelegentlich auch in finanziellen Ruin treiben, ist allerdings größte Vorsicht geboten. Es ist schwer zu entscheiden, was an den verschiedenen Praktiken des Okkultismus im einzelnen glaubwürdig ist und was nicht. Vieles davon ist Scharlatanerie. In jedem Fall aber verbirgt sich dahinter bei vielen Menschen die richtige Überzeugung

- daß der Tod die Beziehung zwischen Menschen nicht einfach auflöst;
- daß Verbindungen zwischen Diesseits und Jenseits existieren, die wir nicht mit unserem menschlich-technischen Wissen erklären können;
- daß es Kräfte und Beziehungen gibt, die wir nicht allein mit unseren Instrumenten und Techniken messen und zählen können.

Ob aber Rücken, Schieben, Klopfen o.ä. die Sprache der Verstorbenen ist? Ihre Sprache ist wohl eher die »Sprache der Liebe«, die ihren Ausdruck findet im Erinnern, Schweigen, Trauern und in den vielfältigen Zeichen des Gedenkens.

Vielleicht eine Hand

*E*in Mädchen eine Frau glatte Haut
Falten sackendes Bindegewebe. Dann
ein Hügel hochaufgewölbt frische Blumen
Kränze mit Schleifen viele Füße
ringsum. Später Begonien
Buchsbaum ein Kiesrondell später
die Marmortafel mit Namen von bis
daneben Lebensbäume. Füße mitunter
Schnittblumen in der Laterne ein Licht.
Später nur noch der Gärtner zweimal im
Jahr vom Konto der Erben abgebucht.
Dann Efeu. Moos in den Sprüngen im Stein.
Dann und wann vielleicht
an einem Tag im Altweibersommer
dann und wann vielleicht eine Hand
die Spinnweb und Blätter wegschiebt
Augen die den Namen entdecken
hinterm Stein junge Katzen noch blind.

Ulla Hahn

4. Kapitel

Kleine Geschichte des Todes

Einen »natürlichen Tod« zu sterben, ist der größte Wunsch in unserer Zeit. Gemeint ist damit ein Tod in hohem Alter ohne lange Krankheit, nicht durch Unfall, sondern vielmehr ruhig, zu Hause, im Kreis der Angehörigen.

Die Hoffnung auf einen »natürlichen Tod« ist erst in der Neuzeit aufgekommen. Sie ist bedingt durch eine bestimmte Todesvorstellung. Diese hat sich im Laufe der Jahrhunderte erheblich gewandelt.

Der Tod – ein natürliches Schicksal

Von der Antike bis ins 5. Jahrhundert nach Christus hinein galt der Tod als natürliches Schicksal. Der Mensch fügte sich den Gesetzen der Natur. Entsprechend war auch die Einstellung zum Tod und zu den Toten. Sie waren den Menschen nah und vertraut. Tod und Todesvorstellungen waren keineswegs angsteinflößend. Dennoch hielt man eine gewisse Distanz zu den Toten. Die Menschen mieden die unmittelbare Nachbarschaft mit dem Toten. Sie galten als unrein.

Jede Berührung – außer bei den Totenmählern – sollte deshalb vermieden werden. Von daher wurden die Verstorbenen oft eingeäschert und außerhalb der Stadt beerdigt. So finden wir etwa die Gräber der Stadt Rom an der großen Ausfallstraße, der Via Appia, außerhalb der Stadt. Auch die Christen haben die antik-heidnischen Todesvorstellungen über den Umgang mit den Toten zunächst beibehalten. Neu war allerdings der Glaube an die Auferstehung der Toten. So blieben für die ersten Christen die alten Bräuche erhalten, wie zum Beispiel die häufige Einäscherung der Toten, die Beerdigung außerhalb der Stadt, das Totenmahl am dritten, siebten und dreißigsten Tag nach dem Tode und am Jahrestag. Hierzu versammelte man sich am Grab des Toten, um seiner zu gedenken. Ab dem 2. Jahrhundert wurde dieses Totenmahl dann häufiger mit der Heiligen Messe verbunden.

Bei den Märtyrern – draußen vor der Stadt

Nur langsam veränderte sich bei den Christen die Einstellung zu den Toten. Der Glaube an die Auferstehung führte zu einer neuen Verbundenheit mit den Toten. So wurden mehr und mehr die Verstorbenen möglichst in der Nähe von Märtyrern bestattet. Diese galten als heilig und waren nach dem Glauben der ersten Christen unmittelbar nach ihrem Martyrium bereits in den Himmel aufgenommen worden. Wenn nun die Toten in der Nähe des Grabes eines Märtyrers beerdigt wurden, so wollte man sich damit seiner Fürsprache bei Gott vergewissern. Auch die Gräber der Märtyrer befanden sich außerhalb der Stadt. Bald wurden jedoch über ihren Gräbern Kirchen erbaut, die dann auch zur Bestattung der Christen dienten. So entstanden um diese »Märtyrer – Kirchen« die christlichen Friedhöfe. Neben den Bischofskirchen in den Städten, gab es bald jeweils eine zweite Kirche über dem Grab der Märtyrer auf den Friedhöfen außerhalb der Stadt.

Friedhöfe – Plätze des Lebens

Die große Verehrung der Märtyrer, die Versammlung der Christen in den Kirchen über den Gräbern, wie aber auch die Ausbreitung der Städte bis hinaus um die Friedhöfe führten zur »Eingemeindung der Friedhofsbezirke«. So waren die Toten bald »die ersten Bewohner« der neuen Stadtteile.

Nun hatten sie ihren Platz mitten unter den Lebenden. Dort sollten sie ihn behalten bis ins 19. Jahrhundert hinein. Erst dann begann wieder in den Städten die Verdrängung der Toten aus der unmittelbaren Welt der Lebenden. Auf den Dörfern jedoch finden wir noch heute den Friedhof meist bei der Kirche.

Im frühen Mittelalter waren die Friedhöfe ein Teil der Stadt. Sie waren nicht nur Orte der Totenbestattung, sondern geradezu Marktplätze des Lebens. Hier wurden Geschäfte abgewickelt, aber auch Gericht gehalten. Nicht selten ging es recht fröhlich auf diesen Friedhöfen zu. Auf vielen

alten Bildern können wir sehen, daß die Menschen aus Anlaß des Todes auf Friedhöfen und Gräbern getanzt haben. Der Tanz mit dem Toten auf den Gräbern ging zurück auf einen alten heidnischen Brauch, gegen den die Kirche lange Zeit anzukämpfen versuchte. Er war zunächst Ausdruck der Freude darüber, selbst noch am Leben zu sein.

Sonntags und an den Feiertagen trafen sie sich auf dem Friedhof, saßen um die Gräber ihrer Familien, aßen ihr Brot, tranken Wodka, lachten, weinten, erzählten die alten Geschichten, die alle kannten und die von allen weitererzählt wurden, lagerten sich um die Gräber, tranken und aßen, opferten den Vorfahren Brot und Salz, auch ein Schlückchen vom Wodka, richteten die Kreuze auf, die umgefallen waren, malten die verblassenden Namen nach, erzählten die Geschichten von den Toten, die im weiten Umkreis bekannt waren, die trotzdem in immer neuen Ausschmückungen erzählt wurden, weil man es den Toten schuldig war, weil es die Pflicht der Söhne und Töchter war, denn auch von ihnen sollte man einmal erzählen, irgendwann, wenn auch sie hier liegen würden, neben Müttern und Vätern, Großmüttern und Großvätern, Onkeln und Tanten und all den anderen, deren Kreuze als morsches Holz auf den Gräbern lagen, die Erde tief eingesunken, im hinteren Teil des Friedhofes, wo die lagen, an die sich keiner mehr erinnerte, aber von denen alle wußten, deren Namen vergessen waren, deren Lebensjahre und Lebenszeit unbekannt waren, deren Geschichten man aber noch kannte …

Da lag auch die mit den roten Haaren, die Hexe, die das Dorf mit einem Zauberspruch und mit einem geheimnisvollen Trank vor dem Sumpffieber gerettet hatte und als einzige daran starb, weil sie den Zauber für sich vergessen hatte und der Trank für sie nicht mehr reichte.

Und die Geschichte von dem Holzfäller, der mit einem gefällten Baum ins Wasser stürzte, Gott verfluchte, daraufhin mit dem Stamm flußaufwärts schwamm, wo der Baum an einer Furt neue Wurzeln schlug und als Wasserbaum immer noch steht, lange noch mit dem Gerippe des Holzfällers darin, den sie hier der Erde übergaben …

Jeden Sonntag und jeden Feiertag diese Geschichten, diese unzähligen Geschichten, die in immer neuen Variationen weiterkreisen, und Aller-

seelen, wenn die Namen der im Fegefeuer Leidenden aufgerufen wurden,
wenn alle im Chor die Fürbitte aussprachen und mit ihren kleinen
Lichtern aus Talg über den Friedhof zogen, kleine wandernde Lichtpunkte
in der Dämmerung, Erinnerungen an die Vergessenen, an die, die vor
ihnen da waren, die ihnen ihr Leben gaben, die ihrem Leben einen
Sinn gaben, die jetzt in der dunklen Erde lagen, über die die schwarzen
Krähenschwärme aufschreiend ihre Kreise zogen.

Dieter Forte

Die Zeit der Totentänze

Ende des 14. Jahrhunderts jedoch änderte sich die Bedeutung der Tänze.
Jetzt war es nicht mehr der gemeinsame Tanz der Lebenden mit den
Toten, sondern jeder – ob Papst oder König, ob Bauer oder Schreiber
– tanzte mit dem eigenen Leichnam. Dies war Ausdruck dafür, daß jeder
seinen eigenen Tod in sich trägt und mit ihm durchs Leben tanzt. Solches
Verhalten gegenüber dem Tod hatte seinen Ursprung in den großen
Pest-Epidemien Europas im 14. Jahrhundert.

WER DEN TOTENTANZ deuten will, muß von der Pest erzählen.
1348 hat die Pest mit wenigen Ausnahmen Mittel- und Westeuropa erfaßt. Die Zahl der Opfer läßt sich nur schwer abschätzen.
Man vermutet, daß ungefähr 30% der Bevölkerung Europas an
der Pestepidemie der Jahre 1347 bis 1352 zu Grunde gingen. Im
Vergleich dazu: Im 2. Weltkrieg betrugen die Bevölkerungsver-
luste durch Krieg und Massenvernichtungen in Westeuropa etwa
5% der Gesamtbevölkerung.

Der Tod war im Mittelalter ein Teil des Lebens. Nicht anonym, unter Apparaten und Betäubungsmitteln verborgen, sondern konkret erfahrbar, sichtbar und greifbar!

Der Tod holt jeden, sei er reich oder arm, Greis oder Kind. Das Grundmotiv aller Totentänze ist das der Gleichheit. Darin lag damals ein Ansatz zur Gesellschaftskritik. Die Ständeordnung in der mittelalterlichen Gesellschaft wird in Frage gestellt. Im Tod sind alle gleich. Der Boden für ein neues Menschen- und Gesellschaftsbild wurde bereitet.

So waren die Totentänze gleichsam eine Äußerung erster demokratischer Regungen, die im ausgehenden Mittelalter, namentlich in den Städten, erwachen und neue Entwicklungen und Zustände gegenüber den alten, längst überholten Verhältnissen begründen. Papst und Kaiser, Edelmann und Bettelmann, alle sind im Tode gleich. Der Tod überwindet alle Standesschranken; er hebt gleichsam alle irdischen Gesetze des Oben und Unten auf. Die andere Seite des Totentanzes aber war irritierend und erschreckend zugleich:

Der Ackerman.

Fast immer war es nämlich der Tod selbst, der seine wilden, stürmischen und grotesken Sprünge machte und tanzte. Dabei spielte er auf unterschiedlichen Instrumenten: auf Hörnern, Trompeten, Flöten, Trommeln, Lauten, Harfen, Geigen, Posaunen und Zithern. Daß der Tod tanzte und musizierte, den Inbegriff des Lebendigen also für sich selbst beanspruchte und gleichsam das Leben nachäffte, das machte einerseits das besondere Grausen dieser Totentänze aus. Andererseits sollte damit gleichsam das Unfaßliche (be-)greifbar, anschaulich und zugleich bewältigt werden.

Der Tod als Knochenmann

Der Edelman.

Im 15. Jahrhundert tauchte der Tod als ein Skelett auf, als ein Knochenmann – Bild für die Vergänglichkeit des Menschen, dessen Fleisch von den Knochen abfällt und verwest.

Das Skelett hielt das Stundenglas oder schlug die Turmuhr. Der Tod begann an dem Punkt, an dem die Uhrzeit des Menschen endet und die Ewigkeit beginnt. Der Tod wurde als Naturkraft verstanden, die eben mit der Vergänglichkeit des Menschenlebens zusammenhängt. Wenn die Lebensuhr abgelaufen war, trat der Tod ein. In dieser Zeit wuchs im Volk das Bedürfnis, sich auf diese Todesstunde rechtzeitig vorzubereiten. Sterbebücher erreichten eine hohe Auflage.

Angst vor dem plötzlichen Tod

Viele Menschen wünschen sich heute einen »schnellen Tod«, ohne längeren Leidens- und Sterbeprozeß. Solch »schöner Tod« war für das Mittelalter keineswegs schön und erstrebenswert. Der mittelalterliche Mensch hatte Angst vor dem plötzlichen Tod: Die Angst vor den Schrecken des Todes, die Angst vor »bitterer Todesnot«, vor den ewigen Strafen, vor den »Höllengluten«, war zu der Zeit weit verbreitet. Ohne rechte Vorbereitung, ohne öffentliche Begleitung und Anteilnahme sterben zu müssen, galt als verwerflich, ja geradezu als fluchbeladen. Ein so Verstorbener wurde lange Zeit auch als ein von Gott Bestrafter oder gar Verdammter angesehen, der nur unter bestimmten Bedingungen kirchlich bestattet werden durfte. So war die Hoffnung auf das Himmelreich ständig begleitet von der Angst vor der ewigen Verdammnis. Nur

Gebet

Erschreck mich.
Suche mich heim mit Gesichten.
Tritt nicht
hinter die Breitwand kolorierter Zerstreuung zurück.
Lasse mich nicht
in diesem Wald aus Fernsehantennen verkommen.
Durchbreche mit meinem Ende
die Reihen genormter Statistik und schicke einen Tod,
dem Terror und Technik verhaßt sind,
der frei auf mich zutritt, in der Gloriole des Grauens,
doch um die Stirn auch einen Hauch von Bedauern.

Wolfdrietrich Schnurre

Der Tod aus biologisch-medizinischer Sicht

In den vergangenen Jahrhunderten war die entscheidende Frage, *ob* jemand wirklich tot war. So versuchte man sich des Todes zu vergewissern, weil man Angst davor hatte, lebendig begraben zu werden. Heute dagegen wird die Frage diskutiert, *wann* jemand tot ist. Diese Frage ist schwierig zu beantworten, da die Organe des menschlichen Körpers durchaus unterschiedlich lange funktionsfähig bleiben. So wird etwa zwischen dem Tod der Organe und dem Tod der Persönlichkeit unterschieden. Aber auch diese Unterscheidung ist nur schwer zu treffen.
Die Grenze zwischen Leben und Tod ist unscharf geworden. Der Tod kann medizinisch zwar als Absterben lebenswichtiger Organe, besonders des Gehirns, festgestellt werden.

VOR 3000 JAHREN, als die Griechen den Sitz der Seele im Zwerchfell lokalisierten, wurde der Tod mit dem Stillstand der Atmung gleichgesetzt.
Vor 300 Jahren wurde die Diagnose »Exitus« beim Stillstand des Kreislaufs gestellt, da die Seele im Herzen angenommen wurde.
In den letzten 30 Jahren wird der Zeitpunkt des Todes durch den Eintritt des Hirntodes bestimmt.

Doch das, was wir als Tod bezeichnen, ist nur die Phase eines länger andauernden Geschehens, eben des Sterbens. Das biologische Leben erlischt in verschiedenen Organen unterschiedlich schnell. Der Tod ist ein stufenweises Geschehen.

Rein biologisch ließe sich sogar sagen: Der Mensch stirbt mehrmals in seinem Leben, da sich seine Zellen immer wieder erneuern. »Unser Sterben beginnt mit der Geburt und endet mit dem Tod.«

Etwa in einem Zeitraum von 10 Jahren ersetzen sich die Zellen (mit Ausnahme der Nervenzellen im Gehirn) im menschlichen Körper vollständig, so daß ein Mensch, dem wir nach 10 Jahren wieder begegnen, »organisch gesehen« ein völlig neuer Mensch ist. Immer muß etwas sterben, damit Neues entstehen kann. Wir wissen nicht, warum dieser Prozeß nicht unendlich weitergeht. Warum kommt er einmal zum Stillstand? Diese Frage kann die Biologie bis heute nicht beantworten.

Noch bedrängender ist die Frage nach dem Tod geworden, seit die Medizin die Möglichkeit hat, lebende Organe von einem Menschen auf den anderen zu übertragen. Am 3.12.1967 erfolgte die erste Herztransplantation in Südafrika. Die Entnahme und Verpflanzung eines Herzens ist natürlich nur sinnvoll, wenn seine Zellen noch intakt sind, das heißt, wenn das Herz noch lebt. Dies ist in der Regel noch einige Stunden nach dem Hirntod der Fall. Deshalb geht man heute in der Medizin vom Hirntod als dem eigentlichen Zeichen des Todes aus. Würde man die Entscheidung etwa von der Tätigkeit des Herzens abhängig machen, so wäre jede Entnahme eines funktionsfähigen Herzens konsequenter Weise Mord. Die Medizin steht hier vor der überaus schwierigen Frage: Wann ist ein Mensch tot, und wann dürfen Organe entnommen werden?

Kann man sicher sein, daß ein Spender wirklich tot ist, bevor Organe seinem Körper entnommen werden? Das ist eine verständliche Sorge. Es gibt zwar streng festgelegte Vorschriften für Mediziner bei der Feststellung des Hirntodes, die eine Fehldiagnose undenkbar machen. Der Hirntod muß von zwei – unabhängig vom Transplantationsteam arbeitenden – Ärzten bestätigt werden. Es darf weder eine Unterkühlung noch eine Vergiftung vorliegen, weil beide Zustände das klinische Bild des Hirntodes vortäuschen können.

Als wichtigsten Beitrag für eine Neubestimmung des Todeseintrittes ist das Beratungsergebnis einer amerikanischen Kommission von 1968 anzusehen, das bis auf den heutigen Tag maßgebend ist:

1. Nicht-Aufnahmefähigkeit und Nicht-Antwortfähigkeit: Totales Nichtgewahrwerden von äußeren Reizen und inneren Bedürfnissen sowie völlige Antwortlosigkeit; das ist unsere Definition des irreversiblen Koma. Selbst die schmerzhaftesten Stimuli rufen keine lautliche oder eine andere Reaktion hervor, nicht einmal ein Murren, Gliederzucken oder eine Atembeschleunigung.

2. Keine Bewegungen oder Atmen: Die Beobachtungen der Ärzte, die sich über einen Zeitraum von mindestens einer Stunde erstrecken, reichen hin für das Kriterium des Fehlens spontaner Muskelbewegungen, spontanen Atmens oder einer anderen Antwort auf Reize wie Schmerz, Berührung, Laute oder Licht. War der Patient an ein Beatmungsgerät angeschlossen, kann man durch das Ausschalten des Geräts für drei Minuten das totale Aussetzen der spontanen Atmung herbeiführen, wenn man beobachtet, ob der Patient spontan zu atmen versucht …

3. Keine Reflexe: Das irreversible Koma mit der Aufhebung der Aktivität des zentralen Nervensystems wird teilweise durch das Fehlen angereizter Reflexe bekräftigt; die Pupille bleibt starr und erweitert und antwortet nicht auf den direkten Einfluß starken Lichts. Wenn eine starre, erweiterte Pupille vom Kliniker bestimmt ist, darf keine Unsicherheit bezüglich des Zutreffens bestehen. Bewegungen der Augen, wenn der Kopf gedreht wird oder eiskaltes Wasser in die Ohren gegossen wird, oder Zwinkern sind nicht festzustellen. Es ist keine Stell- und Haltereflextätigkeit vorhanden … Schlucken, Gähnen, Lautausstoßen sind nicht eindeutig erkennbar; Reflexe der Hornhaut des Auges und des Kehlkopfes fehlen.
In der Regel sind keine Sehnenreflexe auslösbar … Auf Fußsohlen- oder sonstige unangenehme Reize erfolgt keine Reaktion.

4. Flaches Elektroenzephalogramm: Das flache oder isoelektrische EEG ist zur Bekräftigung sehr wichtig, wobei angenommen wird, daß die Elektroden richtig angesetzt sind, der Apparat normal funktioniert und das Bedienungspersonal kompetent ist … Es darf keine enzephalographischen Reaktionen auf Geräusche oder Kniffe geben …
Alle obengenannten Tests sollen mindestens 24 Stunden später ohne Änderung wiederholt werden.
Die Gültigkeit dieser Daten als Indikatoren für irreversible Gehirnschäden hängt vom Ausschluß zweier Bedingungen ab: Untertemperatur (Temperatur unter 32° C) sowie Dämpfer des zentralen Nervensystems wie Barbiturate.

Wahrung der Menschenwürde –
auch nach der Feststellung des Hirntodes

Seit ungefähr dreißig Jahren wird der Mensch als tot bezeichnet, wenn seine Gehirnfunktionen erloschen sind. Bis Ende der fünfziger Jahre galt der Herz-Kreislauf-Stillstand als verläßliches Todeskriterium. Mit der Einführung von künstlicher Beatmung und Herz-Druck-Massage mußte dieses Kriterium aufgegeben werden, da der Herz-Kreislauf-Stillstand in manchen Fällen durch eine »Wiederbelebung« rückgängig gemacht wurde. Dabei konnte durchaus schon der Hirntod eingetreten sein. Zudem konnte der Herz-Kreislauf maschinell weiter aufrecht erhalten werden. Der Stillstand des Herzens als Todeskriterium war somit nicht mehr haltbar. Hinzu kamen die Möglichkeiten der Organtransplantation, die immer mehr Herz- und Nierenkranken das Leben retten konnten.

ALLEIN IN DEUTSCHLAND wurden 1991 2255 Nieren verpflanzt, 1989 waren es 923. Zugleich werden die Wartelisten Schwerkranker, die auf Herz, Leber oder Knochenmark anderer angewiesen sind, immer länger. So mußten 1991 mehr als 7000 Patienten und Patientinnen auf eine Spenderniere warten. Von daher ist es schon verständlich, daß Ärzte für die Organspende werben.

Eine Organtransplantation ist aber nur dann möglich, wenn die Organe des Spenders noch lebens- und funktionsfähig sind. Angesichts der vielversprechenden Möglichkeiten der Transplantationsmedizin ergab sich daraus ein besonderes medizinisches und gesellschaftliches Interesse, den Todeszeitpunkt so früh wie möglich feststellen zu können: So früh, daß die Entnahme von »lebensfrischen« Organen zu einem Zeitpunkt geschehen kann, zu dem das Individuum als »tot« gilt. Deshalb erarbeitete die genannte Kommission von Ärzten, Juristen und Ethikern ein neues Kriterium zur Festlegung des Todes – eben den Hirntod.

Eine Reihe von Medizinern und Theologen hält dies jedoch für nicht unproblematisch. Eigentlich ist der Hirntote erst ein sterbender Mensch, da die meisten anderen Organe noch leben und erst absterben, wenn nach dem Hirntod jede medizinische Behandlung eingestellt wird. Er ist somit im eigentlichen Sinne noch kein wirklich Toter, sondern vielmehr erst ein Sterbender, dessen Organe nach und nach aussetzen werden. Es gilt somit, auch die Rechte und die Würde eines Menschen zu wahren, dessen Hirntod festgestellt wurde. In keinem Fall kann dieses Kriterium allein die Organentnahme rechtfertigen. Es bedarf vielmehr einer zu Lebzeiten freiwillig und verantwortlich abgegebenen Zustimmung des einzelnen, daß ihm nach Feststellung des Hirntodes entsprechende Organe zur Transplantation auf andere lebensbedrohend erkrankte Menschen entnommen werden dürfen. Nur in Ausnahmefällen sollte diese Erklärung durch die Zustimmung der nächsten Angehörigen im Falle des Hirntodes ersetzt werden.

Eine Widerspruchslösung, die das Recht zur Organentnahme schon immer dann gegeben sieht, wenn kein ausdrücklicher Widerspruch vorliegt, wird dem Recht und der Würde des sterbenden Menschen nicht gerecht.

ORGANENTNAHME

Eine Organentnahme ist in Deutschland nur dann erlaubt, wenn eine Einwilligung des Spenders – abgegeben für den Fall seines Todes – oder seiner Angehörigen vorliegt. In zwölf anderen europäischen Staaten regelt die sogenannte Selbstbestimmungslösung die Organentnahme. Das heißt, eine Entnahme ist zulässig, wenn der Verstorbene zu Lebzeiten nach einer »umfassenden Belehrung« keine ausdrückliche Erklärung hinterlassen hat, wonach er keine Organentnahme wünscht. Jeder über 16 Jahre alte Bürger wird dort zu einer Entscheidung darüber aufgefordert, ob er nach dem Tod als Organspender zur Verfügung stehen will.

5. Kapitel

Glauben und Hoffen über den Tod hinaus in den Religionen der Völker

In einem ungarischen Film stirbt ein Mann in den besten Jahren an Herzinfarkt mitten aus dem Leben heraus: Bevor seine Frau merkt, was geschieht, ist er, kurz nach der Einlieferung ins Krankenhaus, in ihren Armen tot. Da läuft sie aus dem Zimmer, irrt über Gänge und Treppen der Klinik, kommt an der Kapelle vorbei, deren Tür offen steht. Sie stürzt hinein, bleibt hinten stehen und schreit in den leeren Raum: »Ich weiß nicht, wer du bist und wo du bist, aber er soll es gut haben, verstehst du – er soll es gut haben!?«

Er soll es gut haben! – Sie soll es gut haben! – Gerade auch nach dem Tode.

Seit Menschengedenken gibt es diese Hoffnung und diese Sehnsucht: Der Tod darf nicht das Letzte sein. In *allen* Religionen finden wir Vorstellungen und Fantasien von einem Leben nach dem Tode. Manche Wissenschaftler meinen sogar, daß die Frage nach dem Tod und dem Leben danach der eigentliche Ursprung aller Religionen sei, ja, daß an ihrem Anfang der Glaube an eine Urgöttin steht, eine Art Hebamme, die ins Leben hilft und ins Sterben führt. Denn in vielen Kulturen wurden die Toten in der Stellung eines Embryos in einem Gefäß – vergleichbar dem Mutterschoß – beigesetzt. Sterben bedeutete Zurückkehren in den Schoß der Mutter Natur – der Mutter Gott.

Im Verlauf der Menschheitsgeschichte haben sich in den Religionen die Vorstellungen von einem Leben nach dem Tode recht unterschiedlich ausgeprägt. Sie stimmen jedoch alle darin überein, daß es ein Leben nach dem Tode gibt.

Lebenshungrig

Michelangelo sagte einst zu einer Gräfin:
»Ich bin 86 Jahre alt und hoffe,
bald von Gott heimgerufen zu werden.«
Die Gräfin fragte ihn: »Sind sie lebensmüde?«
Der große Künstler entgegnete: »Nein, lebenshungrig!«

Leben und Sterben
in der Vorstellung der Naturvölker

Die meisten Naturvölker betrachten Leben und Sterben als einen Kreislauf der Natur. Wenn jemand stirbt, so glauben sie, wird an anderer Stelle ein Kind zur Welt kommen. Wenn ein Kind geboren wird, stirbt irgendwo ein anderer Mensch.
Menschliches Leben und Sterben ist eng verbunden mit dem Kreislauf der Natur. Der Mensch ist ein Teil dieser Erde. Und diese Erde ist heilig.

*I*ch bin von der Erde
Sie ist meine Mutter
Sie gebar mich mit Stolz
Sie zog mich auf mit Liebe
Sie wiegte mich am Abend
Sie schob den Wind herbei und ließ ihn singen
Sie errichtete mir ein Haus aus harmonischen Farben
Sie nährte mich mit Früchten ihrer Felder
Sie belohnte mich mit Erinnerung an ihr Lächeln
Sie bestrafte mich mit dem Dahinschwinden der Zeit
Und am Ende
    wenn ich mich danach sehne
    fortzugehen
    wird sie mich umarmen
    für alle Ewigkeit.

Pawnee-Otoe-Indianerin Anna L. Walters (geb. 1946)

Mumifizierung bei den Ägyptern
– Reise zum himmlischen Sonnengott –

Die Ägypter behandelten ihre Toten besonders ehrfürchtig, weil sie glaubten, daß die Lebenskraft auch im Leichnam fortlebte. Die Leichen wurden deshalb sorgfältig einbalsamiert, um sie vor der Verwesung zu schützen. Außerdem versorgte man die Toten mit Hausgeräten und Nahrung. Denn nach ihrem Glauben reist der Tote in einem Sonnenboot zum himmlischen Sonnengott. Dort vor dem Richter entscheidet eine Waage über sein Schicksal. In der einen Waagschale liegt ein Bildnis der Wahrheitsgöttin, auf die andere wird das Herz des Toten gelegt. Nur dem wird unsterbliches Leben zuteil, der gut war in seinem Leben und auf Erden.
Offensichtlich aber hielten die Ägypter damals nur diejenigen für gut, die in ihrem Leben auch reich und angesehen waren. Die Leichen der Ärmeren nämlich wurden in Natron gelegt, dann in ein einfaches Tuch gehüllt und im Boden verscharrt, weil ihre Angehörigen die hohen Kosten für die Einbalsamierung und das Felsengrab nicht aufbringen konnten. Es scheint, als ob das Fortleben nach dem Tode ein Privileg der Reichen und Mächtigen war. Die weltweit bekannten Pyramiden sind nichts anderes als die Gräber ägyptischer Könige, deren Bedeutung und Ruhm über den Tod hinaus im Volke weiterleben sollten.

Der Tod bei den Germanen
– Übergang zu neuer Lebensfreude –

Auch die Germanen bestatteten ihre Toten mit Waffen, Werkzeugen und Hausgerät, weil sie ebenfalls an das Fortleben der Toten glaubten. Dies galt insbesondere für die tapferen Helden des Krieges. Nach dem Glauben der Germanen erwartete diese Helden nach ihrem (frühen) Tod ein fröhliches Leben. Am Tag nach der Bestattung hielten alle Sippengenossen ihnen zu Ehren ein großes Mahl. Die Trauer ging über in neue Lebensfreude.
Zu bestimmten Zeiten kehrte man immer wieder ans Grab zurück, so an den Tagen, an denen die Ernte eingebracht war. Dann lud man die

Toten gleichsam zu einem gemeinsamen Mahl ein, um sich ihres Wohlwollens und Schutzes für Haus und Hof neu zu vergewissern. Ihnen wurden bestimmte Plätze freigehalten; die Toten sollten sozusagen mit am Tisch sitzen.

Diesem Brauch folgend, entstanden im *Mittelalter* die großen Feste auf den Friedhöfen. Später entwickelte sich aus diesem gemeinsamen Fest für die Toten in den christlichen Kirchen das jährliche Allerseelenfest, das Fest des Gedenkens aller Verstorbenen.

Der Tod bei den Griechen
– Schatten in der Unterwelt –

Im Glauben der Griechen brachte ein Fährmann mit Namen Charon die Toten über den schwarzen Fluß Styx. Man legte dem Verstorbenen ein Geldstück in den Mund als Wegegeld für den Fährmann.

Nach der Überfahrt kann sich der Tote an nichts mehr aus seinem Leben erinnern, weder an Glück und Freude noch an Sorge und Leid. Der

Tote ist ein Wesen ohne Erinnerung an die eigene Lebensgeschichte – ähnlich dem Schatten des lebenden Menschen. Nur dieser Schatten lebt weiter, während der Mensch selber mit seiner Lebensgeschichte vergeht. Kommt der Tote nach der Überfahrt vor dem Totenreich an, so wartet dort der Höllenhund Zerberus. Er bewacht den Einlaß und verwehrt jedem die Rückkehr. Die Toten leben als Schatten im Reich des Hades, des Königs der Unterwelt, weiter.

Der Tod im Hinduismus
– Wiedergeborenwerden bis zur endgültigen Einheit mit dem Weltgeist Brahman –

Der Hinduismus ist die Religion der Inder, die im ersten Jahrtausend vor Christus aus dem Brahmanismus entstanden ist. Zum Hinduismus bekennen sich heute ungefähr 700 Millionen Menschen. Die Hindus verehren viele Götter, doch gibt es eine höchste Gottheit Brahman, in der alle Götter vereinigt sind. Mit ihm sollen auch alle Menschen vereinigt werden. Die Hindus glauben, daß sie vorerst so viele Male wiedergeboren werden, bis sie gut genug sind, endlich mit dem Weltgeist – Brahman – eins zu sein. Dann erst sind sie erlöst. Bis dahin werden sie je nach ihrem Lebenswandel nochmals in einem neuen Leben wiedergeboren. Wer gut ist, dem geht's gut, wer schlecht ist, dem geht's schlecht. Die Seele verbessert oder verschlechtert sich im nächsten Leben, je nachdem, wie sie im vorhergehenden Leben gelebt hat.
So glauben die Hindus, daß ihre Seele solange durch Pflanzen, Tiere und Menschen wandert, bis sie gut genug ist, um endlich bei Gott zu sein. Diese Vorstellung haben sie der Beobachtung der Natur entnommen, in der das Leben immer wiederkehrt. Wie eine Raupe zum Schmetterling und das Schmetterlingsei zur Raupe wird, so wird das Leben immer wieder neu geboren. Der Tod ist also eine Station auf dem Weg, ein Durchgangsstadium bis zum endgültigen Einswerden mit dem Weltgeist.
Ein Hindu, der weiß, daß er bald sterben muß, wird – wenn irgend möglich – zur Stadt Benares reisen, um mit dem Wasser des Flusses Ganges seine Sünden abzuwaschen. Er tut das in der Hoffnung, im kommenden Leben zu einem besseren Leben wiedergeboren zu werden. Verstorbene werden am Ganges gleich auf eine Bahre gelegt und zum

Verbrennungsplatz getragen. Dort wird ein Scheiterhaufen errichtet und der Körper unbekleidet daraufgelegt: Der Mensch muß die Welt so nackt verlassen, wie er sie betreten hat. Dabei werden Verse aus dem Heiligen Buch der Hindus, dem Rigweda, gesprochen:

>»Seele des Verstorbenen, fahr dahin, zieh deines Weges – des alten Weges – den unsere Vorfahren vor dir gegangen; schau auf zu den beiden Königen, den Mächtigen, Varuna und Yama, die sich erfreuen an Opfergaben; mögest du vereint werden mit den Vätern und den Lohn empfangen für alle deine Opfergaben, die dort oben gehäuft sind. Kehre wieder zurück in deine Heimat; nimm eine herrliche Gestalt an.«*

Wenn der Leichnam halb oder ganz verbrannt ist, wird sein Schädel gespalten, damit die Seele ausfahren und die Götterwelten erreichen kann. In jedem hinduistischen Haus wird am 8. Tag des Monats mit einem Trankopfer der Verstorbenen gedacht.

Der Tod im Buddhismus
– Wunschlosigkeit im Nirwana –

Zum Buddhismus bekennen sich etwa 300 Millionen Gläubige, vor allem in Hinterindien, Tibet, China, Japan und Ceylon. Sein Gründer ist Buddha (560 bis 480 v.Chr.), ein indischer Fürstensohn, der sich mit 29 Jahren aus dem weltlichen Leben zurückzog, Frau und Kind verließ und die gelbe Kutte eines Mönches anzog. Er lebte ein Leben der Entsagung und kam so zur Erleuchtung.

Auch der Buddhismus kennt die Vorstellung von der Wiedergeburt. Der Mensch wird so oft wiedergeboren, wie er noch nicht zu einer wirklichen Selbstlosigkeit gefunden hat. Nur so kann er dem Leiden der Welt entfliehen. Ursache allen Leidens in der Welt ist nach der Lehre Buddhas die Lebensgier. Heilung kann also nur durch Entsagung erfolgen. Nur der wunschlose Mensch, der nichts mehr will, weder Himmel noch Erde, weder Leben noch Tod, weder Freude noch Leid, wird nichts mehr verlieren können. So ist eben das Nichts die höchste Erlösung, das Nirwana. Sie kann zum Gleichmut, aber auch zur Gleichgültigkeit in diesem Leben führen. So werden bestimmte Haltungen verständlich, wie wir sie bei buddhistischen Gläubigen kennen: Japanische Kamikazeflieger z.B., die sich als lebende Bomber auf feindliche Ziele stürzen, oder vietnamesische Mönche, die sich selbst verbrennen.

Wer erkannt hat, von den Dingen dieser Welt und seinen egoistischen Wünschen abzusehen, der ist erlöst. So ist der Tod, der den Menschen alles wegnimmt, was er krampfhaft festhält, der beste Prediger der Wunschlosigkeit: Er lehrt, loszulassen und darüber gelassen zu werden. Deshalb ist für buddhistische Mönche die Erinnerung des Todes von großer Bedeutung. Sie werden angewiesen, sich auf einem Friedhof oder in einem Grab niederzulassen und über die Asche der Körper, die verbrannt worden sind, und über die Leichen, die dort in verschiedenen Stadien des Verfalls liegen, nachzudenken.

Sterben und Tod im Judentum
– Die Toten schlafen –

Zum Judentum bekennen sich heute etwa 18 Millionen Glaubende.
Für den Juden bedeutet der Tod kein endgültiges Scheiden. Deshalb
sind die Namen des Todesortes auch keine Bezeichnungen der Trauer
und des Endes. Im Gegenteil: Der Friedhof heißt bei den Juden »Haus
des Lebens«. Manchmal wird er auch »Guter Ort« genannt. Nur in Israel
hat sich heute die weltliche Bezeichnung »Ort der Gräber« durchgesetzt.
Die Toten »schlafen« im Staub der Erde, bis sie von Gott aufgrund seines
großen Erbarmens wiederbelebt werden. Dadurch verliert der Tod – so
schmerzlich auch das Sterben eines lieben Menschen empfunden wird –
seinen Schrecken. Der Begräbnisort deutet auch auf die kommende Welt
und auf die Auferstehung der Toten hin.
Der jüdische Begräbnisort gilt als Ruheplatz des Verstorbenen in der
»Weltzeit«, d.h. bis zum Kommen des Messias. Während das Christentum
als übliche Ruhezeit bis zur vollständigen Verwesung der Toten den
Zeitraum von 20 bis 25 Jahren akzeptiert, bleibt das jüdische Grab
Eigentum des in ihm Ruhenden für alle Zeit. Deshalb darf im Normalfall
der jüdische Friedhof nicht verlegt, veräußert oder bebaut werden. Die
Ehrfurcht vor dem Tode und den Toten wird nur durch die vor dem
Leben und den Lebenden übertroffen.

Nicht die Toten preisen den Ewigen,
nicht die, die in die tiefste Stille sanken.

Psalm 115,17

Die letzten Liebesdienste, die die jüdische Gemeinschaft dem Toten erweist, sind die Leichenwäsche und die Begleitung zum Begräbnisort. Die Leiche wird in einen rohen, schmucklosen Holzsarg gelegt, den man sogleich verschließt. Alles, was dem Toten in seinem Leben wichtig war, wird mit dem Toten bestattet. Die Begleitung zum Grab gehört zur heiligen Pflicht des Juden. Wer einen Leichenzug sieht und sich ihm nicht anschließt, lästert im Menschen seinen Schöpfer! Dieser Lehrsatz drückt die Ehrfurcht der Juden gegenüber dem Toten aus.

Während des Weges zum Grab beten die Juden den Psalm 91 »Unter dem Schutz des Höchsten«:

*W*er im Schutz des Höchsten wohnt
und ruht im Schatten des Allmächtigen,
der sagt zum Herrn:
»Du bist für mich Zuflucht und Burg,
mein Gott, dem ich vertraue.«
Er rettet dich aus der Schlinge des Jägers
und aus allem Verderben.
Er beschirmt dich mit seinen Flügeln,
unter seinen Schwingen findest du Zuflucht,
Schild und Schutz ist dir seine Treue.
Du brauchst dich vor dem Schrecken
der Nacht nicht zu fürchten,

noch vor dem Pfeil, der am Tag dahinfliegt,
nicht vor der Pest,
die im Finstern schleicht, vor der Seuche,
die wütet am Mittag.
Fallen auch tausend zu deiner Seite,
dir zur Rechten zehnmal tausend,
so wird es doch dich nicht treffen.
Ja, du wirst es sehen mit eigenen Augen,
wirst zuschauen,
wie den Frevlern vergolten wird.
Denn der Herr ist deine Zuflucht,
du hast dir den Höchsten als Schutz erwählt.

Dir begegnet kein Unheil,
kein Unglück naht deinem Zelt.
Denn er befiehlt seinen Engeln,
dich zu behüten auf all deinen Wegen.
Sie tragen dich auf ihren Händen,
damit dein Fuß nicht an einen Stein stößt;
du schreitest über Löwen und Nattern,
trittst auf Löwen und Drachen.

»Weil er an mir hängt, will ich ihn retten;
ich will ihn schützen, denn er kennt meinen Namen.
Wenn er mich anruft, dann will ich ihn erhören.
Ich bin bei ihm in der Not,
befreie ihn und bringe ihn zu Ehren.
Ich sättige ihn mit langem Leben
und lasse ihn schauen mein Heil.«

Der behutsame Umgang mit dem Verstorbenen lehrt, daß sich die Seele langsam vom Körper trennt. Im gleichen Maße müssen die trauernden Angehörigen den Trennungsschmerz durchleben. Durch eine Fülle von Bräuchen werden sie immer wieder auf den Tod des eben Verstorbenen hingewiesen.

Mit Hilfe der einzelnen Epochen der Trauer »distanzieren« sie sich in zunehmendem Maße von ihm. Seinen stärksten Ausdruck findet diese Einsicht in dem Verbot, während der 30 Trauertage den Begräbnisort zu besuchen.

Die Grabsteine, die nach 11 Monaten errichtet werden, sehen im großen und ganzen ähnlich aus. Dadurch soll der Gedanke der Gleichheit aller Menschen betont werden.

DER AUFERSTEHUNGSGLAUBEN DER JUDEN

Im Christentum wurde zeitweise behauptet, die Juden würden nicht an eine Auferstehung der Toten glauben. Dies ist jedoch ein großer Irrtum. Ein Blick in die Welt des jüdischen Gebetes zeigt einen festen Auferstehungsglauben. So heißt es etwa in dem großen »18-Bitten-Gebet«:

>»Du bist mächtig in Ewigkeit,
>Ewiger, du belebst die Toten, du bist stark im Helfen …
>du ernährst die Lebenden mit Gnade,
>belebst die Toten in großem Erbarmen,
>stützest die fallenden,
>heilst die Kranken,
>befreist die Gefesselten
>und hältst Treue denen, die im Staube schlafen.
>Wer ist wie Du, Herr, der Allmacht
>und wer gleicht dir König,
>der du tötest und belebst und Heil aufsprießen läßt.
>Und treu bist du, die Toten wieder zu beleben.
>Gelobt sei'st du Ewiger,
>der du die Toten wiederbelebst!«

Von Rabbi Elearza wird berichtet: Der verstorbene Fromme geht nur seinem jeweiligen Zeitalter verloren. Dies ist ebenso, als wenn jemand eine kostbare Perle verliert; die Perle ist überall Perle, in dieser wie in der anderen Welt. Verloren ist sie nur ihrem momentanen Eigentümer!

Auffallend ist, daß die Gräber der Juden nicht so geschmückt sind wie auf christlichen Friedhöfen, ja geradezu verlassen aussehen: Halten Juden ihre Verstorbenen weniger in Ehren? Friedrich Thieberger schreibt dazu:

»Wenn unsere Weisen feststellen, daß der Tote nach 12 Monaten in Vergessenheit gerät, so bedeutet das natürlich nicht, daß die Erinnerung an ihn, an die Liebe, die er verbreitete, an sein segensreiches Wirken, erlischt; es bedeutet nur, daß das Leben die Lebenden wieder in seinen Bereich zieht und der Tote sich mit einem stillen Winkel in unserem Herzen zufrieden geben muß. Und wer vom jüdischen Geiste beseelt ist, wird gar sehr die Mahnung beherzigen, sich dem Weh über einen noch so tief geführten Verlust nicht willenlos hinzugeben, er wird bitten, daß ihm die Lieben erhalten bleiben, an deren Besitz er sich freuen darf, und er wird des Zeitpunktes harren, in dem der Tod seine Schrecken verlieren wird und alle, die sich hienieden teuer waren, in der Welt des Friedens vereinigt werden.«

Gebet der Juden am Begräbnisort

*G*elobt sei'st du,
Ewiger, unser Gott, König der Welt,
der euch geschaffen hat in Gerechtigkeit,
der euch gespeist und ernährt hat in Gerechtigkeit,
der euch sterben ließ in Gerechtigkeit,
der euer aller Zahl kennt in Gerechtigkeit
und der euch einst wiederbeleben wird
in Gerechtigkeit!
Gelobt sei'st du, Ewiger,
der du die Toten wiederbelebst!«

Der Tod im Islam
– Pforte zum Paradies –

Der Islam ist die jüngste der großen Weltreligionen und sowohl vom Judentum wie auch vom Christentum beeinflußt. Er geht auf den Propheten Mohammed zurück (569-632 n.Chr.). Zum Islam zählen heute etwa 800 Millionen Gläubige. Er breitet sich zunehmend aus.
Das Wort Islam bedeutet »Unterwerfung« – unter Allah, dem Gott des Islam. Allah fordert die Erfüllung seiner Gebote. Er richtet die Menschen nach deren Taten.

> Wer sein Angesicht Allah hingibt und Gutes tut,
> der hat seinen Lohn bei seinem Herrn.
>
> Koran 2, Sure 106

Der Sünder aber wird mangels Verdienste in die ewige Feuerspein gestoßen. Im Tode zieht Allah das Fazit aus dem Ertrag des Lebens. Für die Beurteilung des Menschen im Weltgericht gilt vor allem die Befolgung der fünf Grundgesetze des Islam. In einem Bild ausgedrückt bedeutet dies: Unser Leben ist der Weg zum Paradies. Wenn wir regelmäßig zu Allah *beten*, liegt der halbe Weg hinter uns. Wenn wir *fasten*, kommen wir bis an die Pforte des Paradieses. Wenn wir armen Menschen *Almosen geben*, wird uns der Eingang geöffnet. Wenn sich der Mensch für seinen *Glauben an Allah eingesetzt* hat und einmal im Leben zum *Heiligtum nach Mekka gepilgert* ist, dann wird er nach seinem Tod im Paradies weiterleben.
Das Paradies stellen sich die Moslems als einen wunderschönen schattigen Garten vor, in dem ewiger Frühling herrscht. Sie hoffen, von Allah mit ewiger Freude belohnt zu werden.
Nach seinem Tod wird der Moslem in ein Grab gelegt – mit dem Gesicht Mekka zugewandt. Derjenige, der in das Grab hinabsteigt, um den Verstorbenen dort zu betten, muß barfuß und barhäuptig sein, seine Kleider aufknöpfen und sprechen:

*I*m Namen Allahs.
Gott gib,
daß dieser Tote
mit seinem Propheten vereinigt wird.
Gott, wenn er ein Wohltäter war,
vermehre seine Wohltätigkeit,
wenn er schlecht gehandelt hat,
vergib ihm,
hab Erbarmen mit ihm
und laß ihm seine Sünden nach.

Mit Ausnahme der Märtyrer und anderer, die unmittelbar nach dem Tod ins Paradies eintreten, warten die Toten in ihren Gräbern auf die Auferstehung und das Weltende.

6. Kapitel

Tod und Auferstehung im christlichen Glauben

Was meint Auferstehung der Toten?

Alle Christen bekennen im Apostolischen Glaubensbekenntnis:
»Ich glaube an die Auferstehung der Toten und das ewige Leben.«

Was aber meint »Auferstehung der Toten«?

– Weiterleben als Geist?
– Trennung der Seele vom Körper?
– Leben als Schatten?
– In Gedanken und Werken lebendig bleiben?
– In den Nachkommen weiterleben?
– Wiedergeboren werden?

Vor diesen Fragen standen auch die Juden, die Zeit- und Glaubensge-
nossen Jesu. Viele von ihnen hofften auf die Auferstehung, ohne sie sich
vorstellen zu können. Unterschiedliche Überzeugungen widersprachen
sich. Die Glaubensrichtung der Pharisäer etwa stand gegen die der
Sadduzäer. So gab es auch damals Versuche, die Verkündigung Jesu von
der Auferstehung der Toten ins Lächerliche zu ziehen.

*Von den Sadduzäern, die behaupteten, es gebe keine Auferstehung, fragten
einige Jesus nach einer Frau, die nacheinander sieben Männer verliert.
»Wessen Frau wird sie nun bei der Auferstehung sein? Alle sieben haben
sie doch zur Frau gehabt.« Jesus sagte zu ihnen: »Ihr irrt euch, ihr kennt
weder die Schrift noch die Macht Gottes. Wenn nämlich die Menschen
von den Toten auferstehen, werden sie nicht mehr heiraten, sondern sie
werden sein wie die Engel im Himmel. Daß aber die Toten auferstehen,
habt ihr das nicht im Buch Mose gelesen, in der Geschichte vom Dornbusch,
in der Gott zu Mose spricht: Ich bin der Gott Abrahams, der Gott Isaaks
und der Gott Jakobs? Er ist doch nicht ein Gott von Toten, sondern von
Lebenden. Ihr irrt euch sehr.«*

Markus 12,23-27

Jesus macht deutlich, daß es eine Auferstehung von den Toten gibt. Eine Auferstehung des ganzen Menschen, nicht nur eines Teiles von ihm. Aber wir Menschen werden dann »anders« sein.

Hab ein wenig Geduld!

Newton ging an einem Ostermorgen mit seinen Schülern spazieren. Sie kamen an einem Friedhof vorbei. Da sprach einer der Schüler in leichtem Spott: »Meister, wer kann glauben, daß der Staub dieser Toten je wieder zu einem Leib und Leben geformt werden soll?« Newton antwortete nur: »Hab ein wenig Geduld!«

Während der nächsten Physikstunde ließ sich der Meister u.a. auch eine Handvoll Eisenstaub bringen, mengte ihn unter Erdenstaub und fragte den Spötter: »Wer sammelt diese Stäubchen Eisen wieder aus dem Staub der Erde?« – Als der Schüler keine Antwort wußte, nahm Newton einen Magneten und hielt ihn über die Mischung. Im selben Augenblick kam Leben und Bewegung in den Staub, d.h. im Nu flogen sämtliche Eisenteilchen dem Magneten zu!

Ernst sah der Meister den Spötter und die übrigen Schüler an und sprach: »Der solche Kraft dem toten Magneten gab, wird er nicht Größeres unserer Seele geben, wenn sie einstens am Auferstehungstag der Umkleidung durch den verklärten Staub bedarf?«

Es wird nicht der gleiche Körper sein, wie wir ihn jetzt haben. Denn dieser ist sterblich. Es wird ein »unsterblicher« Leib sein. Aber wie können wir uns diesen Leib vorstellen? Wie sollen die Milliarden Menschen der Menschheitsgeschichte in einem ewigen Leben weiterleben? Wo wäre Platz für sie?

... die schwirren alle oben rum

Wer hat schon Angst? Man sollte Angst haben vor dem Leben ja, aber nicht vor dem Tod, doch nicht. Da weiß man doch nichts mehr. Ist doch aus.

Nein. Ich mache mir nur Gedanken, was heute ist und was ich machen muß. Einfach, ganz einfach! Aber man kann mir doch nicht erzählen, daß die da alle leben, da oben, und das muß ja furchtbar übersetzt sein, wie

viele Leute da oben da rumschwirren. Wenn man im Krieg gewesen ist,
und wenn man gesehen hat, wie Hunderttausende von Menschen umge-
bracht worden sind: die schwirren alle oben rum? Das ist doch nicht möglich.
Außerdem glaube ich auch nicht an eine höhere Macht, oder die höhere
Macht ist meschugge.

Marlene Dietrich

Jean-Paul Sartre soll auf seinem Sterbebett von einem Freund gefragt
worden sein, ob er nicht doch an ein Leben nach dem Tod glaube.
Entgegen seiner häufig vorgetragenen Auffassung, daß mit dem Tod alles
aus sei, soll er geantwortet haben: »peut-être« – vielleicht.
Blickt man auf die Ansichten unserer Mitmenschen, dann wird deutlich,
wie unterschiedlich Menschen zum »Leben nach dem Tod" stehen:

	1	2	3	4	5	
	Ja	←		→	Nein	keine Antwort
Es ist unmöglich, eine klare Vorstellung über ein Leben nach dem Tod zu haben.	37%	18%	18%	9%	11%	6%
Ob es ein Weiterleben nach dem Tod gibt, ist für mein Leben ohne Bedeutung.	17%	10%	19%	16%	32%	5%
Ich hoffe, daß es nach dem Tod ein Weiterleben gibt.	40%	16%	19%	7%	12%	7%
Mit dem Tod ist alles aus.	20%	9%	17%	14%	34%	5%
Die Menschen werden mit Leib und Seele von den Toten auferstehen.	12%	9%	21%	15%	35%	8%
Ein Weiterleben nach dem Tod gibt es nur ohne Körper.	30%	13%	26%	6%	14%	11%

Diese Ergebnisse einer europäischen Umfrage zeigen die große Unsicherheit vieler Menschen angesichts der Vorstellungen eines Lebens nach dem Tode:

- Die meisten haben keine klare Vorstellung,
- für die Hälfte ist es ohne Bedeutung, ob es ein Leben nach dem Tode gibt,
- ebenso viele aber hoffen, daß es ein Leben nach dem Tode gibt,
- nur ein Viertel glaubt, daß wir mit Leib und Seele von den Toten auferstehen,
- viele dagegen glauben an ein Weiterleben ohne Körper.

VON ANFANG AN...

Von Anfang an hat die Christen die Frage nach der Art und Weise des Lebens nach dem Tode beschäftigt. Aus einer der ersten Christengemeinden in der Hauptstadt Korinth ist uns folgendes Gespräch zwischen Paulus und den Gemeindemitgliedern überliefert:

»Wie werden die Toten auferweckt, was für einen Leib werden sie haben?« »Was für eine törichte Frage!« – meint Paulus. »Auch das, was du säst, wird nicht lebendig, wenn es nicht stirbt. Und was du säst, hat noch nicht die Gestalt, die entstehen wird; es ist nur ein nacktes Samenkorn, z.B. ein Weizenkorn oder ein anderes. Gott gibt ihnen die Gestalt, die er vorgesehen hat, jedem Samen eine andere. Auch die Lebewesen haben nicht alle die gleiche Gestalt. Die Gestalt der Menschen ist anders als die der Haustiere, die Gestalt der Vögel anders als die der Fische. Auch gibt es Himmelskörper und irdische Körper. Die Schönheit der Himmelskörper ist anders als die der irdischen Körper. Der Glanz der Sonne ist anders als der Glanz des Mondes, anders als der Glanz der Sterne; denn auch die Gestirne unterscheiden sich durch ihren Glanz. So ist es auch mit der Auferstehung der Toten. Was gesät wird, verwest, was auferweckt wird, ist unverweslich. Was gesät wird, ist armselig, was auferweckt wird, herrlich. Was gesät wird, ist schwach, was auferweckt wird, ist stark. Gesät wird ein irdischer Leib, auferweckt ein überirdischer Leib.

138

Wenn es einen irdischen Leib gibt, gibt es auch eine überirdischen …
Damit will ich sagen, Brüder und Schwestern: Fleisch und Blut können
das Reich Gottes nicht erben; das Vergängliche erbt nicht das Unver-
gängliche.«

1 Korinther 15,35-44,50

In dieser Antwort macht Paulus deutlich, daß wir uns nicht genau vorstellen können, wie aus unserer jetzigen Gestalt, die vergänglich und sterblich ist, eine unvergängliche und unsterbliche werden kann. Hier hilft keine Wissenschaft weiter, allenfalls helfen Bilder und Gleichnisse. Sie lassen uns etwas vom Geheimnis verstehen. So das *Bild vom Samenkorn*: In seiner Gestalt muß es sterben, damit etwas ganz anderes und großartig Neues wächst. So geht unser neues Leben aus dem jetzigen alten Leben hervor. Der alte Mensch stirbt, – ein neuer, ein unsterblicher Mensch geht aus ihm hervor. Es ist wirklich ein neues Leben – nicht nur im Geist, sondern mit Leib und Seele. Wir werden einander wiederbegegnen in der Gemeinschaft mit Gott.

Auch heute noch, 20 Jahre nach dem Tod ihres Mannes, nachdem die Kinder herangewachsen sind, sagt sie: »Was die Kirche verspricht vom ewigen Leben, eigentlich interessiert es mich nicht. Was soll mir ein Leben bei Gott, was soll mir ein Leben im Himmel? Ich will mit meinem Mann leben, ich will mit meinem Mann beisammen sein. Etwas anderes bedeutet kein Glück, keine Erfüllung für mich.«

Nicht mutig

Die Mutigen wissen
Daß sie nicht auferstehen
Daß kein Fleisch um sie wächst
Am jüngsten Morgen
Daß sie nichts mehr erinnern
Niemandem wiederbegegnen
Daß nichts ihrer wartet
Keine Seligkeit
Keine Folter
Ich
Bin nicht mutig.

Marie Luise Kaschnitz

Was geschieht nach dem Tod?

In früheren Zeiten hatte die christliche Tradition eine Reihe von Bildern zur Hand, mit denen sich die Menschen das Schicksal nach dem Tode erklärten. Diese Bilder beruhten weitgehend auf den Weltbildern der Antike und des Mittelalters. So entwickelten sich folgende Vorstellungen:

- Im Augenblick des Todes trennt sich die Seele vom Leib.
- Die Seele tritt vor Gott, und Gott richtet den Menschen nach dem, was er an Gutem und Bösem in seinem Leben getan hat. Wichtig waren hier vor allem sein Glaube und sein Handeln unmittelbar vor dem Tod.
- Die Seelen der schwer Schuldigen werden in die Verdammnis, in die Hölle gestoßen. Dort sind sie den Qualen und Folterungen der Teufel ausgeliefert. Sie leiden unter der Gottesferne. – Wer in der Gnade Gottes und im rechten Glauben gestorben ist, gelangt unmittelbar in den Himmel, zur Anschauung Gottes und nimmt Teil am Glück der Engel und seligen Geister.
- Die Menschen, die zwar schuldig, aber nicht mit schwerer Schuld gestorben sind, kommen in einen Reinigungsort: das Fegfeuer. Dort erleiden sie Qualen und Not, aber nach einer Zeit kommen auch sie in den Himmel.
- Am Ende aller Zeiten findet ein großes allgemeines Gericht über alle Menschen statt. Jetzt werden die Leiber der Verstorbenen wieder mit der Seele vereinigt. Das ist die endgültige »Auferstehung des Fleisches«.
- Bei diesem großen Weltgericht führt Gott die Menschheit zu einer großen Gemeinschaft zusammen. Die gesamte Schöpfung wird umgewandelt in eine neue Welt Gottes.

Viele dieser Vorstellungen sind uns heutigen Menschen fremd geworden. Wir stellen uns das Jenseits des Todes nicht mehr so anschaulich vor, d.h. weder so schrecklich noch so beglückend. Wie aber können wir das, was mit diesen alten Bildern gemeint ist, für uns in unser heutiges Verstehen übertragen?

*I*ch komm', weiß nit woher,
ich bin und weiß nit wer,
ich leb', weiß nit wie lang,
ich sterb' und weiß nit wann,
ich fahr', weiß nit wohin:
Mich wundert's, daß ich fröhlich bin.

Da mir mein Sein so unbekannt,
geb' ich es ganz in Gottes Hand, –
die führt es wohl, so her wie hin.
Mich wundert's, wenn ich noch traurig bin.

Hans Thoma

Verläßt beim Sterben die Seele den Körper?

In früheren Zeiten hatte man die Vorstellung, daß sich im Sterben die Seele vom Leib trennt. Man glaubte, nur die Seele lebe weiter, während der Leib selber zerfalle. Erst am Ende aller Zeiten würden dann die Leiber aus der Erde neu gesammelt. Diese Vorstellung war ein bildlicher Versuch sich vorzustellen, daß einmal der ganze Mensch mit Leib und Seele bei Gott sein werde.

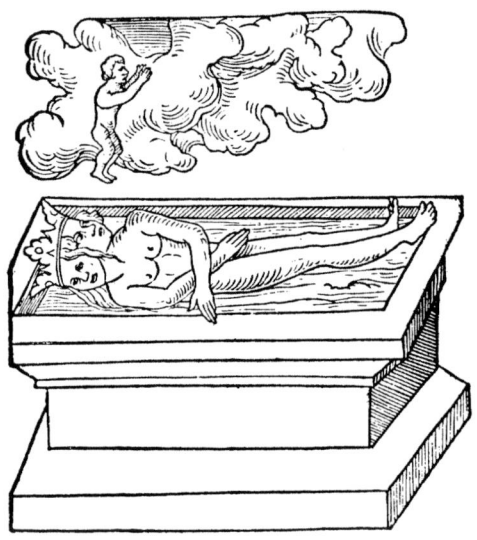

Sye teylen sich die vier element/
Aus dem leyb scheydt sich die sele behendt.

Nicht etwas von uns wird auferstehen, sondern jeder einzelne als ganzer Mensch, als Persönlichkeit, mit seiner Geschichte. So kennt auch die Bibel nicht die Trennung von Leib und Seele. Von den Verstorbenen heißt es, »sie werden auferweckt werden« (1 Korinther 15,22). Dem Schächer am Kreuz sagt Jesus: »Heute noch wirst du mit mir im Paradiese sein« (Lukas 22,43). Und: Wenn in der Bibel von *Seele* die Rede ist, dann ist immer der *ganze Mensch* gemeint.

»Gott liebt mehr als die Moleküle, die sich im Augenblick des Todes im Leib befinden. Er liebt einen Leib, der gezeichnet ist von der ganzen Mühsal, aber auch von der rastlosen Sehnsucht einer Pilgerschaft, der im Lauf dieser Pilgerschaft viele Spuren in einer Welt hinterlassen hat, die durch diese Spuren menschlich geworden ist … Auferweckung des Leibes heißt, daß von all dem Gott nichts verloren gegangen ist, weil er den Menschen liebt. Alle Tränen hat er gesammelt, und kein Lächeln ist ihm weggehuscht. Auferweckung des Leibes heißt, daß der Mensch bei Gott nicht nur seinen letzten Augenblick wiederfindet, sondern seine Geschichte.«

Wilhelm Breuning

Gleichzeitig müssen wir eingestehen, daß wir nicht wissen, wie ein solch ewiges Leben aussehen wird. Darüber müssen wir schweigen. Wir wissen es einfach nicht.

Es ist gut, wenn man es lernt zu leben in der festen Hoffnung auf die Auferstehung und zugleich mit dem Nicht-wissen um das genaue Wie. Aber wie sollen wir denn davon sprechen? Halten wir uns an die Sprache der Schrift: Sie sind entschlafen. Sie werden neu leben. Sie sind in die Wohnung des Herrn eingezogen. Sie warten. Sie sind dabei, auferweckt zu werden. Sie fangen an bei Gott zu leben. Solche Worte geben Gottes Botschaft wieder. So können wir es auch Kindern sagen.

Ein evangelischer Theologe sagt auf seinem Sterbebett zu seiner Frau:

»Ich habe in den letzten Nächten alles geprüft und überdacht, was wir darüber wissen können und was uns davon gesagt ist, wie es sein wird, wenn es mit uns zu Ende geht. Eines weiß ich jetzt gewiß: Ich werde geborgen sein.«

»Mitten im Tode sind wir mit dem Leben umfangen«, so hat Martin Luther den Text des mittelalterlichen Kirchenliedes umgestellt, wo es heißt: »Mitten im Leben sind wir mit dem Tod umfangen«. Er wollte damit sagen, daß seit dem Tod und der Auferstehung Jesu Christi der Tod nicht mehr endgültig, sondern vom Leben umfangen ist. Deshalb nennt Luther die Toten auch lieber »Schläfer«. Auch die Heilige Schrift spricht häufig vom Tod als einem »Schlaf«.

In Christo ist der Tod nicht ein Tod, sondern ein feiner, süßer, kurzer Schlaf, in dem wir von diesem Jammer, Not und Angst und allem Unglück dieses Lebens entledigt, süß und sanft einen kleinen Augenblick ruhen sollen als in einem Ruhebettlein, bis die Zeit kommt, daß er uns mit all seinen lieben Kindern zu seiner ewigen Herrlichkeit und Freude aufwecken und rufen wird.

Martin Luther

Der Tod ist nichts Endgültiges. Wir Christen, so meint Luther, »sollen uns üben und gewöhnen im Glauben, den Tod zu verachten und als einen tiefen, starken, süßen Schlaf anzusehen, den Sarg nicht anders, denn als unseres Herrn Christi Schoß oder Paradies«. Wer schläft, ist nicht endgültig tot, sondern wird wieder aufstehen. So ist auch der Zustand des Menschen nach dem Tode nur ein vorläufiger, ein Zwischenzustand. Der Mensch wird wieder aufwachen: in einem Zustand der Vollendung im Reich Gottes. Nicht zuletzt hält Martin Luther das Bild des Schlafes und des Schläfers deshalb für sehr angemessen, weil Schlafen auch auf einen anderen Bewußtseinszustand hindeutet. Einerseits ähnelt Schlafen der Bewußtlosigkeit, andererseits erwacht das Unbewußte in den Träumen ohne Zeit- und Raumgrenzen. Die Erfahrung des Traumes ähnelt eher den Erfahrungen der jenseitigen Welt und des Reiches Gottes als unsere Erfahrungen im Wachzustand, die immer begrenzt sind von Zeit und Raum.

*W*ach auf, du Schläfer,
und steh auf von den Toten,
und Christus wird dein Licht sein.

Epheser 5,14

150

Gericht: Gott macht alles recht und richtig – er richtet auf

Gottes Gericht ist nicht mit einem menschlichen Gericht zu vergleichen. Hier wird oft Böses mit Strafe vergolten. Jedenfalls soll Unrecht vergolten oder wieder gutgemacht werden. Gottes Gerichte sind Gnadengerichte, die nicht *hin*richten, sondern *auf*richten, die Böses mit Liebe vergelten.

Dabei nimmt Gott unsere Freiheit ernst, selbst die Freiheit des Menschen im Augenblick des Sterbens und des Todes.

»Wir verschweigen nicht, daß die Botschaft vom Gericht Gottes auch von der Gefahr des ewigen Verderbens spricht. Sie verbietet uns, von vornherein mit einer Versöhnung und Entsühnung für alle und für alles zu rechnen, was wir tun oder unterlassen. Gerade so greift diese Botschaft immer wieder verändernd in unser Leben ein und bringt Ernst und Dramatik in unsere geschichtliche Verantwortung.

Ein Wort der Hoffnung und Ermutigung

Es spricht von der gerechtigkeitsschaffenden Macht Gottes, davon, daß nicht nur die Liebe, sondern auch die Gerechtigkeit stärker ist als der Tod. Es spricht schließlich von jener gerechtigkeitsschaffenden Macht Gottes, die den Tod als den Herrn über unser Gewissen entthront und die dafür bürgt, daß mit dem Tod die Herrschaft der Herren und die Knechtschaft der Knechte keineswegs besiegelt ist. Und dies sollte kein Wort unserer Hoffnung sein? Kein Wort, das uns freimacht, für diese Gerechtigkeit einzustehen, gelegen oder ungelegen? Kein Ansporn, der uns den Verhältnissen himmelschreiender Ungerechtigkeiten widerstehen läßt? Kein Maßstab, der uns jedes Paktieren mit Ungerechtigkeit verbietet und uns immer wieder zum Aufschrei gegen sie verpflichtet, wenn wir unsere eigene Hoffnung nicht schmähen wollen?«

Synodenbeschluß »Unsere Hoffnung«

Ich habe gefühlt, daß ich jetzt sterben muß. Ich habe gefühlt, daß ich sinke, tiefer und tiefer. Ich habe an nichts gedacht, nichts aus dem Evangelium oder aus der Theologie ist mir eingefallen, kein Gedanke an Gott und Christus, an ein Gebet oder Sakrament. Ich habe nur gefühlt, daß ich falle, aber nicht ins Bodenlose. Ich war mir ganz sicher: Wenn ich unten bin, werde ich gehalten, bin ich geborgen. Wenn alle Theologie, die ich aufgenommen und selbst getrieben habe, wenn alle Sakramente, die ich gefeiert habe, und die ganze Botschaft des Evangeliums, die ich geglaubt habe, dieses eine bewirkt haben, dann hat es sich gelohnt.

Ferdinand Klostermann (1982, nach einer schweren Operation,
vier Tage vor seinem Tod)

Sterben als letzte Entscheidung

Vielleicht ist der Augenblick unseres Todes auch der Augenblick unseres reinsten Bewußtseins und unserer größten Freiheit. In aller Klarheit sehen wir dann unser vergangenes Leben. In aller Freiheit können wir dann ja oder auch nein sagen zum Liebesangebot Gottes. Endgültig können wir dann über den Wert unseres Lebens urteilen.

Es ist der Augenblick der Begegnung mit Christus selber. Vielleicht sind wir dann erst im Vollbesitz unserer menschlichen Kräfte des Fühlens und Denkens. Alles ist Gegenwart. Es gibt kein Vorher und kein Nachher. Ewigkeit beginnt.

An jenem Tage

*A*n jenem Tage
der kein Tag mehr ist —
vielleicht wird er sagen:

Was tretet ihr an
mit euren Körbchen voller Verdienste,
die klein sind wie Haselnüsse
und meistens hohl?
Was wollt ihr
mit euren Taschen voller Tugenden
mit denen ihr gekommen seid
aus Mangel an Mut,
weil euch Gelegenheit fehlte
oder
durch fast perfekte Dressur?

Habe ich euch
davon nicht befreit?
Wissen will ich
Habt ihr die anderen
angesteckt mit Leben?

Joachim Dachsel

Gott ist kein penibler Buchhalter, der uns dann völlig überraschend unsere guten und bösen Taten vorhalten wird. Gott ist kein richtender Gott, der uns belohnen oder bestrafen will. Gott ist ein liebender Gott. Darin besteht letztlich das Gericht Gottes, wenn wir es uns überhaupt irgendwie vorstellen können: Im Tod werden wir durch seine Liebe sozusagen entwaffnet. Dann können wir ganz zu uns selbst stehen, zu dem, was wir gewesen sind, zu unseren Fehlern und Schwächen, zu Sünde und Schuld, zu unseren Erfolgen und Leistungen, zu unserer Liebe und Gerechtigkeit, zu unseren Träumen und Sehnsüchten. Wir erkennen uns selbst, so, wie wir wirklich sind – frei von allen Fesseln der Zeit, der Gesellschaft und der Umstände.

Himmel – Reich Gottes

»Ich glaube das alles nicht so recht«,
sagte der soeben Verstorbene zu dem Engel,
der ihn in den Himmel führte.
»Macht nichts, komm nur«, sagte der Engel freundlich.

Himmel war in der Vorstellung der Alten ein Ort *über* der Erde: Der Lebensraum Gottes, Ort der Glückseligkeit und des Friedens. Unsere Redensarten verbinden mit dem Bild vom Himmel noch heute: großes Glück, absolute Vollkommenheit, grenzenlose Freude.

Redensarten

– Im siebten Himmel sein
– Den Himmel auf Erden versprechen
– Das ist himmlisch
– Jemanden in den Himmel loben
– Den Himmel offen sehen
– Es ist noch kein Meister vom Himmel gefallen
– …

Reich Gottes

Wir Christen hoffen auf den neuen Menschen, den neuen Himmel und die neue Erde in der Vollendung des Reiches Gottes. Wir können von diesem Reich Gottes nur in Bildern und Gleichnissen sprechen, so wie sie im Alten und Neuen Testament unserer Hoffnung, vor allem von Jesus selbst, erzählt und bezeugt sind. Diese Bilder und Gleichnisse vom großen Frieden der Menschen und der Natur im Angesichte Gottes, von der einen Mahlgemeinschaft der Liebe, von der Heimat und dem Vater, vom Reich der Freiheit, der Versöhnung und der Gerechtigkeit, von den abgewischten Tränen und vom Lachen der Kinder Gottes — sie alle sind genau und unersetzbar. Wir können sie nicht einfach »übersetzen«, wir können sie eigentlich nur schützen, ihnen treu bleiben und ihrer Auflösung in die geheimnisleere Sprache unserer Begriffe und Argumentationen widerstehen, die wohl zu unseren Bedürfnissen und von unseren Plänen, nicht aber zu unserer Sehnsucht und von unseren Hoffnungen spricht.

Synodenbeschluß »Unsere Hoffnung«

Himmel ist kein Ort, sondern ein Zustand. Die endgültige Gemeinschaft mit Gott. Die Bibel sagt:

— »Wir wissen, daß wir ihm ähnlich sein werden, wenn er offenbar wird; denn wir werden ihn sehen, wie er ist« (1 Johannes 3,2).

— »Jetzt schauen wir in einen Spiegel und sehen nur rätselhafte Umrisse, dann aber schauen wir von Angesicht zu Angesicht« (1 Korinther 13,12).

— »Er wird in ihrer Mitte wohnen und sie werden sein Volk sein; und er, Gott, wird bei ihnen sein. Er wird alle Tränen von ihren Augen abwischen; der Tod wird nicht mehr sein, keine Trauer, keine Klage, keine Mühsal. Denn was früher war, ist vergangen. Er, der auf dem Throne saß, sprach: Seht, ich mache alles neu« (Offenbarung 21,3-5).

Der Himmel ist allen verheißen. Auch wenn wir nicht wissen, wo er ist und wie es dort genau aussieht. Gott hat allen Menschen zugesichert, daß ihre Sehnsüchte nach wahrem Frieden, nach endgültiger Gerechtigkeit und nach einem Leben in liebender Gemeinschaft in Erfüllung gehen werden. Vielleicht können wir unsere »himmlischen« Sehnsüchte und Hoffnungen tatsächlich nur in Bildern und Gleichnissen zum Ausdruck bringen.

Die Antwort des Rabbi

Ein Rabbiner wurde von seinem Sohn gefragt: »Vater, wie stellst du dir Himmel und Hölle vor?« Der Rabbi antwortete: »Ich sehe einen Saal. Darin steht eine große Tafel mit köstlichen Speisen. Die Menschen an dieser Tafel haben steife Handgelenke. Sie haben Messer und Gabeln mit überlangen Stielen. Sie sind ihnen an ihre steifen Handgelenke gebunden. – Dann ertönt ein Zeichen, und alle stürzen sich auf die Speisen. Sie fahren mit ihren überlangen Messern und Gabeln umher, erreichen aber nichts. Sie werden immer gieriger, aber sie bekommen nichts in ihren Mund. So«, sagte der Rabbi, »scheint mir die Hölle zu sein.«
»Und wie sieht es im Himmel aus?« fragte der Sohn. »Wieder stelle ich mir einen Saal vor. Darin steht eine große Tafel mit köstlichen Speisen. Die Menschen an dieser Tafel haben steife Handgelenke. Sie haben Messer und Gabeln mit überlangen Stielen. Sie sind ihnen an ihre steifen Handgelenke gebunden. – Dann ertönt ein Zeichen, und alle beginnen zu essen. Sie schneiden mit ihren überlangen Messern und füttern sich gegenseitig mit ihren überlangen Gabeln an den steifen Handgelenken. Sie essen und feiern miteinander ein Freudenmahl. So«, sagte der Rabbi zu seinem Sohn, »scheint mir der Himmel zu sein.«

Laura
ist im Himmel.

In Liebe

Katharina, Susanne und **Maximilian Koch**

Hölle – Warnung vor einem Leben der Lieblosigkeit und Verlassenheit

In früheren Zeiten wurde in der Kirche oft und gerne von der ewigen Verdammnis im Feuer der Hölle gepredigt. Solche »Höllenpredigten« dienten der ernsten Mahnung zu einem Gott wohlgefälligen Leben.
Die Bilder der »Hölle« sind uns auch aus dem Alten und Neuen Testament vertraut. Dort ist die Rede vom ewigen Feuer (vgl. Matthäus 3,12), von der ewigen Pein (vgl. Matthäus 25,46), von der Finsternis (vgl. Matthäus 8,12), von Heulen und Zähneknirschen (vgl. Matthäus 12,42).

Im Apostolischen Glaubensbekenntnis beteten die Christen bis 1972 ganz selbstverständlich:
»Ich glaube … an Jesus Christus … *abgestiegen zu der Hölle*, am dritten Tage wieder auferstanden von den Toten …«
Heute beten alle Christen gemeinsam im Apostolischen Glaubensbekenntnis statt dessen:
»Ich glaube … an Jesus Christus … *hinabgestiegen in das Reich des Todes* …«

Glauben Christen nicht mehr an die Hölle, an die ewige Verdammnis? Oder sind uns nur die Bilder fremd geworden? Manchmal möchte man glauben, wir haben die Vorstellungen einer Hölle im Jenseits schon zu einer wirklichen Erfahrung im Diesseits werden lassen. Hier sind es nicht mehr Bilder, sondern Wirklichkeiten:
die »Hölle von Auschwitz, die Hölle von Hiroshima, die Höllen des Krieges, die Hölle der Armut und des Hungers, die Hölle der Süchte, die Hölle der Verlassenheit …« Wie oft machen Menschen sich gegenseitig das Leben zur Hölle – in der Ehe, in der Familie, in der Nachbarschaft, am Arbeitsplatz und in der Gemeinde?

Ein Gespräch mit dem Herrn K.

»Gibt es wirklich eine Hölle? fragte einer den Herrn K.
Es gibt viele Höllen, antwortete K.
Was, viele, wieso?
Weil es so viele Möglichkeiten gibt, antwortete K.
Sie wissen doch: Menschen können jederzeit ihresgleichen eine Hölle bereiten, Höllenängste und Höllenqualen.
Da will ich ihrer Phantasie keine Grenzen setzen. Und jeder kann selber für sich eine Hölle sein. Es gibt so viele Höllenmöglichkeiten wie es Menschen gibt.
Aber Gott? fragte der andere Ratlose den Herrn K.
Der will keine Hölle, sagte K. Die bereiten die Menschen sich selber. Das ist ja das Schlimme!«

Bertolt Brecht

Der französische Schriftsteller Jean-Paul Sartre hat ein Drama geschrieben mit dem Titel »Bei geschlossenen Türen«. Hier müssen Menschen miteinander leben, die es nicht fertigbringen, sich gegenseitig anzunehmen, die aber auch nicht voneinander loskommen oder sich keinen Augenblick in Ruhe lassen können. Gegen Ende des Stückes sagt einer von ihnen:

»Also, dies ist die Hölle. Niemals hätte ich geglaubt … ihr entsinnt euch: Schwefel, Scheiterhaufen, Bratrost … auch ein Witz!
Kein Rost ist erforderlich. Die Hölle, das sind die anderen!«

Das eben ist die Hölle: Nur um sich selber kreisen, nicht lieben können und wollen, Egoismus, Abhängigkeit von Geld und Macht. Solch eine Lebensart führt in Einsamkeit, in ein Leben, das dem Tod und dem Reich des Todes sehr nahe ist. Ein Leben der Lieblosigkeit und Verlassenheit.
Die Hölle, das ist eben das Gegenteil vom Reich Gottes, von Liebe und Gerechtigkeit.
Ob Gott je einen Menschen einer solchen Hölle endgültig überläßt? Ob Gott will, daß je ein Mensch auf ewig ungeliebt und liebesunfähig bleibt?
Gottes Gericht verurteilt nicht. Gott nimmt jedoch jeden Menschen in seiner Freiheit ernst. Dies kann auch eine Freiheit des Egoismus, des Hasses und der Gier sein. Gott verhindert nicht, daß ein Mensch sich sein Leben in eigener Freiheit zur Hölle macht – vielleicht auf ewig!
Die Hoffnung der Christen ist jedoch, daß im Tod und im Angesicht des liebenden Gottes jeder Mensch sich von dessen Liebe und seinem Erbarmen erfassen und überwältigen läßt. Gott jedenfalls will nicht, daß das Leben der Menschen zur Hölle wird und eine Hölle bleibt. Er will das Heil und das Leben aller Menschen im Reich Gottes. So verstanden, kann uns die Rede von der Hölle den Ernst und die Würde der menschlichen Freiheit vor Augen führen, die zwischen Leben und Tod zu wählen hat. In diesem Sinne ist die Hölle in der Bibel nicht Beschreibung einer Wirklichkeit, sondern eine ernste Mahnung, die eigene Freiheit nicht mit einem Leben in Haß und Egoismus zu verschleudern, sondern zu einem Leben im Miteinander und im Frieden zu nutzen. Hölle ist keine Ortsbeschreibung, sondern die Warnung vor einem tödlichen Leben in völliger Unzufriedenheit.

Der Maßstab des Gerichtes

Du wirst dich wundern, wenn er sagt:

Ich war hungrig nach einem gütigen Wort,
du hast mir gut zugeredet.
Ich wartete, daß mich einer versteht,
du hast mir freundlich zugehört.
Ich hatte keinen, der mir vertraute,
du hast mich um Rat gefragt.

Ich war hungrig,
und du hast mir zu essen gegeben.

Ich hatte Durst nach dir,
du hast mich freundlich angeblickt.
Ich wartete auf ein bißchen Glück,
du hast mit mir deine Freizeit verbracht.
Ich war verzweifelt,
du hast mich in die Arme genommen.

Ich war durstig,
und du hast mir zu trinken gegeben.

Ich war ein Krüppel,
du bist mit mir spazierengegangen.
Ich war ein Tölpel,
du hast mit mir getanzt.
Ich habe nicht mehr glauben können,
du bist nicht an mir verzweifelt.

Ich war krank,
und du hast mich besucht.

Du wirst dich wundern – du wirst fragen –
du wirst staunen – du wirst lachen.
Du wirst tanzen vor Glück.

Nach Matthäus 25,35-40

Das Zwiebelchen

Es lebte einmal eine Frau, die sehr böse war. Als sie starb, kamen Teufel und warfen sie in den Feuersee. Ihr Engel aber wollte sich nicht dareinschicken, daß die Frau verloren war. Er suchte noch einmal alle Menschen auf, die dieser Frau begegnet waren. Schließlich erinnerte sich eine Bettlerin: Ich ging einmal an ihrem Gartenzaun entlang und bettelte, weil ich hungrig war. Sie wollte mir nichts geben. Aber endlich warf sie eines von den kleinen Zwiebelchen, die sie gerade ausmachte, über den Zaun. Mehr hatte der Engel Gott nicht zu berichten. Wenigstens etwas, sagte Gott. Geh damit zu dem brennenden See.

Halte das Zwiebelchen so, daß die Frau sich an dem Würzelchen festhalten kann, dann zieh sie heraus. Gelingt das, ist sie gerettet. Der Engel war sehr glücklich, und auch die Frau, als sie das Rettungswerk sah. Mit beiden Händen hielt sie sich fest. Das sahen die anderen und wollten auch gerettet werden. Sie hielten sich an der Frau fest. Die aber, aus lauter Angst um ihre Rettung, trat und strampelte so ungestüm, damit die anderen Unglücklichen von ihr abließen, daß von ihrem Treten und Strampeln die feinen Würzelchen rissen, und so sank sie zurück – für immer. Der Engel aber weinte und ging davon.

Nach Fjodor M. Dostojewskij

Fegfeuer –
Geburtswehen zum ewigen Leben

In der Tradition gibt es zwischen Himmel und Hölle einen Ort der »Läuterung«, den wir in unserer deutschen Sprache »Fegfeuer« nennen. Dies ist keine gute Übersetzung des lateinischen Wortes »purgatorium«, Ort der »Läuterung«. Vielleicht ist das deutsche Wort »Fegfeuer« geprägt von der Predigt des Apostels Paulus, der von der Möglichkeit spricht, gerettet zu werden »wie durch Feuer hindurch« (1 Korinther 3,15).

Die eigentliche Vorstellung des »Fegfeuers« bzw. eines Ortes der Läuterung ist begründet in der Gebetspraxis der Christen in der alten Kirche. Von alters her haben sie für die Verstorbenen gebetet. Im Gebet wollten sie ihnen verbunden bleiben. Im Mittelalter entwickelte sich dann die Vorstellung, man könne durch das Gebet die »armen Seelen«, die im Fegfeuer leiden, erretten. Die volkstümliche Rede von den »armen Seelen« ist jedoch nicht unproblematisch, sind diese doch alles andere als arm, da sie bereits den ganzen Reichtum der Liebe Gottes erfahren dürfen. Dennoch ist wohl die Überzeugung richtig, daß die Lebenden für die Verstorbenen durchaus etwas tun können.

Wenn wir durch den Tod wirklich in eine Situation der letzten Entscheidung hineinkommen, dann ist dies sicher ein schmerzlicher Übergang. Wenn alles Vergängliche, Begrenzte und Zeitliche von uns abfällt, wenn wir Gott·sehen, so wie er ist, dann können wir, umfangen von liebenden Armen, zu Tränen der Trauer *und* der Freude gerührt sein.

> »Denn wir wissen,
> daß die gesamte Schöpfung bis zum heutigen Tag seufzt
> und in Geburtswehen liegt.«
>
> Römer 8,22

Weinen und Klagen über das, was wir versäumt und verfehlt haben; Lachen und Freude über das, was wir an Gutem erfahren und getan haben.

Diese Situation kann durchaus verstanden werden als eine Zeit der Reinigung, der Läuterung und des Schmerzes im Angesicht des liebenden

162

Gottes. Als Menschen können wir uns einen solchen Übergang kaum anders vorstellen als einen irgendwie schmerzlichen Umwandlungsprozeß. Schon das Geborenwerden eines Menschen ist, bei aller Freude, mit Schmerzen verbunden. Kann so nicht auch das Wiedergeborenwerden zum ewigen Leben schmerzlich sein? Wäre das »Fegfeuer« – die Zeit des Schmerzes und der Läuterung – zu vergleichen mit den Geburtswehen bei der Geburt eines Menschen?

So kann das Gebet für die Verstorbenen verstanden werden als eine Verbundenheit in jenem schmerzlichen Prozeß der Wiedergeburt zum ewigen Leben.

Wiedergeburt – Reinkarnation

»Ganz sicher glaube ich, daß es ein Weiterleben gibt. Sei es sogar eine Rückversetzung auf die Erde, wenn du deine Hausaufgaben nicht gemacht hast.
Wenn du mal als Mensch auf der Erde warst, hast du die Stufen Pflanze und Tier überschritten. Vielleicht versuche ich den Abteilungsleiter dort oben zu überzeugen, daß er mich als Frau runter schickt.«
Franz Beckenbauer

»War ich Schauspielerin, weil ich dadurch einigen Rollen, die ich in früheren Leben gespielt hatte, näher war?«
Shirley MacLaine

»Diese Arbeit mit sterbenden Patienten hat mir geholfen, meine eigene religiöse Identität zu finden, zu wissen, daß es ein Leben nach dem Tod gibt, und zu wissen, daß wir eines Tages wiedergeboren werden, um die Aufgabe zu erfüllen, die wir in diesem Leben nicht erfüllen konnten oder wollten.«
Elisabeth Kübler-Ross

»Offensichtlich ist es eine faszinierende Vorstellung, nicht nur einmal leben, sondern viele Leben hinter sich, vielleicht auch noch vor sich zu haben. Vielleicht kommt es der uralten Sehnsucht der Menschen entgegen, wirklich ewig leben zu wollen. Für nicht wenige Menschen ist deshalb die asiatische Lehre von der Wiedergeburt, der Reinkarnation eine reizvolle Idee.

Nie gab es einen Glauben, der schöner, gerechter, reiner, moralischer, fruchtbarer, tröstlicher und wahrscheinlicher ist, als der an die Wiederverkörperung. Er allein gibt mit seiner Lehre von der allmählichen Sühne und Läuterung allen körperlichen und geistigen Ungleichheiten, allem sozialen Unrecht, allen empörerischen Ungerechtigkeiten des Schicksals einen Sinn.«

Maurice Maeterlinck

Darin liegt die Faszination der Lehre von der Wiedergeburt: Sie gibt auf den ersten Blick Antwort auf lebenswichtige Fragen der Menschen und kann Erlebnisse von Menschen offensichtlich plausibel erklären.

- Viele Menschen fragen sich: Warum gibt es solche Ungerechtigkeit in dieser Welt? Warum gibt es Menschen, die in Armut oder in Reichtum geboren sind? Warum gibt es Behinderte? Warum werden Menschen durch Katastrophen und Kriege getötet? Warum sind die einen gesund und die anderen sterben an schmerzlichen Krankheiten? Die Lehre von der Wiedergeburt beruht auf der Lehre vom »Karma«. Diese besagt, daß alles Unrecht und Leid die Folge von Schuld im vorangegangenen Leben ist. Keine Tat bleibt ohne Folgen für das nächste Leben. Durch die Wiedergeburt zu einem neuen Leben kann der einzelne sich bessern und diese Schuld abtragen.
- Neben dieser Frage nach dem Sinn von Unrecht und der Suche nach Gerechtigkeit ist ein zweiter Grund für die Anziehungskraft der Reinkarnationslehre die Erfahrung der Menschen, daß sie bestimmte Personen, Landschaften, Häuser und Ereignisse *schon einmal gesehen* haben, obwohl sie in ihrem jetzigen Leben noch nie dort waren und diesen Menschen noch nie begegnet sind. Solche Erlebnisse lassen sich am besten begründen mit der Vorstellung, daß man bereits einmal gelebt hat und die Erinnerung wieder wach wird. Daraus hat sich auch inzwischen eine Therapieform entwickelt, die sogenannte Reinkarnationstherapie. Mit ihrer Hilfe wird versucht, sich an frühere Leben und Lebenssituationen zu erinnern, um dadurch zu verstehen, warum diese oder jene Belastung heute gespürt wird.
- Eine bestimmte Rolle spielen auch die zahlreichen Veröffentlichungen über sogenannte *Wiederbelebungen* von Menschen, die angeblich klinisch tot waren, die das Jenseits als ein großes Licht am Ende eines dunklen Ganges bereits erfahren konnten; oder von solchen, die sich

selber beobachten konnten, wie sie bzw. ihr Körper noch im Krankenbett lag, während sie selbst sich von diesem Körper bereits getrennt hatten. Dieses Gefühl wird als ein seliges Gefühl beschrieben, geprägt von der Angst, wieder in den Körper zurückzumüssen.

– Schließlich sind es *weltanschauliche Fragen*, die mit Hilfe der Lehre von der Reinkarnation besser erklärt werden können. So etwa die Vorstellung von der Unsterblichkeit des Bewußtseins: Dies ist Ausfluß des einen großen Geistes, der sich nur in einzelnen Menschen, Tieren und Pflanzen verkörpert, von dem aber die ganze Welt durchdrungen ist. Ein Geist, von dem her alles kommt und auf den alles sich wieder hin entwickelt.

Wenn wir in den westlichen Ländern solch einem Glauben an Reinkarnation begegnen, dann muß zunächst einmal der wesentliche Unterschied zum Ursprung dieser Lehre – etwa im Buddhismus – klar gesehen werden. Das westliche Reinkarnationsdenken geht davon aus, daß wir Menschen zu neuem Leben mehrfach wiedergeboren werden, um unser Leben auf einer neuen Stufe immer etwas mehr zu verbessern, um glücklicher zu werden, um Schuld abzutragen, um noch mehr, noch größere und schönere Lebenserfahrungen zu machen. Für den Buddhisten dagegen liegt der Sinn der Wiedergeburt nicht darin, neue Aufgaben zu erfüllen, die er in diesem Leben nicht erfüllen konnte oder wollte. Reinkarnation ist für ihn kein Fortschritt im Leben, sondern vielmehr ein Zwang und eine Notwendigkeit, ein Weg der Reinigung, der von allen Begierden freimacht. Denn Lebensgier bringt Taten (Karma) hervor und schafft dadurch neues Leben und Leiden. Erst wenn die Gier überwunden ist – im Nirvana –, kommt es zu keiner Wiedergeburt mehr. Wie die Töpferscheibe sich noch eine Weile weiterdreht, so lebt der Erlöste weiter, bis im Tod die Person zerfällt und es in Ermangelung »karmischer Rückstände« zu keiner Wiedergeburt mehr kommt.

Auch Christen sind solche Vorstellungen der Wiedergeburt nicht ganz fremd. Schon Augustinus fragte im 4. Jahrhundert nach Christus: »Sage mir, Gott, ob ich nicht irgendein Leben schon gelebt habe, auf welches mein Kindesanfang erst folgte … Was aber war noch vor dieser Zeit? War ich da irgendwo, und war ich irgendwer? Ich habe ja niemand, der mir darüber etwas sagen könnte … Woher so ein Lebewesen, wenn nicht von dir, Herr? Oder sollte es die Kunst besitzen, sich selbst zu schaffen?« (Bekenntnisse 1,6-9). Für Augustinus war es jedoch die Frage nach dem Woher des menschlichen Lebens überhaupt; nicht, ob der Mensch je wiedergeboren werde. Die Antwort war für Augustinus eindeutig: »Woher so ein Lebewesen, wenn nicht von dir, Herr?.

Nach der Karmalehre von der Wiedergeburt wird der Prozea von Leben und Wiederleben von einem »Urkarma« in Gang gesetzt. Denn alles Leben sind nur Wiedererscheinungen oder Wiederverkörperungen schon vorhandenen Lebens.

Ist eine solche Lehre von der Wiedergeburt vereinbar mit dem christlichen Glauben? Sicher bewegen die Fragen, auf die jene Lehre von der Wiedergeburt Antwort geben will, auch Christen. Die Sehnsucht nach einem gerechten Ausgleich jenseits dieses irdischen Lebens und die Hoffnung auf ein individuelles Weiterleben nach dem Tod sind auch die Sehnsucht und Hoffnung der Christen.

Dennoch kann ein grundsätzlicher Unterschied zwischen der Lehre von der Wiedergeburt und dem christlichen Glauben nicht übersehen werden. Nach der Lehre der Wiedergeburt gilt: Was der Mensch erntet, hat er zuvor selbst gesät. Unglück und Krankheit des gegenwärtigen Lebens sind Folge früherer Schuld. Er selber kann dies in einem neuen Leben wieder gutmachen. −Das christliche Verständnis von Gerechtigkeit und von der Gerechtigkeit Gottes aber mag an folgender Geschichte eines russischen Soldaten deutlich werden:

In seiner Jugend, nach der russischen Revolution, ist er nach Frankreich geflohen. Weil er nichts zu tun und kein Geld hatte, ging er in die Fremdenlegion, wurde dort Offizier. Unter seinen Legionären war auch ein deutscher Soldat, der sich durch besondere Brutalität der Sprache und des Umgangs auszeichnete − »eine Bestie«, sagte dieser alte Russe. Nun kam es einmal zu einem Scharmützel, und dieser deutsche Legionär wurde schwer verwundet. Er läßt seinen Offizier, den damals noch jungen Russen, zu sich rufen. Dieser überlegt sich, ob er hingehen soll, um dann nur wieder unflätige Worte zu hören, geht schließlich doch hin und findet den verwundeten deutschen Legionär verändert. Dieser stellt ihm auf französisch, in sehr feinen Worten, die Frage: »Glauben Sie, daß Christus mir etwas von sich geben kann, wenn ich jetzt sterbe?« Der junge Offizier war etwas verwirrt und fragte: »Was meinen Sie damit?« »Ja«, sagte der Verwundete, »wenn ich jetzt sterbe und dann hinüberkomme und da dann alle die Engel und Heiligen sind, dann werden die auf mich zeigen und sagen: Was macht der denn da? Und ich werde nicht hineinkommen. Aber wenn

Christus mir etwas von sich gibt, dann können sie nichts sagen, dann komme ich rein.« Der Russe hat dem Legionär versichert, Christus werde ihm wohl etwas von sich geben.

Kurz darauf ist dieser gestorben. Und mit diesem Erlebnis, sagte der alte Russe, habe er zum ersten Mal begriffen, was eigentlich das Christentum ist. Das ist die christliche Grunderfahrung: daß Christus uns etwas von sich gibt und daß wir dadurch neue Menschen werden.

Die Vorstellung wiederholter Erdenlebens verändert das Verständnis von Welt und Mensch, von Leben und Tod grundlegend.

Versucht man daher, die wesentlichen Unterschiede zwischen dem Glauben an die Reinkarnation und dem christlichen Glauben an die Auferstehung gegenüberzustellen, so ergibt sich folgendes:

Der *Reinkarnationsgläubige* sieht das Leben als eine sich wiederholende Fortsetzung früherer Lebensformen. Er hat es mit sich und den Folgen seines früheren Handelns zu tun.

Der *Christ* glaubt, daß er einmalig und unverwechselbar von Gott gewollt ist, Gott ist bei ihm und wird sein Leben zu einem guten Ende führen.

Der *Reinkarnationsgläubige* sieht das Schicksal seiner Mitmenschen als Schuld ihrer früheren Handlungen.

Der *Christ* glaubt an die Freiheit des Menschen, auch schuldig werden zu können, ebenso aber an die vergebende Kraft Gottes. Er muß nicht selber alles wieder gutmachen. Unfaßbar bleibt jedoch auch für den Christen das sinnlose Leiden und Unrecht in dieser Welt.

Der *Reinkarnationsgläubige* vertraut auf eine kontinuierliche Aufwärtsentwicklung durch viele Leben hindurch. Er lebt vom Fortschrittsglauben an die Entwicklung der Menschheit und der Welt.

Der *Christ* rechnet mit der menschlichen Unzulänglichkeit, die ihn immer wieder versagen und rückfällig werden läßt. Er vertraut aber auf die Zusage, daß er trotz allem die Fülle des Lebens als Geschenk von Gott empfangen wird.

168

Menschenwürdig sterben

Im Wissen um seinen Tod lebt und stirbt der Mensch. »Wie werde ich sterben?« Dies ist die letzte Frage des Menschen – im Doppelsinn des Wortes. Bleibt bei aller Vielfalt menschlichen Sterbens der dringliche Wunsch: *menschenwürdig* sterben – wie es der Würde des Menschen entspricht! Also kein Vegetieren, kein Dahinsiechen, weder Verenden noch spurlos Vergehen! Und sich auch nicht als »Opfer« eines seelenlosen Klinikbetriebes fühlen müssen, angebunden an verschiedene Schläuche und Apparate. Philippe Ariès hat einen solchen Sterbevorgang auf höchst eindrucksvolle Weise beschrieben:

>*An einem Wochenende ließ ihn ein Internist, als er sah, daß sein Zustand sich verschlimmerte, in die Intensivstation eines anderen Krankenhauses verlegen. Als ich ihn zum letzten Mal durch die Glasscheiben eines aseptischen Zimmers sah und mich ihm nur mit Hilfe einer Sprechanlage verständlich machen konnte, lag er auf einem Rollbett mit zwei Inhalationsschläuchen in den Nasenlöchern, mit einem Atmungsschlauch im Perfusions-, den anderen an einer Transfusionsverbindung angeschlossen und am Bein den Anschluß für die künstliche Niere ... Da sah ich, daß Pater de Dainville die festgeschnürten Arme befreite und sich die Atemmaske abriß. Er sagte mir, und das waren, glaube ich, seine letzten Worte, bevor er im Koma versank: ›Ich werde um meinen Tod betrogen.‹*«

So sehr wir den Tod fürchten, noch mehr fürchten wir uns wohl vor einem menschenunwürdigen Sterben, das weder Erbarmen noch Barmherzigkeit mit dem Sterbenden kennt. Die Seele muß mitkommen dürfen beim Sterben. Alles andere widerspricht dem Grundrecht des Menschen auf Unversehrtheit seiner Person und seiner personalen Würde, die gewährleistet ist durch Wertschätzung, Annahme, Vertrauen und Verläßlichkeit – auch und gerade im Stadium menschlicher Hinfälligkeit und Vergänglichkeit.

Zum Leben gehören nicht nur »die Stärken« des Menschen: seine Vitalität, seine Gesundheit, seine Leistungs- und Schaffenskraft, seine Glückserfahrungen. Eine solche Lebenssicht wäre einseitig und unvollkommen! Zum »vollen« und »ganzen« Leben gehört auch die Kehrseite der Medaille: die menschlichen Schwächen, Verkümmerungen, Krankheiten, Gebrechen. Unsere Gesellschaft verherrlicht einseitig Stärke, Dynamik und Vitalität. Jeder Leistungsabfall wird als Versagen gebrandmarkt. Die Schwächen im menschlichen Leben sind »Schwachstellen«, die es möglichst umgehend auszumerzen gilt. Sie stellen Effizienz und Rentabilität in Frage. So kommt es, daß Unzulänglichkeit, Schwäche, Leid und Versagen zur Belastung werden. Das wiederum macht verständlich, warum Kranke, Gebrechliche, Hochbetagte und auch Sterbende nichts so sehr fürchten, als anderen Menschen – selbst den nächsten Angehörigen – zur Last zu fallen.

Sterben bedeutet Verlust von Vitalität bei gleichzeitiger Erfahrung von Hilflosigkeit, Ohnmacht und Abhängigkeit. Das alles steht in krassem Widerspruch zum vorherrschenden Lebensgefühl. So gerät die letzte Phase im menschlichen Leben zunehmend in den Verdacht der Nutz- und Sinnlosigkeit. Der unheilbare Kranke wird zum »hoffnungslosen Fall«. Unter dem Deckmantel des Mitleids, ja sogar der Menschlichkeit, wird über die Verkürzung eines solchen aussichtslosen Lebens nachgedacht. Es gibt unbestritten belastende und schwer zu tragende, ja kaum auszuhaltende Sterbebedingungen. Hier sind solidarische Hilfe und Begleitung gefragt. Niemand darf um »seinen Tod betrogen« werden.

Menschenwürdig sterben sollte – gerade in unserer Zeit – auch garantiert werden können durch die Erneuerung des Generationenvertrages: Wie Eltern ihre Kinder zur Welt bringen, werden Kinder ihre Eltern aus der Welt verabschieden. Wie die Alten die Jungen ins Leben eingeführt haben, werden die Jungen die Alten aus diesem Leben hinausbegleiten. Ein solcher Generationenvertrag sichert den Weg vom Geborenwerden bis zum Sterben auf eine menschliche Weise.

Zu Hause sterben

Sterbende Menschen haben den Wunsch, zu Hause zu sterben. Hier kennen sie sich aus. Was bekannt und vertraut ist, gibt Halt und Sicherheit. Der Tod dagegen hat etwas Unbekanntes, etwas Unwägbares und damit etwas Bedrohliches an sich. Damit er etwas von seinem Schrecken verliert, bedarf der Sterbende der vertrauten Umgebung unter vertrauten Menschen. Menschenwürdig sterben können setzt einen menschenwürdigen »Sterbeort« voraus. Der Mensch braucht einen Platz zum Sterben »in heimischer Umwelt«, »in gesicherter Beziehung« und »in persönlicher Geborgenheit«. Die Familie ist sicherlich *der* Ort, wo Sterbende »getrost« sterben können.

Aber die Lebensbedingungen der Familie haben sich gewaltig verändert: Die Zahl der Familienmitglieder hat sich verringert, die Wohnungen sind kleiner geworden, die Generationen leben nicht mehr unter einem Dach. Neben den Männern sind immer mehr Frauen außerhäuslich erwerbstätig. Wer soll da noch den Sterbenskranken pflegen? Die Pflege selbst beansprucht oft den ganzen Menschen rund um die Uhr. Wer hat dazu die notwendigen physischen und psychischen Kräfte? In der Regel sind die Frauen in der Lebensmitte in besonderer Weise (her-aus-)gefordert. Haben sich gerade die Kinder endgültig aus dem Haus verabschiedet, kommen die alten und pflegebedürftigen Eltern ins Haus. Die langersehnte Freiheit mit ausreichender Freizeit bleibt vorerst ein Wunschtraum. In einer solch schwierigen Situation – hin- und hergerissen zwischen eigenen Lebensplänen und der »moralischen Verpflichtung« – können ambulante Pflege- und Sozialstationen »vor Ort« die Entscheidung ganz wesentlich erleichtern helfen. Für die häusliche Pflege und Begleitung von Sterbenden – vor allem wegen der Entlastung der pflegenden Angehörigen – sind sie inzwischen unverzichtbar geworden.

Dennoch werden in vielen Familien die Grenzen des Menschenmöglichen erreicht, mitunter sogar überschritten. Es kann durchaus gute und berechtigte Gründe geben, einen todkranken Menschen einem Krankenhaus oder Pflegeheim anzuvertrauen. Jedoch darf der Sterbende dort nicht zum Statisten seines eigenen Sterbens degradiert werden. Wichtiger als alle Intensivmedizin sind menschliche Zuwendung und menschliches

Einfühlungsvermögen. Aus dieser Verpflichtung können sich die Familienangehörigen nicht so ohne weiteres entlassen. Weder Arzt noch Krankenschwester und nicht einmal der Seelsorger können ihren Platz einnehmen. Der Sterbende »gehört« in die Familie! Wenn das nicht möglich ist, bleibt er nach wie vor der Familie »zugehörig«. Darum müssen seine »Angehörigen« wissen!

Einem Angehörigen das Sterben zu Hause zu ermöglichen, setzt eine Reihe bewußter Entscheidungen voraus. Guter Wille allein genügt nicht. Einige wichtige Voraussetzungen gilt es zu berücksichtigen:

– Der Sterbende hat selbst wirklich den Wunsch, zum Sterben nach Hause zu kommen.
– Der Sterbende weiß, daß er sterben wird, weil seine Erkrankung unheilbar geworden ist und wünscht keine das Leben künstlich verlängernde Maßnahme mehr, die klinischer Überwachung bedarf (wie z.B. intravenöse Dauer-Infusionen, künstliche Beatmung), sondern nur noch lindernde Therapie und Pflege.

176

Bevor ich sterbe

Noch einmal sprechen
von der Wärme des Lebens
damit doch einige wissen:
Es ist nicht warm
aber es könnte warm sein

Bevor ich sterbe
noch einmal sprechen
von Liebe
damit doch einige sagen:
Das gab es
das muß es geben

Noch einmal sprechen
vom Glück der Hoffnung auf Glück
damit noch einige fragen:
Was war das
wann kommt es wieder?

Erich Fried

Wenn Sie die Heimkehr eines sterbenden Angehörigen vorbereiten, nehmen Sie rechtzeitig *Kontakt* auf:

1. Zum Krankenhaus – bzw. Klinikarzt

Mit ihm müssen Sie die Entlassung und vor allem die weitere Behandlung und Pflege zu Hause genau absprechen. Falls notwendig, wird er den Patienten sorgfältig auf ein geeignetes Schmerzmittel einstellen und den Hausarzt über die weitere medizinische Versorgung informieren.

2. Zum Krankenhaus – Sozialdienst

Falls dieser in der Klinik vorhanden ist, wird er Sie über alle Fragen der materiellen Sicherung der häuslichen Pflege informieren und den Kontakt zum örtlichen Pflegedienst herstellen.

3. Zum Pflegedienst »vor Ort«

In der Regel wird der Sterbende einer fachkundigen Pflege bedürfen. Das überfordert die meisten Angehörigen. Hier bieten örtliche Pflege- und Sozialstationen, meist in kirchlicher oder kommunaler Trägerschaft oder der eines freien Verbandes, wie z.B. das Deutsche Rote Kreuz, ihre guten Dienste an. Nehmen Sie deshalb frühzeitig vor der Entlassung des Kranken Kontakte mit dem örtlichen Pflegedienst auf.

4. Zum Hausarzt

Auch heute noch haben viele Familien »ihren« Hausarzt. Er muß vor allem zu regelmäßigen Hausbesuchen bereit und mit der vorgeschlagenen (Schmerz-)Therapie der Klinikärzte einverstanden sein. Der Hausarzt kann Ihnen auch die Adresse der örtlichen Pflege- und Sozialstationen vermitteln.

Weitere Informationen erhältlich bei: Arbeitsgruppe »**Zu Hause sterben**«, s. Anschriftenliste, S. 366

- Im Haushalt befindet sich eine Person, die die Verantwortung für die Versorgung übernimmt.
- Die Angehörigen sind nicht (mehr) in einem Zustand völliger Verwirrung und starken inneren Aufruhrs angesichts des bevorstehenden Todes.

Wenn diese Voraussetzungen gegeben sind, dann wird die Familie auch die vielen heilsamen Vorzüge des Sterbens zu Hause erleben können:

- Der Sterbende kann sich auf heilsame Weise erwünscht fühlen. Er erfährt zu Hause noch Achtung und bewahrt seine Würde.
- Menschen, die zu Hause sterben, haben mehr Einfluß auf die Gestaltung und die Qualität ihrer letzten Lebensspanne.
- Ihre Angehörigen erfahren mehr selbständige Verfügungsmöglichkeiten über die Situation.
- Die Familie erfährt sich selbst als nützlich, hilfreich und notwendig.
- Der Sterbende und seine Familie können »normaler«, alltäglicher, vollständiger leben und sich gemeinsam besser innerlich auf das Sterben vorbereiten: Gefühle können freier und ungestörter ausgedrückt werden (Trauer ebenso wie Ärger, Schmerz, Liebe ...) als im Krankenhaus.

Zum Dienstag, dem 22. September, deinem Sterbetag.

An diesem Tag von allen Tagen, an dem der Himmel von einem erbarmungslosen Blau war und der Sommer am Ende, bist du zehn Minuten vor sechs Uhr, während deine Schwester gerade aus der Schule kam, gestorben, so wie du gelebt hast, bescheiden, ohne jemand zu stören, ausgelöscht wie ein Licht. Bis zum Ende also haben wir unser Lächeln aufgesetzt, unsere Grimassen geschnitten, unsere Hanswurstiaden gemacht, die dich lange Zeit unterhalten haben. Und du hast vielleicht geglaubt, daß wir blind seien! An diesem Morgen, nach einer furchtbaren Nacht, hast du dich beruhigt, aber ohne zu schlafen. Ich habe ein wenig gedrängt, daß du deine Medikamente schluckst, und gegen 2 Uhr nachmittags konnte ich dir deine letzte Mahlzeit geben: ein Glas Wasser, das du mittels eines Strohhalms getrunken hast, und etwas Joghurt, um zwei Pulver hinunterzuspülen: ein Euphoricum und ein Schlafmittel. In dieser Stunde noch wolltest du wissen, was man dich schlucken ließe und warum. Ich schwöre, daß ich dir nichts verheimlicht habe, ich sagte einfach, daß es jetzt besser sei, wenn du schliefest, um nicht deine bevorstehende Agonie mitzuerleben.

Die »Stunde der Wahrheit«

Irgendwann schlägt die »Stunde der Wahrheit«, irgendwann will und muß der Sterbende wissen, wie es um ihn steht. Es bleibt die Frage des Zeitpunktes. In vielen Fällen deutet es der Sterbenskranke selbst an, wann er die »volle Wahrheit« erfahren will und sie möglicherweise auch ertragen kann. Aus manchen verdeckten Anfragen und Anspielungen, aus manchen vage geäußerten Vermutungen und Vorahnungen ist vernehmbar herauszuhören, daß der Todkranke vielleicht schon mehr weiß, als wir glauben. Dennoch bleibt für ihn ein letzter Zweifel, eine letzte Unsicherheit und Ungewißheit, nicht zuletzt aber auch eine letzte Hoffnung. Darf ihm dieser letzte Funke Hoffnung genommen werden?
Grundsätzlich hat der Sterbende ein Recht auf Wahrheit. Diesem Recht entspricht die Pflicht der behandelnden Ärzte auf wahrheitsgemäße Information. Dieses Prinzip ist unbestritten richtig; dennoch darf es nicht absolut gesetzt werden. Wie in manch anderen Lebenssituationen kann und darf die Wahrheit nicht immer sofort und umfassend mitgeteilt werden, ja mitunter gilt auch das Gebot des Schweigens (nicht des dauerhaften Verschweigens!).

> Man sollte dem anderen die Wahrheit
> wie einen Mantel hinhalten,
> damit er hineinschlüpfen kann,
> und sie ihm nicht wie einen nassen Lappen
> um die Ohren schlagen.
>
> Max Frisch

Der große russische Dichter Tolstoi hat in seinem Roman »Der Tod des Iwan Iljitsch« dieses Phänomen so angesprochen: »Die Hauptqual für Iwan Iljitsch war die Lüge, daß man nicht eingestehen wollte, was alle wußten und was auch er wußte, daß man ihn über seine entsetzliche Lage mit Lügen hinwegtäuschen wollte und ihn selbst zwang, diese Lüge mitzumachen. Und so, am Rande des Abgrundes, mußte er allein sterben.«

Weil wir selbst mit Sterben und Tod nicht umgehen können, sind wir überzeugt davon, daß es die Kinder noch viel weniger können. Letztlich fürchten wir uns wohl vor den bohrenden Fragen unserer Kinder, und Kinder können ganz direkt und völlig unbefangen fragen. Was sollen wir antworten?

WIE KINDER ÜBER STERBEN UND TOD DENKEN

»Ich denke, daß man nach dem Tod wieder wach wird. Eigentlich kann man nicht tot sein, nur böse Menschen sind tot.«
Junge, 3 Jahre

»Du ziehst dein Fleischhemd aus.«
Junge, 4 Jahre

»Wenn du bei Gott ankommst, macht er dich wieder ganz.«
Junge, 5 Jahre

»Wenn wir alle tot sind und wir sind bei Gott, was machen wir dann?«
Mädchen, 5 Jahre

»Wenn du stirbst, gehst du zum Himmel zurück, sie kommen dich abholen. Kommst du oben an, kriegst du Essen, schöne Bäume, Früchte, du hast nie Hunger, begegnest Menschen, die schon tot sind, und anderen, die wieder anders werden, lebendig werden, um zur Erde zu gehen. Sowas fühle ich.«
Mädchen, 6 Jahre

»Es ist dort wunderschön. Du kannst durch alle Menschen durchgucken. Es gibt dort keine Häuser wie hier. Sie sind nicht auf dem Boden, sondern in den Bäumen. Es gibt keine Autos, und du kannst fliegen, du brauchst nur kurz mit den Beinen zu strampeln. Da wachsen herrliche Pflanzen, Stiefmütterchen, Kirschbäume.«
Mädchen, 6 Jahre

»Wenn du tot bist, dann kommst du, denke ich, selbst wieder auf die Erde zurück, und die Hälfte von dir bleibt da.«
Junge, 9 Jahre

Wenn ich auch mal sterbe, aber mein Herz stirbt dann nicht. Weil immer im Herzen alles gut ist. Und im Himmel ist auch alles gut.
Martina, 9 Jahre

Ich stelle mir vor, daß ich, wenn ich im Grab bin, so lange drin bleibe, bis die Welt von der Sonne verbrannt worden ist. Dann fängt die ganze Welt wieder an. Und wenn ich dann von meiner Mutti geboren werde, tue ich immer wieder das gleiche, und das geht immer so weiter.
Katrin, 9 Jahre

Ich liege erst im Bett zu Hause und dann im Bett draußen. Vielleicht ist es im Winter sehr kalt und dann friert man nicht, weil der Sarg eine weiße, dicke Decke hat.
Im Sarg, glaube ich, müssen meine Oma und mein Opi auf den lieben Gott warten, weil der noch so viel arbeiten muß mit den anderen toten Menschen. Weil er die Seelen zählt.
Andreas, 9 Jahre

✳

Gott hat gedacht, die Kinder werden alt. Die Hasen und alle Tiere werden alt. Und die Bäume werden alt.
Nur die Menschen kriegen einen Sarg. Den beobachtet Gott durch den Sand.
Gabriele, 10 Jahre

✳

Obwohl der Tod weithin ein Tabu im Leben der Kinder ist, begegnen sie ihm doch auf vielfältige Weise. Irgendwann wird ihnen ein geliebtes Tier oder ein geliebter Mensch sterben. Zunächst wird es den Tod »nur« als vorläufigen Verlust und Trennung erleben. Erwachsene sind oft bestürzt, wenn Kinder unerfüllte Todeswünsche gegen sich und andere aussprechen, »Wenn Ingrid tot ist, brauche ich nicht mehr auf sie aufpassen.« »Ich heirate Mutti, der Papa ist ja alt, der kann sterben.« »Wenn ich das Dreirad nicht bekomme, dann will ich lieber tot sein.« Erst in späteren Jahren wird das Kind zur Einsicht gelangen, daß Verlust und Trennung unumkehrbar und unaufhebbar sind, daß der Tod endgültig ist.

186

Erste Begegnung mit dem Tod machen viele Kinder mit einem toten Haustier – ihrem Lieblingstier – oder mit toten Vögeln, Katzen oder Hunden auf der Straße. Sie sind dann zu Tode betrübt und trauern aufrichtig um diesen guten Freund und Wegbegleiter. Andererseits können Kinder dieses Alters Tiere grausam zu Tode quälen oder tote Tiere genauestens untersuchen. Der Tod hat für sie noch nichts Erschreckendes. Sie können noch selbstverständlich und ganz natürlich damit umgehen.

Kinder begegnen dem Tod noch weit intensiver beim Sterben oder nach dem Tod eines nahen Angehörigen. Sie glauben auch nicht, daß mit dem Tod alles vorbei ist. »Wo ist Oma jetzt?« Kinder brauchen einen Ort für ihre Trauer. Sie »besuchen« die Oma am Grab und halten sie dadurch in Erinnerung. Christliche Eltern werden ihren Kindern sagen, daß sie fest daran glauben, daß die verstorbene Großmutter jetzt bei Gott ist. Dabei werden sie nicht verschweigen dürfen, daß auch sie sich kaum vorstellen können, wie das Leben nach dem Tod aussieht. Eltern müssen nicht auf alle Fragen eine Antwort wissen.

Aber sie müssen auf alle Fragen ihrer Kinder eingehen, nicht zuletzt auf die Frage aller Fragen: Wer dieser Frage anläßlich des Todes eines geliebten Menschen lieber aus dem Wege geht, – »dafür bist du noch zu jung« –, der verunsichert sein Kind und löst oft große Ängste in ihm aus; es wird die Wissenslücke mit eigenen Phantasievorstellungen ausfüllen, die mehr bedrohlicher sein können als die Wahrheit. Notlügen oder Halbwahrheiten werden schon bald von Kindern als solche entlarvt und stören empfindlich das Vertrauensverhältnis zu den Eltern. Wir können unseren Kindern sehr viel mehr zumuten als wir glauben.

Großmama stirbt

Als Robert aus der Schule kommt, sieht er, daß Mama geweint hat.
Robert will zu Großmama rennen, das tut er immer, wenn er aus der Schule kommt. Aber Mama und Otto, sein Bruder, halten ihn zurück.
»Du«, flüstert Mama, »Großmama ist sehr krank.«
»Ist sie tot?« sagt Robert. Er weiß gar nicht, warum er so etwas sagt.
»Halt doch den Mund«, sagt Otto.
Mama schluckt ein paarmal, bevor sie sagt: »Großmama wird wahrscheinlich sterben.«
Robert dreht sich um und geht in sein Zimmer und holt die Eisenbahn heraus. Dann geht er wieder auf den Gang. Otto steht immer noch da. Er sieht finster und böse aus.
»Mama, ich will Großmama sehen«, sagt Robert.
Mama zögert; dann nimmt sie Robert an die Hand und betritt Großmamas Zimmer. Für Robert ist es das schönste aller Zimmer. Das Bett steht heute nicht an der Wand,

durch einen Unfall oder ähnliches sterben, so hätte ich noch für kurze Zeit Angst, die unter Umständen in Verzweiflung übergeht. Dann möchte ich mit jemandem, den ich sehr liebe, sprechen. Es kann auch ein Pfarrer oder eine Schwester sein. Wenn ich natürlich sterbe, wäre es mir gleich, ob jemand dabei wäre oder nicht.

Rainer, 16 Jahre

Der Tod ist für Jugendliche ein aktuelles Thema; auch wenn die meisten von ihnen die Möglichkeit des eigenen Todes weit von sich weisen. Manchmal reden sie »cool« über das Sterben und eher teilnahmslos über den Tod eines Familienangehörigen. Doch verbergen sich hinter dieser betonten Sachlichkeit und Gleichgültigkeit oft genug Unsicherheit und Angst. Stirbt nämlich unerwartet eine Freundin oder ein Freund oder jemand, zu dem der bzw. die Jugendliche eine gute Beziehung hatte, so können sie erstaunlich mitfühlend sein, aufrichtig mitleiden und mittrauern. Gelegentlich verlieren selbst »coole Typen« völlig ihre Fassung, schluchzen hemmungslos und weinen.

Weltschmerzstimmung sowie eigene Todessehnsüchte und Todesfantasien können mitunter die Idee aufkommen lassen, mit dem Leben Schluß zu machen. Der Suizid ist nach dem Verkehrstod die zweithäufigste Todesart bei jungen Leuten. Wenn das Leben völlig sinnlos geworden ist, bleibt scheinbar nur noch der Tod als letzter Ausweg.
Dennoch: Die meisten Jugendlichen halten es mit dem Liedermacher Wolf Biermann: »Es gibt ein Leben *vor* dem Tod …« Viele von ihnen erhoffen sich aber ein Leben *nach* dem Tode.

Der Sterbeprozeß und seine Phasen

Sterben ist oft ein langer Weg. Auf diesem Weg legen Sterbende verschiedene Wegstrecken zurück. Die erste entscheidende Wegstation ist die Wahrheitsvermittlung: Der Todkranke erfährt von der Ausweglosigkeit seiner Situation. Die Sterbeforscherin Kübler-Ross hat aufgrund eingehender Beobachtungen und Gespräche fünf verschiedene Stadien des Sterbevorgangs beschrieben:

1. DIE VERNEINUNG DER TODESWAHRHEIT

Die Wahrheit wird nicht angenommen, die Situation verleugnet, der Tod verneint. Der Verdrängungsmechanismus setzt ein. Das kann so weit gehen, daß der Kranke ungewohnte Aktivitäten entwickelt, z.B. neue Kleidung kauft oder Reisen plant. Es kann aber auch zu einem inneren Rückzug kommen, mit der Tendenz der Isolierung und Entfremdung. Der Todkranke denkt den Tod voraus, leugnet aber weiterhin die tödliche Bedrohung. In diesem Zustand der Verneinung erübrigen sich alle Ansätze der Wahrheitsvermittlung.

2. AUFLEHNUNG

Protest, Ärger, Aggression, Hader mit »Gott und der Welt« gipfeln in der Frage: Warum ich? Warum ausgerechnet ich? Wut und Zorn entladen sich gegen sich selbst, gegen den kranken, gebrechlichen Körper, gegen die Umwelt. Mißtrauen entwickelt sich gegenüber Ärzten und Angehörigen, die mehr wissen als sie sagen und einen hinters Licht zu führen versuchen. Diese »negativen Gefühle« müssen zur Sprache gebracht werden. Selbst Zornesausbrüche gegenüber nahestehenden Menschen, auch gegenüber Gott, sollten auf diesem Hintergrund verständnisvoll aufgenommen werden. Mit der Auflehnung gegen das Unabwendbare geht die Suche nach einem Sündenbock einher.

3. VERHANDELN MIT DEM SCHICKSAL

Der Todkranke kann seine Situation noch nicht annehmen; er hadert nach wie vor mit seinem Schicksal. Er versucht, mit seiner Umgebung – den Ärzten, Pflegern und Schwestern, nicht zuletzt mit Gott – zu verhandeln, um sein Schicksal abzuwenden oder zumindest eine »Gnadenfrist« zu erreichen. Vergleichbar dem Verhalten eines Kindes, verspricht er Besserung und »Liebsein« um den Preis einer Lebensverlängerung. Hinter der Maske anbiedernder Vertraulichkeit und gleichmütiger Leutseligkeit verbirgt sich oft tiefe Not. In dieser Zeit sind behutsame Gespräche von besonderer Bedeutung, damit der Todkranke allmählich aus dem Stadium des »Nicht-wahr-haben-Wollens« herausfinden kann.

4. DEPRESSION UND MUTLOSIGKEIT

In diesem Zustand der Mutlosigkeit sieht der Todkranke keinen Ausweg mehr. Das Leben ist vorbei, alles scheint verloren. Eine trostlose Traurigkeit überfällt ihn angesichts des endgültigen Verlustes seines Lebens. Der Todkranke zieht sich zurück, verschließt sich dieser Welt, weist Besucher ab. Er will nur noch einige wenige Menschen um sich haben. Seine Depression bleibt nicht ohne Auswirkungen auf die Familie. Auch die Angehörigen können in einen depressiven Zustand verfallen. Für sie ist das abwehrende Verhalten des Todkranken fast unerträglich. Selbst wenn ein offenes Gespräch jetzt unmöglich erscheint, müssen sie dem Sterbenden gerade in dieser Situation nahebleiben, damit er sich nicht resignierend völlig aufgibt.

5. ANNAHME ODER BEJAHUNG DES TODES

Der Sterbende ist nun soweit, daß er den Tod mehr oder weniger akzeptieren kann. Der eine ergibt sich erschöpft in sein Schicksal, der andere geht nun bewußt den letzten Schritt, ausgesöhnt mit Gott und der Welt. Das kann zu einer inneren Gelassenheit führen, die das Leben nicht mehr krampfhaft festhalten will, sondern es mehr und mehr loslassen kann. Der Todkranke kann nun in Frieden sterben. Für die Angehörigen ist es wichtig, diese letzte Stunde mitzuerleben, um selbst zur inneren Ruhe zu gelangen und sich bei aller Trauer doch getröstet zu wissen.

Nicht jeder Sterbevorgang verläuft in den beschriebenen Stadien. Nicht jeder Sterbende durchlebt sie in dieser Reihenfolge, und nicht alle erreichen das letzte Stadium. Unkenntnis, Unsicherheit und Ängste bei allen Betroffenen verhindern in vielen Fällen das mutige Fortschreiten auf diesen letzten Wegstationen.

Zehn Ratschläge eines
Sterbenden für seinen Begleiter

1 Laß nicht zu, daß ich in den letzten Augenblicken entwürdigt werde. Das heißt, laß mich, wenn es irgend einzurichten ist, in der vertrauten Umgebung sterben. Das ist schwerer für dich. Aber es wird dich bereichern, Sterbebegleiter zu sein.

2 Bleibe bei mir, wenn mich jetzt Zorn, Angst, Traurigkeit und Verzweiflung heimsuchen. Hilf mir, zum Frieden hindurchzugelangen.

3 Denke dann nicht, wenn es soweit ist und du hier ratlos an meinem Bett sitzt, daß ich tot sei. Das Leben dauert länger, als die Ärzte sagen. Der Übergang ist langwieriger, als wir bisher wußten. Ich höre alles, was du sagst, auch wenn ich schweige und meine Augen gebrochen scheinen. Drum sag jetzt nicht irgendwas, sondern das Richtige. Du beleidigst nicht mich, sondern dich selbst, wenn du jetzt mit deinen Freunden belanglosen Trost erörterst und mir zeigst, daß du in Wahrheit nicht mich, sondern dich selbst bedauerst, wenn du nun zu trauern beginnst. So vieles, fast alles ist jetzt nicht mehr wichtig.

4 Das Richtige, was du mir jetzt sagen möchtest, wenn ich dich auch nicht mehr darum bitten kann, wäre zum ersten das, was es mir nicht schwer, sondern leichter macht, mich zu trennen. Denn das muß ich. Ich wußte es auch längst, bevor du oder der Arzt es mir mit euren verlegenen Worten eröffnet hattet. Also sag mir, daß ihr ohne mich fertig werdet. Zeig mir den Mut, der sich abfindet, nicht den haltlosen Schmerz. Mitleid ist nicht angebracht. Jetzt leide ich nicht mehr. Sag mir, daß du das und das mit den Kindern vorhast und wie du dein Leben ohne mich einrichten wirst. Glaub nicht, es sei herzlos, das jetzt zu erörtern. Es macht mich freier.

5 Das Richtige, was du mir jetzt sagen möchtest, wenn ich dich auch vielleicht nicht mehr darum bitten kann, wäre das Wort, aus dem ich gelebt habe. Wenn nichts bleibt vom Leben auf Erden, so sind es doch

diese Worte. Und wenn sie nie Wort geworden wären in unserem Leben, so mußt du jetzt versuchen, sie zu finden. Hat sie es nicht gehabt, so hat unsere Liebe doch immer auf ein Wort gehofft. Vielleicht war es ein einziger Bibelvers, aus dem wir lebten ein Leben lang, ein einziger, der unser Suchen jetzt zusammenfaßt. Versuch ihn zu finden und mir ins Ohr zu sagen. Ich höre.

6 Ich höre, obwohl ich schweigen muß und nun auch will. Halte meine Hand. Ich will es mit der Hand sagen. Wisch mir den Schweiß von der Stirn. Streich die Decke glatt. Bleib bei mir. Wir sind miteinander verbunden. Das ist das Sakrament des Sterbestands. Wenn nur noch die Zeichen sprechen können, so laß sie sprechen.

7 Dann wird auch das Wort zum Zeichen. Jetzt hättest du mehr von mir zu lernen als ich von dir. Ich blicke schon durch die Tür. Jetzt, da ich davongehe, wünsche ich, daß du beten kannst, das heißt, das Gute erkennst, das Gott uns jetzt schickt. Klage nicht an – es gibt keinen Grund. Sage Dank – ich werde Gott schauen. Und dir wird es auch geschenkt werden.

8 Morgen, wenn sie dich nicht mehr alleinlassen mit mir, sorge dafür, daß der Ton dieser Stunde zwischen uns nicht verlorengeht. Laß die ehrenden Worte auf der Anzeige, den Aufwand auf dem Friedhof. Das alles erreicht mich nicht mehr.

9 Und wenn dir mein Sterben ferner und ferner rückt, die letzten Kondolenzen beantwortet sind und du, wie es jedermann erwartet, in Trauer zurückfallen sollst, so wehre dich mit aller Kraft. Das viele Trauern in der Welt ist nur die andere Seite unseres Unglaubens, und das schlimmste ist, daß gerade die meisten Christen Ernst mit Traurigkeit verwechseln und von der Sonne singen, ohne sie zu leben. Du sollst von mir nur wissen, daß ich der Auferstehung näher bin als du selbst.

10 Nimm mit dir mit, was wir zusammen erlebt haben, als ein kostbares Vermächtnis. Laß mein Sterben dein Gewinn sein, wie das Sterben unseres Heilandes unser Gewinn ist. Leb dein Leben fortan ein wenig bewußter als dein Leben vor dem Tod. Es wird schöner, reifer und tiefer, inniger und freudiger sein, als es zuvor war, vor meiner letzten Stunde, die meine erste ist.

Hilfe beim Sterben –
nicht Hilfe zum Sterben

»Er kommt nicht zum Sterben« oder »Sie tut sich schwer mit dem Sterben«, so sprechen wir von Menschen, die einen langen und schwierigen Sterbeprozeß erleiden müssen. Technische Entwicklungen und medizinische Behandlungsmethoden haben dazu geführt, daß das Leben vieler Menschen, die früher ausnahmslos an den Folgen ihrer Erkrankung gestorben wären, gerettet werden kann. Die Medizin ist heute in der Lage, das Leben selbst schwerkranker Menschen zu erhalten und zu verlängern. Es stellt sich jedoch dringlicher denn je die Frage, ob und unter welchen Umständen es sinnvoll und verantwortbar ist, den Sterbeprozeß eines Menschen – ohne die geringste Aussicht auf eine positive Veränderung – aufzuhalten und hinauszuzögern. Hat ein Mensch nicht das Recht, nachdem alles Menschenmögliche für ihn getan wurde, menschenwürdig zu sterben?

Dem steht zweifellos gegenüber das Recht auf Leben. Daraus erwächst die Pflicht, alles zu tun, um menschliches Leben zu erhalten und zu schützen, auch und gerade dann, wenn es sich absehbar seinem Ende zuneigt. Niemand darf aus eigenem Ermessen – schon gar nicht gegen den Willen des Patienten – in den Sterbeprozeß bewußt eingreifen mit der eindeutigen Absicht, ihn zu beschleunigen oder gar zu beenden. Menschliches Leben ist unverfügbar; wir können nicht so ohne weiteres darüber selbst bestimmen.

In dem Sinne darf es *keine Hilfe zum Sterben* geben, wohl aber eine *Hilfe beim Sterben*.

»EUTHANASIE«

Der Begriff »Sterbehilfe« wird weitgehend undifferenziert verwendet. Viele Menschen denken hierbei sofort an »Euthanasie«. Sie erinnern sich an die Freveltaten der Nazi-Zeit, an das Tötungsprogramm Hitlers, das alles unnütze und damit »unwerte Leben« auszulöschen versuchte. Es sah die bewußte und aktive Tötung Mißgebildeter, geistig oder psychisch Kranker und sozial unproduktiver Menschen vor, alles unter dem Deckmantel des »Gnadentodes«. Als »Vernichtung lebensunwerten Lebens« erfuhr der Begriff der Euthanasie geradezu eine Perversion. Seine historische Wurzel war eine gänzlich andere.

»Aktive Sterbehilfe«

»Ich kann das nicht mehr aushalten.
Ich will nicht mehr weiterleben;
ich will nur noch sterben.
Machen Sie doch endlich Schluß
mit meinem Leben!«

Ein solcher »Notruf« oder »Hilfeschrei« eines leidgeplagten, vom qualvollen Sterben gezeichneten Menschen stößt auf großes menschliches
Verständnis. Es gibt Situationen im Sterbeprozeß, wo alle Lebenskräfte
und jeglicher Lebenswille zu verlöschen drohen, wo ein Mensch »einfach
nicht mehr kann«, wo ein Sterbender seinem Sterben nicht mehr gewachsen ist und ihm der Tod als letzter Ausweg und zugleich als rettende
Erlösung erscheint. So sehr wir menschlich diesen Wunsch verstehen
können und ihm mitunter vielleicht sogar entsprechen wollen, so unbestritten sind die ethischen und rechtlichen Fragen, die die »Tötung auf
Verlangen« aufwirft. Spektakuläre Fälle, wo Ärzte diesem Verlangen ihrer
Patienten bereitwillig Folge leisteten, haben gerade in jüngster Zeit die
Diskussion um die »aktive Sterbehilfe« neu entfacht. Sie wird von ihren
Befürwortern mit dem »Recht auf den eigenen Tod« begründet, dem-
zufolge der Mensch den Zeitpunkt seines Todes selbst bestimmen sollte.

*»Wer vor Zeiten etwa an einer Blinddarmentzündung starb oder an einer
Blutvergiftung, wird heute nicht sterben müssen deswegen; schon mit
Impfungen widersetzen wir uns Gottes unerforschlichem Ratschluß oder mit
Antibiotika und mit der Chirurgie ohnehin. Und das tun wir ohne Skrupel.
Auch der Papst hat seine Leibärzte. Aber über dem Freitod bleibt ein
Odium, das christliche. Als sei die Emanzipation, die wir uns längst
angemaßt haben, plötzlich wieder aufzugeben, sollen wir von der Stunde
an, da Medizin nichts mehr vermag, wieder einen Gottvater einsetzen, der
das biologische ›Timing‹ übernimmt. Das ist intellektuell unredlich. Dann
müßten wir auch das Kindbettfieber wieder einführen und sämtliche
Seuchen. Ich meine: Wir haben das Recht, über unser Ableben zu
bestimmen, wann immer es unseren Nächsten gegenüber sich verantworten
läßt, und somit haben wir das Recht, um Sterbehilfe zu ersuchen.*

Max Frisch

Deutlich muß in den Diskussionen unterschieden werden zwischen dem Sterbewunsch bzw. der Todessehnsucht eines Menschen und der »Tötung auf Verlangen«, das sich ja immer an einen anderen Menschen richtet. Dieser »andere« wird indirekt oder direkt aufgefordert, aktiv in den Sterbeprozeß einzugreifen. Bei der »aktiven« Sterbehilfe geht es also nicht um ein passives Sterbenlassen, sondern um eine willentlich herbeigeführte Verkürzung des Lebens, um die absichtliche und gezielte Beschleunigung des Todeseintrittes. Die tödlich wirkende Spritze oder der bewußte Handgriff an der lebenserhaltenden (Herz-Lungen-)Maschine können solche unmittelbaren und unumkehrbaren Eingriffe in das Leben sein.

Die »aktive« Sterbehilfe als Tötungsdelikt ist rechtswidrig und damit strafbar, selbst dann, wenn sie auf ausdrückliches Verlangen des Todkranken erfolgt. Allerdings wird in extremen Ausnahmesituationen teils rechtfertigender, teils entschuldigender Notstand in Betracht gezogen mit strafmildernder Wirkung. Das von der deutschen Verfassung garantierte »Recht auf Leben« (Art. 2, Abs. 2 des Grundgesetzes) umfaßt nicht ein »Recht über das Leben«! Dem einzelnen ist es folglich nicht erlaubt, über das eigene Leben – und schon gar nicht über das Leben anderer – zu verfügen.

In diesem Zusammenhang stellt sich auch die Frage nach der Entscheidungs- und Zustimmungsfähigkeit eines todkranken Menschen. Ein gesunder Mensch sieht die Problematik mit anderen Augen als ein unmittelbar Beteiligter. Seine Zustimmung ist nicht unbedingt als freie und überlegte Entscheidung zu werten. In den meisten Fällen sind als Folge der Erkrankung das Entscheidungsvermögen stark eingeschränkt und das Bewußtsein ganz wesentlich getrübt.

Die Erfahrung – vor allem in der Hospiz-Bewegung – zeigt, daß der »Notruf« eines todkranken Menschen: »Ich will endlich sterben« weniger der tödlichen Injektion gilt. Vielmehr äußert sich hierin oft – mehr oder weniger verschlüsselt – die Bitte um Linderung der Schmerzen und der Wunsch nach vermehrter menschlicher Zuwendung. Wo diese Grundlagen einer humanen Sterbehilfe gegeben sind, da verstummt erfahrungsgemäß der Ruf nach unmittelbarer Herbeiführung des Todes. Wer aus Mitleid einem sterbenskranken Menschen seine Leiden und Schmerzen ersparen möchte, der muß sich fragen lassen, wem sein »Mitleid« eigentlich gilt. Spielt nicht oft das eigene Unvermögen zur Sterbebegleitung die entscheidende Rolle bei solchen Überlegungen am Krankenbett?

Für Christen ist menschliches Leben gleichsam *Gabe* und *Aufgabe*: Gabe, die uns als Geschenk Gottes gegeben und verantwortlich zugewiesen ist; Aufgabe, die uns auffordert, alles Menschenmögliche zu tun, dieses Leben – das eigene und das der anderen – zu schützen und zu fördern. In diesem Sinne kann der Mensch nicht über das Leben frei verfügen, selbst dann nicht, wenn er unheilbar erkrankt und vom Tode gezeichnet ist. Der Mensch ist zu keiner Zeit Herr über Leben und Tod. Er ist Geschöpf seines Schöpfergottes: *Gott ist der Schöpfer allen Lebens.*

Aber der Mensch ist nach christlicher Auffassung Ebenbild seines Schöpfers. »Gott schuf also den Menschen als sein Abbild; als Abbild Gottes schuf er ihn. Als Mann und Frau schuf er sie« (Genesis 1,27). Darin liegt die einzigartige Würde des Menschen, daß er von Gott vorbehaltlos gewollt und bejaht ist. Das gilt insbesondere auch für den geschundenen, von Krankheit und Tod gezeichneten Menschen: Selbst in seiner menschlichen Erbärmlichkeit, in seiner Gebrechlichkeit und Hilflosigkeit, in Schmerz und Leid ist und bleibt er das Abbild seines Schöpfergottes. Diese seine personale Würde gilt es auch und gerade in den schwersten Stunden seines Lebens zu respektieren. Bei allen Entscheidungen am Sterbebett ist zu bedenken, welche menschlichen Werte auf dem Spiel stehen, und auf welche Weise der »oberste Wert« – das menschliche Leben selbst und seine Würde – gewährleistet ist.

Menschliches Leben ist Geschenk. Geschenke verpflichten zum sorgsamen Umgang. So sind wir Menschen aufgerufen, mit dem Geschenk Gottes – seiner Schöpfung – behutsam und verantwortlich umzugehen. Jeder einzelne von uns ist in den Schöpfungsauftrag Gottes einbezogen, in die bewußte Gestaltung von Leben und Welt. Insofern ist dem Menschen ein allerdings begrenztes Verfügungsrecht über sein Leben und seine Welt zugestanden. All sein Tun und Handeln, aber auch sein Unterlassen hat er jedoch vor Gott zu verantworten und zu rechtfertigen – und nicht nur vor sich und seinen Mitmenschen. Das gilt auch und insbesondere bei den aktuellen Fragen »auf Leben und Tod«.

Kann die »passive« Sterbehilfe unter bestimmten Bedingungen auch von Christen verantwortet werden, weil hier kein aktives Eingreifen erfolgt und jeder Vorgriff auf den Willen Gottes unterbleibt, so ist die »aktive« Sterbehilfe aus christlicher Sicht unverantwortbar. Hier werden die Grenzen menschlicher Verfügungsgewalt überschritten; hier macht sich der Mensch eigenmächtig zum Richter über Leben und Tod.

Ich habe das Recht, bis zu meinem Tode wie ein lebendiges menschliches Wesen behandelt zu werden.

Ich habe das Recht, stets noch hoffen zu dürfen – worauf immer sich diese Hoffnung auch richten mag.

Ich habe ein Recht darauf, von Menschen umsorgt zu werden, die sich eine hoffnungsvolle Einstellung zu bewahren vermögen – worauf immer sich diese Hoffnung auch richten mag.

Ich habe das Recht, Gefühle und Emotionen anläßlich meines nahenden Todes auf die mir eigene Art und Weise ausdrücken zu dürfen.

Ich habe das Recht, kontinuierlich medizinisch und pflegerisch versorgt zu werden, auch wenn das Ziel »Heilung« gegen das Ziel »Wohlbefinden« ausgetauscht werden muß.

Ich habe das Recht, nicht alleine zu sterben.

Ich habe das Recht, schmerzfrei zu sein.

Ich habe das Recht, meine Fragen ehrlich beantwortet zu bekommen.

Ich habe das Recht, nicht getäuscht zu werden.

Ich habe das Recht, von meiner Familie und für meine Familie Hilfen zu bekommen, damit ich meinen Tod annehmen kann.

Ich habe das Recht, in Frieden und Würde zu sterben.

Ich habe das Recht, meine Individualität zu bewahren und meiner Entscheidungen wegen auch dann nicht verurteilt zu werden, wenn diese in Widerspruch zu den Einstellungen anderer stehen.

Ich habe das Recht, offen und ausführlich über meine religiösen und/oder spirituellen Erfahrungen zu sprechen, unabhängig davon, was dies für andere bedeutet.

Ich habe das Recht zu erwarten, daß die Unverletzlichkeit des menschlichen Körpers nach dem Tode respektiert wird.

Ich habe das Recht, von fürsorglichen, empfindsamen und klugen Menschen umsorgt zu werden, die sich bemühen, meine Bedürfnisse zu verstehen und die fähig sind, innere Befriedigung daraus zu gewinnen, daß sie mir helfen, meinem Tode entgegenzusehen.

(Diese Deklaration der Menschenrechte entstand während eines Workshops unter dem Thema »Der Todkranke und der Helfer« in Lansing/Michigan (USA) und ist abgedruckt in der Broschüre »Zu Hause sterben«, herausgegeben von Anne Busche und Johann-Christoph Student, Hannover 1986.)

»TÖTUNG AUF VERLANGEN« BEI EINEM TODKRANKEN
– Eine Stellungnahme der christlichen Kirchen –

Das Problem kann sich nur stellen bei einem bewußten, äußerungsfähigen Kranken, dessen Tod nach ärztlichem Wissen absehbar und unaufhaltsam bevorsteht. Eine beabsichtigte Tötung eines Kranken gegen dessen Willen kann niemand ernsthaft erwägen.

Beim sogenannten »Todeswunsch« eines Kranken ist zu unterscheiden:

1. ob er sich nach dem Tode sehnt, sterben will; oder
2. ob er seinen Lebenswillen aufgibt, sich dem Weiterleben verweigert; oder
3. ob er sich aktiv selbst das Leben nehmen will; oder
4. ob er an einen anderen, an den Arzt oder einen Angehörigen, das Ansinnen stellt, er solle ihn töten, also die letzte Verantwortung übernehmen.

Der Unterschied zwischen der Bereitschaft oder der Sehnsucht zu sterben und dem an einen anderen gerichteten Verlangen zu töten, ist unübersehbar. Nur von diesem letzteren ist hier die Rede.

Es kann die Situation eintreten, daß ein Mensch sein Leben nicht mehr annehmen und führen möchte, daß ihm der Tod »besser« zu sein scheint als sein schreckliches Leben. Ist er zudem in einer hilflosen Lage, kann es auch dazu kommen, daß er an einen anderen jenes Verlangen, ihn zu töten, stellt. Doch müßte ihm dann nicht – schonend, aber klar – gesagt werden, warum dies sein Verlangen von einem anderen nicht übernehmbar ist? Ein Verzweifelter braucht intensive Zuwendung, um die Wahrheit zu erfahren, daß auch sein Leben nicht sinnlos ist.

Käme ein Arzt solchem Verlangen nach, so zöge er sich einen zerreißenden Konflikt zu zwischen seiner ärztlichen Berufspflicht, Anwalt des Lebens zu sein, und der ganz anderen Rolle, einen Menschen zu töten. Täte er es auch aus Mitleid – ließe sich dann vermeiden, daß man ihm auch noch andere Motive zu unterstellen beginnt? Das wäre das Ende jedes Vertrauensverhältnisses zwischen Arzt und Patient. Zuweilen ist es für einen Angehörigen sehr bedrückend, mitansehen zu müssen, wie schwer und qualvoll ein Mensch stirbt. Er prüfe sich selbst, ob es nicht seine Erschöpfung und seine ratlose Ohnmacht sind, die ihn zu dem Wunsch verleiten, dies sei nicht mehr auszuhalten, man möge das Leben des Sterbenden beenden, also ihn töten, um – wie man sich rechtfertigend sagt – ihm Leiden zu ersparen.

Aus: Gott ist ein Freund des Lebens

Die Hospiz-Bewegung

Wenn man nur noch sterben darf

Frau T. ist tot. Darüber sollte ich eigentlich nicht rechten; denn sie war schon 88 Jahre alt. Aber ich werde den Gedanken nicht los, daß sie vielleicht noch lebte, wenn sie nicht ins Krankenhaus gekommen wäre.

Ich habe Frau T. kennengelernt, nachdem ich mich danach erkundigt hatte, ob es in unserer evangelischen Gemeinde einen alten Menschen gebe, der sich darüber freuen würde, wenn ich ihm etwas vorläse. Mir wurde Frau T. genannt, weil sie nicht mehr gut sehen konnte. Zuerst war sie mißtrauisch; denn viele hatten sie unter dem Vorwand, sie wollten ihr helfen, ausgenutzt und sogar bestohlen. Aber bald hat sie schon immer sehnsüchtig darauf gewartet, daß ich zu ihr komme, um das Nötigste einzukaufen und mit ihr zu plaudern. Am wichtigsten war es, ihr einfach zuzuhören.

Daß Frau T. dann eines Tages von Pflegern abgeholt und ins Krankenhaus gebracht wurde, hat auch mich überrascht. Es geschah gegen ihren Willen. Sicher, es ging ihr nicht gut; aber mit ihrer Willenskraft hatte sie sich bislang aufrecht erhalten. Im Krankenhaus stellte sich erst bei einer Operation heraus, daß sie Krebs hatte. Von da an wurde sie von allen so behandelt, als ob ihr nichts übrigbliebe, als zu sterben – und das bemerkte sie. Während ich sie im Krankenhaus besuchte, um ihr vorzulesen, räumten ihre entfernteren Verwandten – die engeren Verwandten waren vor ihr gestorben – schon ihre Wohnung aus. Ich dagegen hoffte bis zuletzt, daß sie wieder gesund werde; denn sie war geistig von bewundernswerter Klarheit.

Frau T. war katholisch. Nach manchen Enttäuschungen wollte sie von ihrer Kirche nichts mehr wissen, aber desto mehr von Gott. Kurz vor ihrem Tode konnte sie nicht mehr sprechen. Doch machte sie mir ein Zeichen, indem sie die Hände faltete. Da habe ich das Vaterunser mit ihr gebetet. Ich bin froh, daß ich in dieser Stunde bei ihr war.

Anne Reumann, 18 Jahre

Während noch zu Beginn unseres Jahrhunderts etwa 80 Prozent aller Menschen zu Hause starben, sterben heute mehr als zwei Drittel im Krankenhaus. Sterben und Tod vollziehen sich für die meisten Menschen in einer fremden Umgebung unter wenig vertrauten Menschen. Ärzte, Pfleger, Krankenschwestern sind zeitlich und oft auch menschlich überfordert, den Sterbenden in seinen letzten Stunden zu begleiten. Sie alle tun ihr Bestes, was medizinische Versorgung und Pflege betrifft, ja sie kämpfen nicht selten bis zur Erschöpfung um das Leben ihrer Patienten. Wenn sich dennoch der Tod anmeldet, findet sich der Sterbende in seinem Sterbezimmer oft allein wieder. Nicht nur die zeitliche Überbeanspruchung und die strenge Rationalisierung der Arbeit verhindern die notwendigen Gespräche am Sterbebett und die menschliche Nähe zum Sterbenden. Auch eigene Rat- und Hilflosigkeit, Unkenntnis und Unsicherheit, nicht zuletzt Ohnmachtsgefühle und Resignation, Wut und Bitterkeit sind für den Rückzug der »hilflosen Helfer« verantwortlich. Das Sterben eines Menschen konfrontiert sie mit den Grenzen ihrer Heil- und Pflegekunst, aber auch mit der Begrenztheit des eigenen Lebens.

Die meisten Ärzte, Pfleger und Nachtschwestern sind in ihrer Ausbildung zu wenig auf die höchst unterschiedlichen »Sterbesituationen« ihrer Patienten vorbereitet worden. So kommt es, daß in den meisten Krankenhäusern und Kliniken eine Kultur des Umgangs mit Leidenden und Sterbenden mehr oder weniger verlorengegangen ist. In früheren Zeiten verstanden sich die Hospitäler noch als »Hôtel du bon Dieu«, als Herberge des guten Gottes. Sie waren Zufluchtstätten für kranke und hinfällige Menschen und boten Schutz und Hilfe auf der letzten »Pilgerreise«. Darauf deutet allein schon das Wort »Hospital« hin. Es stammt vom lateinischen Wort »hospitium«, das so viel wie »Station der Gastfreundschaft« bedeutet. Gemessen an den heutigen medizinischen Möglichkeiten konnte damals für die Sterbenskranken wenig getan werden. Aber sie konnten der menschlichen Fürsorge und Aufmerksamkeit gewiß sein.

An diese alte Tradition, an diese Kultur des menschenwürdigen Leidens und Sterbens will die *Hospizbewegung* anknüpfen. Sie hat in den letzten Jahren und Jahrzehnten in Nordamerika und Europa zahlreiche Stätten eingerichtet, in denen todkranke Menschen in Würde sterben können.

Vorrangiges Ziel der Hospizbewegung ist es, die Wünsche sterbender Menschen zu erfüllen: an einem vertrauten Ort – möglichst zu Hause – inmitten vertrauter Menschen zu sterben. Wann immer es eben geht, soll der Sterbende zu Hause sterben. Deshalb werden die Angehörigen ganz bewußt in die Arbeit einbezogen. Sie werden ermutigt und befähigt, den Sterbenden bis zu seinem Lebensende zu pflegen und zu begleiten. Ein Außendienst des Hospiz unterstützt sie dabei.

Aber jedes Hospiz hat auch eigene Zimmer, die eine »heimische Atmosphäre« ausstrahlen und dem Sterbenden ein »Stück Heimat« vermitteln sollen. Jedoch sind es nicht nur die äußeren Bedingungen,

ES WAR DIE ENGLISCHE SOZIALARBEITERIN, Krankenschwester und Ärztin Cicely Saunders, die in den sechziger Jahren in einem Londoner Vorort das erste Hospiz unserer Zeit schuf. Sie hatte kurz nach dem Zweiten Weltkrieg einen polnischen Flüchtling aus dem Warschauer Getto, David Tasma, kennengelernt, den sie bis zu dessen Tod 1948 durch ein mühsames Krebsleiden begleitete.

Im Erleben der Trostlosigkeit eines solchen letzten Lebensabschnittes entwickelten beide die Idee von einem Haus, einer Heimstatt für Sterbende. Tasma hinterließ der Krankenschwester 500 englische Pfund und die Bitte: »Lassen Sie mich ein Fenster sein in ihrem Haus, das wir gemeinsam geplant haben.« Aus diesem Wunsch entstand das inzwischen berühmt gewordene St. Christopher's Hospiz.

die ein menschenwürdiges Leben im Sterben ermöglichen, sondern vielmehr die »inneren Hilfen«: die seelische, soziale und spirituelle Begleitung der Sterbenden *und* deren Angehörigen. Deshalb setzt sich das Hospiz-Team aus »Fachleuten« verschiedener Richtungen zusammen: aus Ärzten, Krankenschwestern bzw. Krankenpflegern, Sozialarbeitern und Seelsorgern. In die Arbeit aller Hospize werden ganz bewußt auch freiwillige Helferinnen und Helfer integriert. Sie finden ausreichend Zeit für Gespräche mit dem Sterbenden und seinen Angehörigen, halten die Kontakte »nach draußen« aufrecht und sind behilflich bei der Regelung »unerledigter Dinge«. Die Zusammensetzung des Teams will verdeutlichen, daß Sterbebegleitung nicht allein eine professionelle Leistung ist, sondern vor allem Ort menschlicher Begegnung – im wahrsten Sinne des Wortes »Hospiz«.

In der Bundesrepublik Deutschland hat die Hospizbewegung eher zögernd Verbreitung und Anerkennung gefunden. Nach verschiedenen Ansätzen kam es erst 1986 zur Errichtung eines ersten eigenständigen Hospiz: »Haus Hörn« in Aachen, getragen von einer Ordensgemeinschaft, dem Oratorium des heiligen Philipp Neri. 1988 erfolgte die Gründung der **Deutschen Hospizhilfe**. Inzwischen haben sich zahlreiche kleinere und größere Initiativen und Vereine »vor Ort« gebildet (s. Anschriftenliste, S. 366). Sie alle bemühen sich um die Neubelebung einer alten Kultur: der Kunst des Sterbens (»ars moriendi«).

Die zehn Grundprinzipien eines Hospizes

1 Der Patient und seine Angehörigen werden als gemeinsame Adressaten der Fürsorge durch den Dienst betrachtet.

2 Fürsorge durch ein interdisziplinäres Team (insbesondere: Krankenschwester, Arzt, Sozialarbeiter, Geistlicher)

3 Rund um die Uhr erreichbarer, abrufbarer Dienst (»24 Stunden am Tag, sieben Tage in der Woche lang«)

4 Gründliche Kenntnisse und Erfahrungen in der Symptomkontrolle (insbesondere der Schmerzbekämpfung) – unter Berücksichtigung der körperlichen, psychischen, sozialen und spirituellen Dimension der Symptome

5 Freiwillige Helfer als integraler Bestandteil des Dienstes

6 Aufnahme des Patienten in das Programm unabhängig von der Regelung der Kostenfrage

7 Nachgehende Betreuung der Hinterbliebenen

8 Medizinisch-ärztliche Leitung des Dienstes

9 Kooperation mit bereits bestehenden Diensten (Kliniken, Hauspflegedienste etc.)

10 Stationäre »Rückendeckung« für den Hauspflegedienst.

Sterbebeistand der katholischen Kirche
– Sakrament der Krankensalbung und die Wegzehrung –

»Ist einer von euch krank? Dann rufe er die Ältesten der Gemeinde zu sich; sie sollen Gebete über ihn sprechen und ihn im Namen des Herrn mit Öl salben. Das gläubige Gebet wird den Kranken retten, und der Herr wird ihn aufrichten; wenn er Sünden begangen hat, werden sie ihm vergeben.«

Jakobus 5,14-15

DAS SAKRAMENT DER KRANKENSALBUNG

Bereits in den urchristlichen Gemeinden hat sich, wie der Jakobusbrief aufzeigt, die Praxis der Krankensalbung entwickelt. Heute gibt es eine Rückbesinnung auf die ursprüngliche Ausrichtung. Denn über Jahrhunderte galt das Sakrament der Krankensalbung faktisch als *das* »Sterbesakrament«, das erst in der Todesstunde gespendet wurde. Im Volk war es auch als »Letzte Ölung« bekannt. So wurde der Priester oft erst im letzten Moment – nicht selten zu spät – ans Sterbebett gerufen. Man wollte den Sterbenskranken nicht »zu Tode erschrecken«; denn wenn der Priester auftauchte, gab es angeblich keine Rettung mehr. Er war so etwas wie ein Todesbote.

Mit dieser Einstellung wurden Sinn und zeichenhafter Charakter des Sakramentes geradewegs »auf den Kopf gestellt«: Es wurde zum Siegel der Unheilbarkeit und der Hoffnungslosigkeit und zugleich als Todesankündigung oder gar als Todesdrohung völlig mißverstanden.

Die Krankensalbung ist nicht ein Sakrament des Todes, sondern ein Sakrament des Lebens, und zwar in zweifacher Hinsicht: Hoffnung auf »neues« Leben nach Gesundung und Genesung – Hoffnung auf neues Leben im Geheimnis des Todes. So will es Zeichen der Stärkung und Aufrichtung in Krankheit und Leid sein. In den symbolhaften Gesten der Handauflegung und der Salbung mit Öl kommt dies sinnenfällig zum Ausdruck. Die *Handauflegung* – sie wurde von Jesus bei seiner Begegnung mit Kranken wiederholt geübt – ist eindrucksvolles Zeichen der Anteilnahme, des Trostes und der Ermutigung. Die *Salbung mit Öl*, das in der

Antike als weitverbreitetes Heil- und Pflegemittel diente, deutet symbolisch auf Rettung und Heilung durch Gottes Geist hin.

Die Sakramente selbst verstehen sich als wirksame Zeichen der Nähe und Güte Gottes. Sie sind zugleich Angebot und Zusage, daß Gott zu keinem Zeitpunkt – schon gar nicht in Leid, Krankheit und Not – den Menschen allein zurückläßt. Gottes Beistand – auch »Sterbebeistand« – und Gottes Hilfe – auch »Sterbehilfe« – sind allen Menschen gewiß. Gott ist der verläßliche Wegbegleiter des Menschen, nicht zuletzt auf seinem Weg in den Tod.

Das Sakrament der Krankensalbung soll folglich nicht nur bei akuter Lebensgefahr anläßlich eines »Versehgangs« gespendet werden, sondern beispielsweise schon vor einer schwierigen Operation oder bei ersten Anzeichen einer schweren Erkrankung. Es kann auch mehrfach gespendet werden. In manchen Gemeinden werden alte und kranke Menschen zum Empfang der Krankensalbung in einer gemeinsamen Feier eingeladen.

DIE FEIER DER KRANKENSALBUNG

Die liturgische Feier besteht aus dem Begrüßungswort, dem Wortgottesdienst mit Schuldbekenntnis, Schrifttext und Fürbittgebet sowie dem sakramentalen Gottesdienst:

Nach den Fürbitten legt der Priester dem Kranken schweigend die Hände auf. Dann salbt er die Stirn des Kranken:

Durch diese heilige Salbung helfe dir der Herr in seinem reichen Erbarmen, er stehe dir bei mit der Kraft des Heiligen Geistes.

Alle: *Amen*

Der Priester salbt dann die Hände des Kranken:

Der Herr, der dich von Sünden befreit, rette dich, in seiner Gnade richte er dich auf.

Alle: *Amen*

Priester: *Laßt uns beten:*
           Wir bitten dich, Herr unser Erlöser: durch die Kraft des Heiligen Geistes hilf diesem (dieser) Kranken in seiner (ihrer) Schwachheit. Heile seine (ihre) Wunden und verzeih ihm (ihr) die Sünden. Nimm

214

von ihm (ihr) alle geistigen und körperlichen Schmerzen. In deinem Erbarmen richte ihn (sie) auf und mache ihn (sie) gesund an Leib und Seele: Der du lebst und herrschst in alle Ewigkeit.

Alle: *Amen*

Für die häusliche Feier der Krankensalbung stellen Sie auf einem Tisch im Zimmer des Kranken bereit:

— das Kreuz als Zeichen der Erlösung;
— ein oder mehrere Kerzen als Zeichen des auferstandenen Herrn, der das »Licht des Lebens« ist;
— Weihwasser, das an die Taufe und die Gemeinschaft mit Christus erinnert;
— etwas Watte.

Wichtig ist, daß möglichst alle Angehörigen bei der Krankensalbung anwesend sind. Das gilt im übrigen auch für die Feier der Krankensalbung im Krankenhaus oder im Alters- bzw. Pflegeheim. Der Kranke weiß sich dann getragen von der Gemeinschaft seiner Mitmenschen und der Gemeinschaft mit Gott.

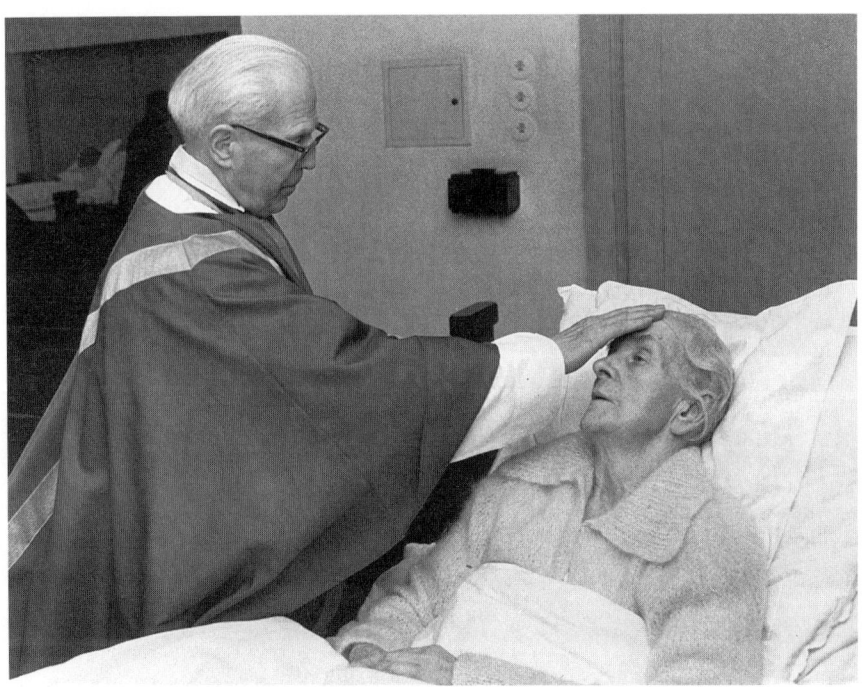

DIE WEGZEHRUNG

»Wer mein Fleisch ißt und mein Blut trinkt, hat das ewige Leben und ich werde ihn auferwecken am Letzten Tage.«

Johannes 6,54

Das eigentliche Sakrament im Angesicht des Todes – das »Sterbesakrament« – ist die Feier und der Empfang der heiligen Kommunion. Sie wird auch »Wegzehrung« genannt, weil sie Nahrung und Stärkung auf dem Weg von diesem Leben ins ewige Leben sein soll. Ihre Spendung erfolgt – im Gegensatz zur Krankensalbung – in unmittelbarer Todesgefahr. Wenn möglich, soll dies im Rahmen einer Eucharistiefeier am Sterbebett geschehen. Damit der Sterbende möglichst noch bei vollem Bewußtsein die Eucharistie empfangen kann, sollte der Empfang der Wegzehrung nicht unnötig hinausgeschoben werden.

Beim Empfang der Wegzehrung erneuert der Kranke noch einmal das Bekenntnis des Glaubens, das schon bei seiner Taufe gesprochen wurde und das er selber bei der Erstkommunion und Firmung erneuert hat:

Glaubst du an Gott Vater …
an Jesus Christus …
an den Heiligen Geist …

Antwort: *Ich glaube*

Bei der Spendung der Hl. Kommunion sagt der Priester:

Christus bewahre und führe dich zum ewigen Leben.

Zum Schluß betet der Priester:
Gott, dein Sohn ist für uns der Weg, die Wahrheit und das Leben. Schau gnädig her auf deinen Diener (Dienerin); er (sie) hat sich deinen Verheißungen anvertraut und ist gestärkt durch den Leib und das Blut deines Sohnes. Laß seine (ihre) Hoffnung nicht zu schanden werden.
Gib, daß er (sie) in Frieden das Kommen deines Reiches erwarte.
Durch Christus unseren Herrn.

Alle: *Amen*

Sterbebeistand in der evangelischen Kirche
– Abendmahl und Segen –

Die Krankensalbung, die auf das Neue Testament (Jakobus 5,14) zurück-
geht, und die noch Martin Luther empfohlen hat, wird in den evangelischen Gemeinden nicht mehr erteilt. Den Kranken kann jedoch als letzte
Wegzehrung und Stärkung das heilige Abendmahl gespendet werden. Leider wird es in manchen Gemeinden auch noch als ein »Sterbesakrament«
verstanden. Anders ist dies in Gemeinden, in denen der Gottesdienst im
Krankenzimmer seinen festen Platz hat. Wo das Abendmahl regelmäßig
angeboten wird, verliert es den Geruch des »Sterbesakramentes«. Selbst
wenn der Sterbende nicht mehr mitbeten kann, so kann er meist noch
lange zuhören. Die Angehörigen und der Pfarrer bzw. die Pfarrerin werden
mit ihm beten. Hierzu eignen sich besonders Gesangbuchverse, Psalmen
und andere Worte aus der Bibel sowie das Vaterunser.

> Wenn ich einmal soll scheiden,
> so scheide nicht von mir,
> wenn ich den Tod soll leiden,
> so tritt du dann herfür –.
> Wenn mir am allerbängsten
> wird um das Herze sein,
> so reiß mich aus den Ängsten
> Kraft deiner Angst und Pein.
>
> Paul Gerhard (EKG 63,9)

Neben diesen Gebeten sind es aber vor allem sinnenfällige Gesten, die
dem Sterbenden eine fühlbare Hilfe am Krankenbett sind. Ein Sterbens-
kranker wird dankbar sein, wenn seine Hand gehalten wird. So erfährt
er in dieser haltenden Hand etwas von der mächtigen und haltenden
Hand Gottes.
Der Pfarrer oder die Pfarrerin können auch den Segen durch Handauflegung geben. Ebenso können dies andere christliche Gemeindemitglieder tun. Ein solcher Segen wird auch »Valetsegen« (Abschiedssegen)
genannt. Man kann ihn auch spenden und sprechen, wenn der Tod
bereits eingetreten ist.

Es segne Dich Gott, der Vater,
der Dich nach seinem Ebenbild geschaffen hat.
Es segne Dich Gott, der Sohn,
der Dich durch sein Leiden und Sterben erlöst hat.
Es segne Dich Gott, der heilige Geist,
der Dich zu seinem Tempel bereitet und geheiligt hat.
Der treue und barmherzige Gott
wolle Dich durch seine Engel geleiten in das Reich,
in dem seine Auserwählten ihn ewiglich preisen.
Unser Herr Jesus Christus sei in Dir, daß er Dich erquicke.
Der dreieinige Gott (hier machen Sie über dem Sterbenden
mit der Hand das Zeichen des Kreuzes)
sei Dir gnädig im Gericht und segne Dich zum ewigen Leben.
Amen

Gebete in der Sterbestunde

Gebete können dem Sterbenden, der noch bei Bewußtsein ist, helfen, die Angst vor dem Tod zu bewältigen. Sie können die Hoffnung auf die Auferstehung wachhalten. Es wäre schön, wenn Familienmitglieder oder auch das Pflegepersonal mit dem Sterbenden gemeinsam oder allein beten. Es muß also nicht unbedingt ein Geistlicher zugegen sein. Das gilt auch für die Gebete nach dem Eintritt des Todes. Wir sollten hier keine falsche Scheu voreinander haben. Das Gebet tut uns und dem Sterbenden gut.

Oft ist es hilfreich, diesen Trost auch durch ein sichtbares Zeichen auszudrücken, indem man dem Sterbenden ein Kreuz auf die Stirn zeichnet, wie es zum ersten Mal bei seiner Taufe geschehen ist.

Die Gebete und Texte sollen so ausgewählt werden, daß sie immer dem geistigen und körperlichen Zustand des Sterbenden, den jeweiligen Umständen und der Verfassung der umstehenden und beteiligten Personen angepaßt sind. Sie mögen langsam vorgetragen werden, mit verhaltener Stimme und mit Pausen der Stille. Das ein oder andere kurze Stoßgebet kann auch mehrmals wiederholt werden.

Gebet des Herrn

*V*ater unser im Himmel,
Geheiligt werde dein Name.
Dein Reich komme.
Dein Wille geschehe, wie im Himmel so auf Erden.
Unser tägliches Brot gib uns heute.
Und vergib uns unsere Schuld,
wie auch wir vergeben unsern Schuldigern.
Und führe uns nicht in Versuchung,
sondern erlöse uns von dem Bösen.
Denn dein ist das Reich und die Kraft und die Herrlichkeit
in Ewigkeit.
Amen.

Ave Maria

*G*egrüßet seist du, Maria, voll der Gnade,
der Herr ist mit dir.
Du bist gebenedeit unter den Frauen,
und gebenedeit ist die Frucht deines Leibes, Jesus.
Heilige Maria, Mutter Gottes,
bitte für uns Sünder
jetzt und in der Stunde unseres Todes.
Amen.

Ehre sei dem Vater

*E*hre sei dem Vater und dem Sohn
und dem Heiligen Geist,
wie im Anfang, so auch jetzt und alle Zeit und in Ewigkeit.
Amen.

Das Apostolische Glaubensbekenntnis

*I*ch glaube an Gott,
den Vater, den Allmächtigen,
den Schöpfer des Himmels und der Erde,
und an Jesus Christus,
seinen eingeborenen Sohn,
unsern Herrn,
empfangen durch den Heiligen Geist,
geboren von der Jungfrau Maria,
gelitten unter Pontius Pilatus,
gekreuzigt, gestorben und begraben,
hinabgestiegen in das Reich des Todes,
am dritten Tage auferstanden von den Toten,
aufgefahren in den Himmel;
er sitzt zur Rechten Gottes,
des allmächtigen Vaters;
von dort wird er kommen,
zu richten die Lebenden und die Toten.
Ich glaube an den Heiligen Geist,
die heilige katholische Kirche,
Gemeinschaft der Heiligen,
Vergebung der Sünden,
Auferstehung der Toten und das ewige Leben.
Amen.

*G*ebete des Sterbenden

In meiner Todesstunde rufe mich,
zu dir zu kommen heiße mich.

Vater, in deine Hände
lege ich voll Vertrauen meinen Geist.

Herr Jesus, nimm mich zu dir.

Herr, gedenke meiner in deinem Reich.

Herr, ich weiß, daß du mich liebst,
daß mein Sterben genauso in deinen Händen liegt
wie mein Leben.
Ich will glauben, daß alles, so wie es kommt,
in deine Liebe eingeschlossen ist.
So wie du es fügst, wird es gut sein für mich.
Hilf mir, deinen Willen zu verstehen und anzunehmen.
Hilf mir, täglich bereit zu sein, wenn du mich rufst.
Laß mich versöhnt mit dir sterben in der Hoffnung,
daß du mir alles zum Guten wendest.
Herr, dein Wille geschehe.

Allmächtiger Gott,
unergründlich sind deine Geheimnisse
und unerforschlich deine Wege.
Du hast mich erschaffen
und willst mich nun wieder zu dir nehmen.
Alles, was ich bin und habe, lege ich in deine Hände zurück.
Schenk mir deine vergebende Liebe.

222

Hilf mir, daß ich allen vergeben kann.
Nimm hin mein Leben und verwandle es.
Laß mich auferstehn und ewig leben in deiner Herrlichkeit.

Herr Jesus Christus,
du willst mich jetzt ganz zu dir nehmen.
Im Tod werde ich mein Leben nicht verlieren,
nein, du wirst es mir neu und für immer schenken.
Du hast die Macht, mir mein Leben neu zu geben.
Du hast ja selbst den Tod überwunden
und bist auferstanden.
In diesem neuen Leben werde ich keine Trauer,
keinen Schmerz und keine Krankheit mehr kennen.
Jesus Christus, auf dich hoffe ich.

Gebete der Angehörigen

Gebet für verstorbene Eltern

Herr und Gott, du hast uns ins Herz gelegt und geboten,
Vater und Mutter in besonderer Weise zu lieben.
So bitten wir dich inständig,
erbarme dich unserer verstorbenen Eltern;
verzeihe ihnen, was sie gesündigt haben,
und gib, daß wir sie einst in der Freude
der ewigen Verklärung wiedersehen.
Durch Christus unseren Herrn.

Gebet um neue Hoffnung

Herr,
ich verstehe den Tod nicht,
auch nicht beim Anblick eines Toten.
Ich weiß,
auch ich werde sterben
irgendwann
oder demnächst …
Dein Wort verheißt ewiges Leben,
denen, die auf Dich hoffen.
Auch das verstehe ich nicht.
Aber ich möchte hoffen,
ich möchte vertrauen,
ich möchte glauben,
ich möchte leben! –
Herr, Dein Wille geschehe.

Dank für einen Verstorbenen
Wir danken dir, Herr Gott,
für diesen Menschen, der so nahe und kostbar war
und der uns plötzlich entrissen ist aus unserer Welt.
Wir danken dir für alle Freundschaft,
die von ihm ausgegangen,
für allen Frieden, den er gebracht hat;
wir danken dir,
daß er durch sein Leiden Gehorsam gelernt hat,
und daß er bei aller Unvollkommenheit
ein liebenswerter Mensch geworden ist.
Wir bitten dich, Herr, daß wir alle,
die mit ihm verbunden sind, jetzt auch,
gerade wegen seines Todes,
tiefer miteinander verbunden seien.
Und auf Erden mögen wir gemeinsam
in Frieden und Freundschaft
die Wahrheit deiner Verheißung erkennen:
Auch im Tod bist du treu.

**Gebet für einen nahestehenden
Menschen**
Herr, (...) ist tot.
Ich muß es ganz begreifen, was das ist, Herr.
Sein Blick wird mich nie mehr treffen;
seine Hand meine Hand nie mehr halten;
er ist tot; er ist nicht mehr hier.
Du bist die Auferstehung und das Leben.
Wer an dich glaubt, wird leben,
auch wenn er gestorben ist.

Laß ihn aufwachen bei dir, Herr.
Gib ihm das nie verrinnende Leben,
nach dem wir uns sehnen, Herr.
Kann unsere Sehnsucht uns täuschen?
Herr, du hast es versprochen.
Für ihn, der tot ist, erinnere ich dich an dein Wort:
»Wer an mich glaubt, wird leben.«

Gebet für den verstorbenen Ehepartner

Vater, du hast meinen Mann (meine Frau)
zu dir genommen.
Wir sind ein Stück unsres Lebens
miteinander gegangen.
Wir haben vieles miteinander geteilt,
Freud und Leid, frohe und schwere Stunden.
Es war schön,
wenn es auch nicht immer leicht war.
Dafür danke ich dir.
nun hat mein Mann (meine Frau) zuerst das Ziel erreicht.
Ich bleibe allein zurück.
Lohne ihm (ihr) alle Liebe und Treue
mit ewiger Freude;
mir aber gib Kraft zu sagen:
dein Wille geschehe,
auch wenn dein Weg unbegreiflich ist.
Und laß uns im Himmel mit dir vereint sein.
Maria, Trösterin der Betrübten,
bitte für uns.

Gebet für ein verstorbenes Kind
Gott, himmlischer Vater,
du hast unser Kind von uns genommen.
Hilf, daß wir uns in deinen Willen fügen.
Wir übergeben Leib und Seele unseres Kindes
deinen treuen Händen.
Vollende sein junges Leben in deinem Reich.
Schenke uns deinen Trost, und stärke uns im Glauben,
damit wir nicht verzweifeln.
Erfülle uns mit lebendiger Hoffnung
auf die Auferstehung und ein Wiedersehen.
Und laß uns die ewige Herrlichkeit
mit all unseren Kindern erlangen.

*G*ebete großer Persönlichkeiten

Mein himmlischer Vater.
Gott und Vater unseres Herrn Jesus Christus.
Du Gott allen Trostes.
Ich danke dir,
daß du mir deinen lieben Sohn Jesus Christus
geoffenbart hast,
an den ich glaube, den ich geliebt und gelobt habe.
Ich bitte dich, mein Herr Jesus Christus,
laß dir meine Seele befohlen sein.
Himmlischer Vater,
ob ich schon diesen Leib lassen
und aus diesem Leben hinweggerissen werden muß,

so weiß ich doch gewiß,
daß ich bei dir ewig bleiben
und aus deinen Händen mich niemand entreißen kann.
Denn also hat Gott die Welt geliebt,
daß er seinen eingeborenen Sohn dahingab,
damit alle, die an ihn glauben, nicht verlorengehen,
sondern das ewige Leben haben.
Vater, in deine Hände befehle ich meinen Geist.
Du hast mich erlöst, du treuer Gott.

Aus dem Sterbegebet Martin Luthers

Gott, zu dir rufe ich:
In mir ist es finster,
aber bei dir ist das Licht.
Ich bin einsam,
aber du verläßt mich nicht.
Ich bin kleinmütig,
aber bei dir ist die Hilfe.
Ich bin unruhig,
aber bei dir ist der Friede.
In mir ist Bitterkeit,
aber bei dir ist die Geduld.
Ich verstehe deine Wege nicht,
aber du weißt den Weg für mich.

Dietrich Bonhoeffer

Der letzte Dienst: Begleitung des Leichnams

Wenn der Tod eines Menschen eingetreten ist, ergreifen Trauer, Unsicherheit und Hilflosigkeit die Hinterbliebenen. Doch auch in dieser Situation schulden wir den Verstorbenen noch einen letzten Dienst.

AUGEN UND MUND SCHLIESSEN

Den Verstorbenen sollen unmittelbar nach Eintritt des Todes die Augen und der Mund geschlossen werden (eventuell mit einem Tuch, das um den Kopf gebunden wird), bevor die Leichenstarre eintritt. Ist der Mensch tot, sinkt die Körpertemperatur ab. Das Blut gerinnt und die Muskeln werden steif, die sogenannte Totenstarre setzt ein: Nach 24 Stunden im Kopfbereich – hier besonders in den Kaumuskeln – und nach 68 Stunden im ganzen Körper. Bereits 24 Stunden später beginnen sich die Muskeln dann wieder zu lösen.

Während das Schließen der Augen für uns heute ein Akt der Pietät bedeutet, um den Verstorbenen das Aussehen eines friedlich Schlafenden zu geben, tat man dies in früheren Zeiten aus Angst vor dem »bösen Blick«. Behielt der Tote seine Augen offen, fürchtete man, er würde dadurch einen Lebenden nachziehen. Durch das Zudrücken der Augen wollte man dieser Gefahr vorbeugen. Beim Schließen des Mundes standen ähnliche Motive im Hintergrund. Man hatte Sorge, daß die Seele durch den offenen Mund, dem sie entwichen war, zurückkehren und den Toten wieder lebendig machen könnte, um auch andere mit in den Tod zu nehmen.

DEN LEICHNAM WASCHEN UND BEKLEIDEN

Auch das Waschen geschieht heute eher aus hygienischen Gründen. Früher wollte man die Verstorbenen für ein sauberes Erscheinen im Jenseits rüsten und sie gleichzeitig von all den »schmutzigen Kräften« befreien, die ihrer Grabesruhe abträglich werden könnten. Die Angehörigen, meist aber die »Totenfrau« (auch Leichenfrau, Seelenweib, Beterin

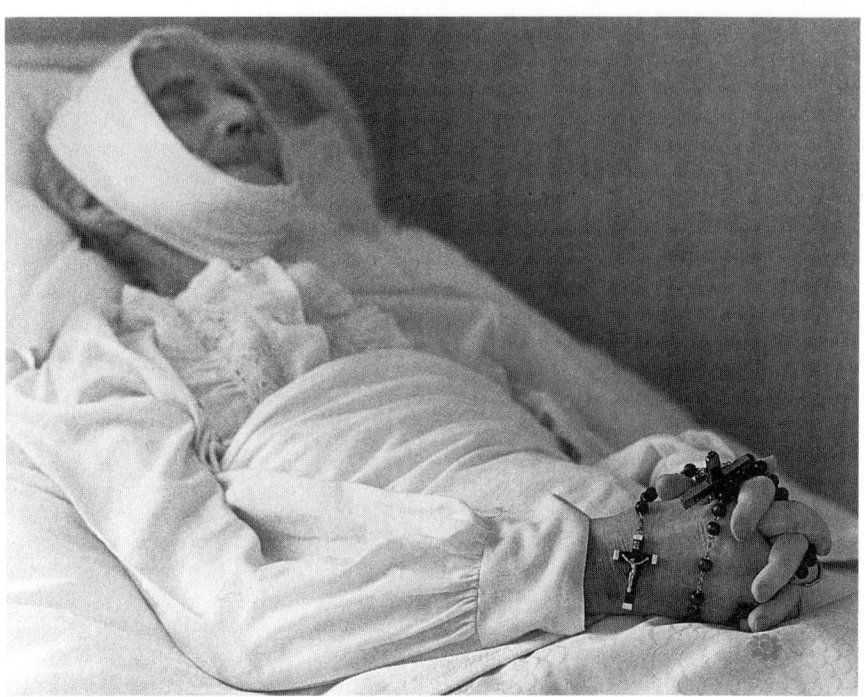

genannt), zogen ihnen jeweils ein festliches Kleid und auch Schuhe an. Die Verstorbenen sollten gut gekleidet sein, wenn sie am Jüngsten Tag bei der Auferstehung vor dem ewigen Richter zu erscheinen hätten.

Heute wird den Verstorbenen meist ein weißes Kleid angezogen. Ein guter Brauch ist es, ihnen ein Kreuz oder einen Rosenkranz in die gefalteten Hände zu legen. Je nach Tradition und Brauchtum werden bis auf den heutigen Tag im Haus bzw. im Zimmer der Verstorbenen entsprechende Vorkehrungen getroffen. So werden zum Beispiel Fenster und Türen geöffnet, um der Seele das Verlassen des Raumes zu ermöglichen. Die Uhr wird angehalten zum Zeichen dafür, daß die Lebenszeit abgelaufen ist. Außerdem konnte früher so die genaue Todesstunde festgehalten werden.

Die Spiegel werden verhangen. Sie galten früher als Symbol der Eitelkeit und als Werkzeug des Teufels oder gar als Sitz des toten Geistes, der auch noch die Lebenden bedrohen konnte. Kerzen, Kreuz und ein Gefäß mit Weihwasser und einem Buchsbaumsträußchen sowie manchmal auch etwas Salz (als Sinnbild der Unverweslichkeit) sollen an die Taufe des Verstorbenen erinnern.

Das Totenhaus war immer von einer großen Stille geprägt. Die Bewohner konnten sich ganz ihrer Trauer hingeben, da alle notwendigen Besorgungen von den Nachbarn erledigt wurden.

DEN HAUSARZT RUFEN

Der Hausarzt muß den Totenschein für die/den Verstorbene(n) ausstellen. Hier wird beglaubigt, daß sie/er eines natürlichen Todes gestorben ist. Ist der Hausarzt nicht erreichbar, kann ein anderer Arzt gerufen werden. Dieser wird nach Erkundigung beim Hausarzt bzw. auf Grund eigener Diagnose den Totenschein ausstellen. Der Totenschein mit der Beglaubigung einer natürlichen Todesursache ist notwendig zur Vorlage beim Standesamt. Das Standesamt füllt daraufhin die Sterbeurkunde aus. Ist die natürliche Todesursache nicht einwandfrei festzustellen, so schaltet sich automatisch die Staatsanwaltschaft ein und veranlaßt eine gerichtliche Obduktion. Dies ist für die Angehörigen meist eine sehr schmerzliche Angelegenheit. Von daher sollte man in jedem Fall über den betreffenden Arzt glaubhaft die natürliche Todesursache bestätigen lassen.

EINEN BESTATTER BESTELLEN

Bald nach dem Tod sollte ein Bestatter mit der Beerdigung beauftragt werden. Er berät und erledigt heute nahezu alle notwendigen Formalitäten zur Vorbereitung und Durchführung der Beerdigung.

DAS GESPRÄCH MIT DEM PFARRER
BZW. DER PFARRERIN FÜHREN

Den Kontakt mit dem Pfarrer bzw. der Pfarrerin sollten die Angehörigen persönlich aufnehmen. Wenn er/sie nicht schon zur Begleitung in der Sterbestunde gerufen wurde, so soll dies möglichst bald nach Eintritt der Todesstunde geschehen. In der Regel wendet man sich an den Pfarrer/die Pfarrerin der Kirchengemeinde, zu der der/die Verstorbene gehörte. Gemeinsam können so Zeitpunkt und Gestaltung der Beerdigungsgottesdienste abgesprochen werden. In manchen katholischen Gemeinden werden diese Gottesdienste inzwischen auch von hauptberuflichen Laienseelsorger/innen wahrgenommen. Alle Seelsorger/innen werden auch bei der Bewältigung der Trauer hilfreich zur Seite stehen.

Wenn keine Beziehung zur Kirche mehr besteht

Brief eines Pfarrers an einen hinterbliebenen Ehemann

Ich weiß, daß Sie und Ihre verstorbene Frau keine regelmäßigen Kontakte mit unserer Kirche gepflegt haben. Sicher hatten Sie dafür ihre Gründe. Vielleicht waren es auch die alltäglichen Dinge des Lebens, die Sie ganz in Beschlag genommen hatten ... Nun aber zwingt Sie der Tod, innezuhalten. Viele Fragen drängen sich auf: Warum mußte sie sterben? Warum soll ich weiterleben? Was hat das Leben denn überhaupt für einen Sinn?

Fragen, auf die wir alle nur schwer eine Antwort finden. Freunde, Kollegen und Nachbarn zucken vielleicht auch nur hilflos ihre Schultern.

Mich selber hat ein Ereignis sehr beeindruckt, von dem die Schauspielerin und Schriftstellerin Hildegard Knef in ihrem Buch »Das Urteil« berichtet. Sie hat selber zahlreiche Operationen durchgemacht und wurde schließlich zusammen mit ihrer siebenjährigen Tochter von einem befreundeten Priester eingeladen, sich in seinem dörflichen Pfarrhaus zu erholen. Schon bald ließ sich die »verwilderte Protestantin« überreden, an einer Abendmesse teilzunehmen. Während die Gemeinde das Vaterunser sprach, kam ihr unwillkürlich der Gedanke: »Wann habe ich es zum letzten Mal gehört – wann gesprochen – nicht einmal den Text kann ich mehr ...«

Auf dem Weg zum Pfarrhaus fragt sie den gläubigen, wenn auch eigenwilligen und kritischen Priester: »Was sagst Du, wenn ein Kind stirbt? Was sagst Du den Eltern?« Der Priester: »Ein Fünfjähriger starb vor zwei Wochen. Ich will euch sagen, warum ich ein Christ bin – habe ich gesagt –, weil die Welt unglaublich geschwätzig ist, laut und vorlaut, solange alles gutgeht. Nur wenn jemand stirbt, dann wird sie verlegen, dann weiß sie nichts mehr zu sagen. Genau an dem Punkt, wo die Welt schweigt, richtet die Kirche eine Botschaft aus. Ich liebe die Kirche um dieser Botschaft willen. Ich liebe sie, weil sie im Gelächter einer arroganten Welt sagt, daß der Mensch ein Ziel hat, weil sie dort ihren Mund aufmacht, wo alle anderen nur die Achseln zucken.«

Im Namen eben dieser Kirche möchte ich Sie einladen, gerade auch in diesen Tagen die Botschaft der Hoffnung und des Trostes im Gottesdienst und im Gebet wahrzunehmen. Auch wenn Sie bisher keinen oder wenig Kontakt zu Ihrer Gemeinde hatten, als Seelsorger werde ich gern mit Ihnen den Weg der Trauer und des Abschieds gehen. Wir können gemeinsam überlegen, wie wir den Gottesdienst zur Bestattung gestalten. Vielleicht hilft auch Ihnen die Botschaft des Evangeliums, Ihre drängenden Fragen besser auszuhalten, um nicht in Trostlosigkeit zu versinken. Gott sagt: »Es wird ein Leben geben. Die Verstorbenen werden es gut haben!« Darauf dürfen wir uns verlassen.

Ihr Pfarrer D.

WENN DER/DIE VERSTORBENE einer anderen Konfession angehört als die Hinterbliebenen
Zunächst ist der/die Seelsorger(in) der Gemeinde zuständig, zu der der/die Verstorbene gehörte. Hatte diese(r) jedoch keinen Kontakt mit der Kirchengemeinde, so können die Angehörigen auch den/die Seelsorger(in) ihrer eigenen Konfession um die Gestaltung des Beerdigungsgottesdienstes bitten. Dies wird vor allem dann sinnvoll sein, wenn die Angehörigen praktizierende Christen ihrer Kirchengemeinde sind.

Wichtige Benachrichtigungen

STANDESAMT

Der Todesfall muß unverzüglich dem Standesamt gemeldet werden. Zuständig ist das Standesamt des Ortes, an dem der Tod eingetreten ist.

Zur Anzeige ist (nach dieser Reihenfolge) verpflichtet:
- das Familienoberhaupt,
- diejenigen, die beim Eintritt des Todes zugegen waren oder davon Kenntnis hatten,
- diejenigen, in deren Wohnung sich der Sterbefall ereignete.

Folgende Unterlagen werden benötigt:
- Totenschein (Bescheinigung des Arztes über den Tod und die Todesursache),
- Geburtsurkunde,
- Familienstammbuch oder Heiratsurkunde,
- Personalausweis.

Weiterhin sind anzugeben:
- Zuname und Vorname,
- Ort und Stunde des Todes,
- Name des überlebenden Ehegatten,
- hinterlassene Kinder.

Das Standesamt erstellt daraufhin die Sterbeurkunde. Es ist zweckmäßig, die Ausstellung mehrerer (vier bis fünf) Urkunden zu beantragen.

KRANKENKASSE

War der Verstorbene Mitglied in einer gesetzlichen Krankenversicherung, erhalten die Angehörigen ein Sterbegeld. Es beträgt zur Zeit für den Versicherten selbst 2100 DM, für mitversicherte Angehörige 1050 DM.

> WICHTIG: Infolge des Todesfalles endet die Mitgliedschaft in der Krankenkasse. Der Anspruch der Hinterbliebenen auf Familienhilfeleistungen ist jedoch noch bis zu 3 Wochen nach dem Tod der Versicherten gegeben. Zur Fortsetzung des Versicherungsschutzes müssen sich die Angehörigen sofort mit der Krankenkasse in Verbindung setzen.

– Beim *Rentenversicherungsträger* muß die Hinterbliebenenrente beantragt werden. Dabei sind Sterbe- und Heiratsurkunde vorzulegen.

– Bei bestehenden *Lebensversicherungen* sind die Versicherungsgesellschaften zu benachrichtigen. Versicherungsscheine und Sterbeurkunden sind beizulegen.

– Das *Nachlaßgericht* ist zu verständigen, wenn der Verstorbene ein Testament hinterlassen hat. Die Öffnung des Testaments erfolgt dort.

– Hat der Verstorbene Bezüge vom *Versorgungsamt* erhalten, so muß dieses Amt vom Tod benachrichtigt werden. Weiterhin:

– Die *Versicherungsgesellschaften* aller bestehenden Versicherungen. Mit dem Todesfall wird die Versicherung fristlos gekündigt.

– Der *Vermieter*. Falls gewünscht und möglich, muß sofort gekündigt werden.

– Die entsprechenden *Geldinstitute.*

– Die entsprechenden Partner bei allen laufenden Verpflichtungen, wie z.B. Darlehensverträgen.

– Das zuständige *Postamt bzw. Fernmeldeamt.*

239

Ansage des Todes – Todesanzeigen

Noch heute geschieht in manchen Gegenden die Bekanntgabe des Todes durch Nachbarn (Not-Nachbar), Verwandte oder eigene Leichenbitter/innen, die mit der Benachrichtigung auch die Einladung zum Begräbnis verbinden. Früher übernahmen mancherorts auch der Küster, die Totengräber oder eine angeworbene, meist arme ältere Frau die Rundsage, die nach festen Formen zu geschehen hatte. Das »Totenansagen« zählte einst auch zu den vornehmsten Pflichten der Gilden und Bruderschaften.

Später kamen schriftliche Totenzettel hinzu. Viele Kirchen besaßen für das Haus-, Heim- oder Überläuten – wie das Totenläuten auch genannt wurde – eine besondere Glocke. Je nachdem, ob ein Mann, eine Frau oder ein Kind gestorben war, wurde die Glocke verschieden angeschlagen. Ein solches Läuten bedeutete: Kundgabe des Todes, Aufforderung zum Gebet, Ehrung des Verstorbenen, Abwehr der Dämonen und das Hinüberleiten der Seelen.

TODESANZEIGEN

In der Regel wird der Tod eines/einer Verstorbenen in persönlichen *Anzeigen* den Angehörigen, Freunden und Bekannten mitgeteilt. Darüber hinaus kann eine Veröffentlichung in den örtlichen Zeitungen erfolgen. Wenn anstelle von Blumen und Kränzen eine Spende für einen besonderen Zweck erbeten wird, sollte dies bereits in der Todesanzeige bekanntgegeben werden.

Totenbilder, die im Gottesdienst oder bei der Beerdigung verteilt werden, dienen dem Gedenken des/der Verstorbenen. Christen werden bei der Auswahl der Texte und Symbole ihren Glauben an die Auferstehung und ihre Hoffnung auf ein Wiedersehen mit dem/der Verstorbenen zum Ausdruck bringen wollen. Die folgende Sammlung von Worten der Heiligen Schrift, aus der Liturgie sowie bekannter Persönlichkeiten kann bei der Auswahl behilflich sein.

Aus der Heiligen Schrift

In deine Hände
leg' ich voll Vertrauen meinen Geist. (Psalm 31,6)

Mein Gott, auf dich vertraue ich. (Psalm 25,1)

Ich habe dich beim Namen gerufen,
du gehörst mir. (Jesaja 43,1)

Dein Reich komme. (Matthäus 6,10)

Gott ist nicht der Gott der Toten,
sondern der Gott der Lebenden. (Matthäus 22,32)

Kommt her, die ihr von meinem Vater gesegnet seid,
nehmt das Reich in Besitz, das am Anfang der Welt
für euch geschaffen worden ist! (Matthäus 25,34)

Ich sage euch:
Wer glaubt, hat das ewige Leben. (Johannes 6,47)

Ich bin gekommen,
damit sie das Leben haben und es in Fülle haben.
(Johannes 10,10)

Ich bin die Auferstehung und das Leben:
Wer an mich glaubt, wird leben,
auch wenn er stirbt. (Johannes 11,25)

Wenn das Weizenkorn nicht in die Erde fällt und stirbt,
bleibt es allein;
wenn es aber stirbt,
bringt es reiche Frucht. (Johannes 12,24)

Denn ich bin überzeugt,
daß die Leiden dieser Zeit nichts bedeuten
im Vergleich zu der Herrlichkeit,
die an uns offenbar werden soll. (Römer 8,18)

Was kein Auge gesehen und kein Ohr gehört hat,
was keinem Menschen in den Sinn gekommen ist:
wie Großes Gott denen bereitet hat, die ihn lieben.
(1 Korinther 2,9)

Nun steht aber fest,
daß Christus von den Toten auferweckt worden ist,
der Erste der Entschlafenen. (1 Korinther 15,20)

Leben wir, so leben wir im Herrn,
sterben wir, so sterben wir im Herrn,
ob wir leben oder ob wir sterben,
wir gehören dem Herrn (Römer 14,8)

Wenn Christus, unser Leben, offenbar wird,
dann werdet auch ihr mit ihm offenbar werden
in Herrlichkeit. (Kolosser 3,4)

Wir wollen euch über die Verstorbenen
nicht in Unkenntnis lassen, damit ihr nicht trauert
wie die anderen, die keine Hoffnung haben.
Wenn Jesus – was wir glauben – gestorben
und auferstanden ist,
dann wird Gott auch um Jesu willen
die Verstorbenen mit ihm vereinen. (1 Thessaloniker 4,13f)

Das Wort ist wahr:
Wenn wir mit Christus gestorben sind,
werden wir auch mit ihm leben. (2 Timotheus 2,11)

Es wird jede Träne aus ihren Augen wischen:
Der Tod wird nicht mehr sein,
nicht Trauer noch Klage, noch Mühsal.
Denn die alte Welt ist vergangen. (Offenbarung 21,4)

Aus der Liturgie

Der Herr ist auferstanden,
er ist wahrhaft auferstanden. Halleluja. (Ostersonntag)

Deinen Gläubigen, o Herr, wird das Leben gewandelt,
nicht genommen. (Totenliturgie)

Jesus Christus ist für uns alle gestorben,
damit wir in Ewigkeit leben. (Totenliturgie)

Christus ist das Heil der Welt
und das Leben der Menschen
und die Auferstehung der Toten. (Totenliturgie)

Aus Liebe zu uns hat er erduldet das Kreuz,
durch den Tod vernichtet den Tod.
Deine Auferstehung, Christus, hat erhellt die ganze Welt.
Ehre sei dir! (Aus der byzantinischen Liturgie)

Worte bekannter Persönlichkeiten

Von guten Mächten wunderbar geborgen,
erwarten wir getrost, was kommen mag.
Gott ist bei uns am Abend und am Morgen
und ganz gewiß an jedem neuen Tag.
Dietrich Bonhoeffer

Aus dem Leben ist er zwar geschieden,
aber nicht aus unserem Leben;
denn wie vermöchten wir ihn tot zu wähnen,
der so lebendig unserem Herzen innewohnt.
Augustinus

Wer stirbt, erwacht zum ewigen Leben.
Franz von Assisi

Unruhig ist unser Herz,
o Gott, bis es ruht in dir.
Augustinus

Wer Ostern kennt, kann nie verzweifeln.
Dietrich Bonhoeffer

Die Zeit, Gott zu suchen, ist dieses Leben.
Die Zeit, ihn zu finden, ist der Tod.
Die Zeit, ihn zu besitzen, ist die Ewigkeit.
Franz von Sales

In meinem Anfang ist mein Ende,
in meinem Ende ist mein Anfang.
Thomas S. Eliot

Unsere Toten gehören zu den Unsichtbaren,
aber nicht zu den Abwesenden.
Papst Johannes XXIII.

Symbole auf Anzeigen und Grabsteinen

Die christliche Hoffnung kann auch durch Symbole zum Ausdruck gebracht werden. Diese sprechen manchmal für sich. Andere aber müssen erst gedeutet werden durch einen Text, da sie sonst vieldeutig bleiben.

Ähre, für sich genommen, keineswegs ein Zeichen der Auferstehung. In Verbindung mit dem Schriftwort: »Was gesät wird, ist verweslich, was auferweckt wird, unverweslich« (1 Korinther 15,42), kann sie das Wort der Schrift illustrieren.

Das *Kreuz* kann als Lebenszeichen in der Gestalt des Lebensbaumes, des Radkreuzes (Kreuz in der Sonne, die Leben und Fruchtbarkeit darstellt), des Henkelkreuzes und des Ankerkreuzes (Zeichen der Hoffnung) dargestellt werden. Deutende Texte finden sich für das Kreuz in der Heiligen Schrift.

Die *Hand* als Zeichen des Schöpfers und Vollenders ist leicht verständlich. Dieses Zeichen ist in der Bildersprache der Schrift begründet, die besonders in den Psalmen oft von der Rechten Gottes spricht. Ein deutender Text ist z.B.: »Die Rechte des Herrn wirkt mit Macht. Ich werde nicht sterben, sondern leben« (Psalm 118,16 f.).

Der *Kranz* entstammt als Symbol ebenfalls der biblischen Welt und gilt als Zeichen des Sieges. Textbeispiel: »Sei treu bis in den Tod; dann werde ich dir den Kranz des Lebens geben« (Offenbarung 2,10); »Glücklich der Mann, der in der Versuchung standhält. Denn wenn er sich bewährt, wird er den Kranz des Lebens erhalten, der denen verheißen ist, die Gott lieben« (Jakobus 1,12).

Das *Lamm* als Zeichen Christi, der sich geopfert hat, ist ein Bild für den erhöhten Herrn, der seinem Volk Anteil an seiner Herrlichkeit gewährt (Offenbarung 5,9 f.; 7,17).

Der gute *Hirt,* der sein Leben hingibt für seine Herde, kann als Auferstehungsmotiv Verwendung finden (Johannes 10,11-18).

Das *Licht* (z.B. Jesaja 60,19; Psalm 27,1; Johannes 8,12; Matthäus 25,1-13) ist ein Christussymbol, das keiner Erläuterung bedarf; ebenso die Sonne, die bei den Kirchenvätern in hohem Ansehen als Christussymbol stand.

Kranzschleifen – Grabinschriften

Auf der Kranzschleife muß in aller Kürze das Wesentliche zum Ausdruck gebracht werden. Auf der linken Seite kann beispielsweise stehen: In Dankbarkeit –. In Liebe –. Verbunden über das Grab hinaus –. Christ soll unser Trost sein –. Lebe in Christus –. Herr, schenke ewige Freude –. Im Glauben an das ewige Leben ...
Es eignen sich auch kurze Texte aus der Heiligen Schrift.
Auf der rechten Seite kann ganz einfach stehen:
Deine Familie; Dein Mann; Deine Frau; Deine Kinder; Deine Geschwister; Deine Arbeitskollegen ...
Die Farbe der Kranzschleife muß nicht unbedingt schwarz sein. Die Hoffnung kommt eher zum Ausdruck in den Farben weiß, dunkelrot, grün, violett.

GRABINSCHRIFTEN

Hier gibt es inzwischen viele Vorschriften, die die einzelnen Gemeinden bzw. Städte für die Gestaltung der Grabsteine erlassen haben. Die Zahl der christlichen Friedhöfe nimmt mehr und mehr ab. Von daher ist es nicht immer leicht, die Gestaltung des Grabsteins selber zum Zeugnis des Auferstehungsglaubens werden zu lassen.

Totenaufbahrung – Totenwache

Vor allem in städtischen Gebieten sind die Aufbahrung und der gute Brauch der Totenwache weitgehend verschwunden. Viele sind sogar der Überzeugung, der Leichnam müsse möglichst bald aus hygienischen Gründen aus dem Haus gebracht werden. Dies trifft jedoch nicht zu. Zwar besteht in der Bundesrepublik eine Bestattungspflicht, doch falls entsprechende Räumlichkeiten vorhanden sind, kann der Verstorbene noch mindestens 24 Stunden in der Wohnung bleiben. Es liegt bei den Angehörigen, ob sie dies wollen. Als weitere Möglichkeit bieten manche Bestattungsunternehmen auch schon eine Aufbahrung in ihren eigenen

Räumen an. Hier können dann auch die Angehörigen sich versammeln und von dem Verstorbenen Abschied nehmen.

In vielen – vor allem ländlichen – Gebieten gibt es jedoch noch heute häusliche Formen der Aufbewahrung und der Totenwache. Wo dies eben möglich ist, sollte dieser Brauch gepflegt und erneuert werden.

Der Tod eines Bauern in Westfalen um 1900

Ein alter Bauer, der außerhalb des Dorfes mit seiner Familie und seinen Bediensteten im ererbten Bauernhaus lebte und krank danieder lag, war in der Nacht gestorben.

Gleich hatte der »Nächste Nachbar« von dem Tode Nachricht bekommen, und er sagte das »Ausleichen« bei den übrigen Nachbarn an. Zur bestimmten Stunde erschienen die Nachbarsfrauen im Sterbehaus. Beim Eintreten in die große Küche knieten sie mit den Anverwandten zum stillen Gebet nieder. Der »Nächste Nachbar« hatte unterdessen das Totenkleid aus dem Dorf geholt und den Schreiner bestellt, daß er gleich den schweren eichenen Sarg anfertige.

Nachdem alle Nachbarsfrauen versammelt waren, wurde der Tote gewaschen und ausgekleidet.

Der »Nächste Nachbar« saß unterdessen bei den Anverwandten und ließ sich die Namen derjenigen Leute angeben, die zur Beerdigung geladen werden sollten. Die Namen wurden nach Bauerschaften auf Zettel geschrieben. Am Abend, wenn die Männer und Frauen der Nachbarschaft zum Beten des Rosenkranzes erschienen, wurden die Zettel von den einzelnen aus der Hand des »Nächsten Nachbarn« gezogen, und daraufhin ging die »Bauernsprache« um, welche nach den Zetteln Tag und Stunde des Begräbnisses angab. Niemand durfte es wagen, die Bauernsprache stehenzulassen. Er würde sich als unwürdiger Nachbar erweisen und die Verachtung der ganzen Nachbarschaft zugezogen haben.

Solange die Leiche »über Erden« stand, kamen die Nachbarn des Abends zum Gebet. Am Vorabend des Begräbnisses aber versammelten sich die Männer der Nachbarschaft, um den toten Bauern in den Sarg zu legen. Ein Öllämpchen, in einem Wasserglas fertiggemacht, gab das Trauerlicht. Die Nachbarstöchter hatten einen großen Kranz aus Tannengrün und Buchsbaum gebunden. Sie trugen ihn in die Totenkammer und legten ihn zu Füßen des Verstorbenen. Unten in der Stube wurde für den Beerdi-

gungstag noch einmal alles besprochen und dabei ein Glas Branntwein oder Anisschnaps getrunken. Der Bauer wurde am folgenden Morgen zu Grabe getragen. Aus jeder geladenen Familie war eine Person erschienen. Hier sah man viele Männer, denn so war es Brauch, daß beim Tode einer Frau die Frauen und beim Tode des Mannes die Männer dem Toten das letzte Geleit gaben.

Der »Nächste Nachbar« war auch hier wieder Ordner des Trauerzuges. Auf dem Hofe stand der Leiterwagen mit zwei Pferden bereit. Das Pferdegeschirr war mit schwarzen Trauerschleifen geschmückt. Die Nachbarn holten den Sarg aus der Totenkammer und setzten ihn noch einmal mitten auf der großen Tenne unter der Getreideluke nieder. Alle beugten die Knie und ein Nachbar betete laut für die Seelenruhe des Verstorbenen. Nun wurde der Sarg auf den Bauernwagen gehoben, und die Kränze der Angehörigen und Bekannten bedeckten den Sarg. Vorn auf dem Wagen aber lag der große Kranz der Nachbarn auf dem Ehrenplatz.

Ein hölzernes Kreuz mit Namen des Verstorbenen – welches später als Grabzeichen diente – wurde dem Leichenkondukt vorangetragen. Nach der Beerdigung, die auf dem die Dorfkirche umgebenden Kirchhof unter Assistenz des Pfarrers vorgenommen worden war, ging die gesamte Trauergemeinde in die Kirche zur gemeinsamen Meßfeier.

Während der Messe wurde noch einmal in besonderer Weise der Seelenruhe des Verstorbenen durch die gemeinsam gesprochenen Fürbittgebete gedacht. Nach Beendigung aller Bestattungsfeierlichkeiten trank man in einer Wirtschaft Kaffee, zu dem Zwieback, der mit Zucker bestreut und in dem Anis eingebacken war, gegessen wurde. Die Männer im schwarzen Anzug – manche hatten noch Sackkittel darüber gezogen – saßen noch bis zum späten Nachmittag und tranken Branntwein. Sie nannten diese Sitte das »Fellversaufen«. Die Anverwandten gingen nach Hause zurück und nahmen dort den Leichenschmaus ein, den die Nachbarsfrauen bereitet hatten.

Nicht alles von den alten Totenbräuchen ist erhaltenswert. Manches jedoch könnte uns auch heute helfen, mit Tod und Trauer besser zu leben. Die Mittrauer der Angehörigen und der Nachbarschaft, die Gestaltung der Zeit zwischen Tod und Beerdigung bewahren vor trostloser und einsamer Trauer. Sie helfen dabei, vor allem die ersten Phasen der Trauer zu bewältigen.

Die Hilfe der Nachbarschaft

Wo heute noch Aussicht besteht, die Nachbarschaftshilfe lebendig zu halten oder neu ins Leben zu rufen, können die Nachbarn bei einem Todesfall verschiedene Dienste übernehmen.

In einer dörflichen Kirchengemeinde wurde folgendes Merkblatt dazu erstellt:

Hinweise für die Nachbarschaftshilfe bei einem Todesfall

Wenn der Herr über Leben und Tod ein Glied aus unserer Pfarrgemeinde heimruft, trägt die Nachbarschaft Sorge dafür, daß der Heimgang eines Mitchristen oder einer Mitchristin in würdiger Weise gestaltet werden kann. Was ist dabei zu beachten? Die wichtigsten Punkte werden in folgendem genannt:

1 Der »erste Nachbar« ruft die ganze Nachbarschaft in den Tagen zwischen Tod und Beisetzung zum fürbittenden **Gebet** für die (den) Verstorbene(n) zusammen. Dies sollte wenigstens einmal geschehen, am besten an einem Abend in der Kirche.

2 Der »erste Nachbar« sorgt nach Rücksprache mit den übrigen Nachbarn dafür, daß eine gute Feier der Totenmesse, eine geordnete Prozession zum Friedhof und eine würdige Beisetzung möglich werden. Näheres in den folgenden Punkten.

3 Die Nachbarschaft überlegt, wer in der Totenmesse das Amt des **Lektors** und den **Ministrantendienst** (3 Ministranten) übernehmen kann. Sie informiert – spätestens am Tage vor der Beerdigung – den Pfarrer über das Ergebnis ihrer Bemühungen.

4 Der »erste Nachbar« überlegt mit den Männern der Nachbarschaft, wer als **Träger** in Frage kommt. Er trifft entsprechende Absprachen. Dabei ist es möglich, daß der Lektor, der seinen Dienst bei der Feier der

250

Totenmesse ausübt, zugleich als Träger eingeteilt werden kann. Der Lektor kann auch auf dem Weg zum Friedhof das Prozessionskreuz tragen. In diesem Fall genügen 2 Ministranten. (Es können natürlich auch 4 sein.)

5 Rechtzeitig vor der Beerdigung sollte sich der zuständige Nachbar darüber informieren, ob mit dem **Friedhofswagen** alles in Ordnung ist. Die Träger holen den Friedhofswagen und bringen ihn **vor der Totenmesse zum Kirchplatz.**
Zur Einsegnung (vor dem Kreuz der Gedenkstätte) wird der mit dem Auto herangebrachte Sarg auf den Friedhofswagen gestellt. Mit dem Friedhofswagen wird der Sarg bis in die Nähe des Grabes gefahren. Kränze müssen getragen oder mit dem Auto zum Friedhof gebracht werden. Während der Beerdigung mögen die Träger am Grab stehen bleiben, nicht inzwischen bereits Kränze herbeiholen. Zwei Träger bringen den Friedhofswagen nach der Beisetzung zurück.

6 Auf dem Weg zum Friedhof betet die Nachbarschaft den **glorreichen Rosenkranz** vor. Mitunter ist es notwendig, daß sowohl in den Reihen vor dem Sarg als auch in den Reihen hinter dem Sarg vorgebetet wird.

7 Vor Beginn der Totenmesse muß der »erste Nachbar« zusammen mit einem anderen Glied der Nachbarschaft dafür sorgen, daß die Voraussetzungen für eine gute Meßfeier der Totenmesse gegeben sind. Vor allem sollte man zu erreichen versuchen, daß alle, die die Totenmesse mitfeiern, **unmittelbar hinter den Angehörigen** vorn in den ersten Bänken Platz nehmen.

8 Die Totenmesse endet mit dem Schlußgebet. Der sonst übliche Abschluß der Meßfeier entfällt, weil die gottesdienstliche Handlung mit der Einsegnung und der Prozession zum Friedhof fortgesetzt wird.

9 Nach dem Schlußlied der Meßfeier versammeln wir uns in geschlossenem Kreis um den Sarg, um die Einsegnung zu vollziehen. Die Nachbarn machen die Teilnehmer bitte freundlich darauf aufmerksam, daß nach der Meßfeier sofort die Einsegnung folgt. Es darf dabei nicht gesprochen und erst recht nicht geraucht werden.

10 Über die Ordnung beim Geleit zum Friedhof muß die Nachbarschaft informiert sein. Gäste und übrige Gemeindemitglieder werden für entsprechende dezente Hinweise der Ordner dankbar sein. Zum Gebet bei der Prozession zum Friedhof vgl. oben Nr. 6.

11 Auf dem Friedhof möge die Nachbarschaft dafür sorgen, daß sich die Teilnehmer möglichst geschlossen im Kreis um die Grabstätte einfinden, damit bei jeder Witterung die Beerdigungsliturgie möglichst gut vollzogen und mitvollzogen werden kann.

In den Tagen und Stunden, die eine Familie beim Heimgang eines Angehörigen zu bestehen hat, erfüllt die Nachbarschaft einen höchst bedeutsamen Dienst im Leben der Kirchengemeinde. Wir sollten in unserer Gemeinde die guten Möglichkeiten der alten und neuen Nachbarschaften bewußt erhalten und Wertvolles nicht leichtfertig preisgeben.

Gebet im Haus des Verstorbenen

Wo möglich, sollten sich die Angehörigen und Freunde auch zum gemeinsamen Gebet im Hause des Verstorbenen oder an einem Abend vor der Beerdigung in der Kirche versammeln. Hier könnte etwa ein kurzer Wortgottesdienst gehalten werden.

KURZER WORTGOTTESDIENST

ERÖFFNUNG

V.: Im Namen des Vaters und des Sohnes und des Heiligen Geistes.

A.: Amen.

V.: Wir wollen in dieser Stunde des Verstorbenen (der Verstorbenen) gedenken, den (die) Gott aus unserer Mitte zu sich gerufen hat. Für ihn (sie) geht der Glaube über in das Schauen, und die Hoffnung findet ihre endgültige Erfüllung. Er (sie) betritt die ewige Wohnung, die Christus uns im Vaterhaus Gottes bereitet hat. Laßt uns noch einmal die Botschaft hören, auf die wir unser Vertrauen setzen.

Aus dem Evangelium nach Johannes (Johannes 14,1-6):
Jesus sagte zu seinen Jüngern: Euer Herz sei ohne Angst! Glaubt an Gott und glaubt an mich! Im Haus meines Vaters sind viele Wohnungen. Wenn es nicht so wäre, hätte ich euch dann gesagt: Ich gehe hin, um euch einen Platz zu bereiten? Wenn ich hingegangen bin und euch einen Platz bereitet habe, komme ich wieder und werde euch zu mir holen, damit auch ihr dort seid, wo ich bin. Ihr kennt den Weg, wohin ich gehe. Thomas sagte zu ihm: Herr, wir wissen nicht, wohin du gehst; wie sollen wir den Weg kennen? Jesus sprach zu ihm: Ich bin der Weg und die Wahrheit und das Leben; niemand kommt zum Vater außer durch mich.

– Kurze Stille –

V.: Wir beten im Vertrauen auf Gottes Hilfe und Schutz.

PSALMENGEBET

Kehrvers:

Vertraut auf den Herrn, er ist Hilfe und Schild.
(Alle wiederholen den Kehrvers.
Der Kehrvers kann auch nach jeweils zwei Psalmversen eingefügt werden.)

Psalm 121,1-8:

Ich hebe meine Augen auf zu den Bergen:
Woher kommt mir Hilfe?

Meine Hilfe kommt vom Herrn,
der Himmel und Erde gemacht hat.

Er läßt deinen Fuß nicht wanken;
er, der dich behütet, schläft nicht.

Nein, der Hüter Israels
schläft und schlummert nicht.

Der Herr ist dein Hüter, der Herr gibt dir Schatten;
er steht dir zur Seite.

Bei Tag wird dir die Sonne nicht schaden
noch der Mond in der Nacht.

Der Herr behüte dich vor allem Bösen,
er behüte dein Leben.

Der Herr behüte dich,
wenn du fortgehst und wiederkommst,
von nun an bis in Ewigkeit.

GEBET

V.: Laßt uns beten:
Herr, unser Gott, wir empfehlen dir unseren Bruder (unsere
Schwester) N. In den Augen der Welt ist er (sie) tot. Laß ihn (sie)
leben bei dir. Und was er (sie) aus menschlicher Schwäche gefehlt
hat, das tilge du in deinem Erbarmen.
Durch Christus, unsern Herrn.

A.: Amen.

V.: Heiliger Herr, allmächtiger Vater, ewiger Gott, in deinem Sohne
Jesus Christus leuchtet uns die Hoffnung der Auferstehung. Wohl
drückt das Todeslos uns nieder. Doch die Verheißung künftiger
Unsterblichkeit richtet uns auf. Deinen Gläubigen, Herr, kann das
Leben nicht genommen werden, es wird neu gestaltet. Wenn die
Herberge irdischer Pilgerschaft zerfällt, steht uns im Himmel eine
ewige Heimat bereit.
Diese Hoffnung, o Gott, mache in unseren Herzen lebendig, und
laß sie unser Trost sein in der Trauer. Bereite uns durch deinen
Heiligen Geist für jenen großen Tag der Herrlichkeit, da du alle
Toten auferwecken wirst. Hilf, daß wir vor deinem Angesicht
bestehen können und mit allen, die uns vorangegangen sind, dich
schauen dürfen. Durch Christus, unseren Herrn.

A.: Amen.

A.: Sei ihnen gnädig – verschone sie, o Herr.
Sei ihnen gnädig – erhöre sie, o Herr.
Von den Leiden ihrer Läuterung – erlöse sie, o Herr.
Von aller Schuld und Strafe
Durch den Reichtum deiner Liebe
Durch die Geburt deines Sohnes
Durch seine Taufe und sein heiliges Fasten
Durch seine Angst und Not am Ölberg
Durch seine grausame Geißelung
Durch seine schmachvolle Krönung
Durch seinen schmerzlichen Kreuzweg
Durch seine heiligen Wunden
Durch seinen bitteren Tod
Durch seine glorreiche Auferstehung und Himmelfahrt
Durch die Sendung des Heiligen Geistes
Wir armen Sünder – wir bitten dich, erhöre uns.
Schenke allen Toten deinen Frieden
Führe sie zur Anschauung deiner Herrlichkeit
Rufe sie zum Gastmahl des ewigen Lebens
Erbarme dich jener, an die niemand denkt
Erlöse alle, an deren Sünden wir mitschuldig sind
Laß unsere verstorbenen Eltern,
Verwandten und Freunde
bei dir ewige Heimat finden
Führe unsere verstorbenen Seelsorger und Wohltäter
in dein ewiges Licht
Nimm die Verstorbenen unserer Gemeinde
auf in dein himmlisches Reich
Gib den Opfern der Unfälle, Katastrophen
und Kriege das ewige Heil
Laß alle auferstehen zur Herrlichkeit

Lamm Gottes, du nimmst hinweg die Sünde der Welt.
A.: Erbarme dich unser.

Lamm Gottes, du nimmst hinweg die Sünde der Welt.
A.: Erbarme dich unser.

Lamm Gottes, du nimmst hinweg die Sünde der Welt.
A.: Gib uns deinen Frieden.

V.: Lasset uns beten:
Himmlischer Vater, wir empfehlen alle Verstorbenen deiner Barmherzigkeit. Schenke ihnen Nachlaß aller Schuld und Strafe. Vollende, was du in ihnen begonnen hast, und führe sie in das Reich
des Lichtes und des Friedens.
Durch Christus, unsern Herrn.
A.: Amen.

FÜRBITTEN

Statt der Litanei können Fürbitten gebetet werden.

V.: Lasset uns beten für unseren verstorbenen Bruder (unsere verstor-
bene Schwester) N. Vater im Himmel, nimm ihn (sie) auf in deinen
Frieden.
A.: Wir bitten dich, erhöre uns.

V.: Laß alles Gute seines (ihres) Lebens Frucht bringen.
A.: Wir bitten dich, erhöre uns.

V.: Vergib ihm (ihr), was er (sie) in seinem (ihrem) Leben gefehlt hat.
A.: Wir bitten dich, erhöre uns.

V.: Tröste die Angehörigen des (der) Verstorbenen.
A.: Wir bitten dich, erhöre uns.

V.: Nimm alle Menschen, die heute sterben, in dein Reich auf.
A.: Wir bitten dich, erhöre uns.

ROSENKRANZ

Ein guter Brauch ist auch das gemeinsame Rosenkranzgebet.

AUS DEN FÜNF GESÄTZEN DES ROSENKRANZES

Zur Besinnung:
Jesus wird mit Nägeln ans Kreuz geschlagen: Er breitet seine Arme nach
uns aus. Jesus hängt einsam zwischen Himmel und Erde: Er nimmt unsere

256

Gottverlassenheit auf sich. Jesus wird gerichtet wie ein Verbrecher: Er sühnt unsere Schuld. Jesus erleidet den bitteren Tod: Er schließt uns das Tor zum Leben auf.

Jesus, der für uns gekreuzigt worden ist

Zur Besinnung:
Jesus steigt hinab in das Reich des Todes. Er zerbricht die Pforten der Unterwelt. Er geht herrlich aus dem Grab hervor. Er bringt seinen Jüngern den Frieden. Das Herzstück des Friedens ist die Vergebung der Sünden. Sie bleibt sein kostbares Ostergeschenk an uns.

Jesus, der von den Toten auferstanden ist

Zur Besinnung:
Jesus ist Herr über Himmel und Erde. Seine Herrlichkeit hat kein Auge geschaut und kein Ohr gehört. Er hebt seine Hände für uns auf zum Vater. Er beugt sich vom Himmel über uns herab. Er öffnet uns den Weg zum Vater und ist dabei, uns eine ewige Wohnung zu bereiten.

Jesus, der in den Himmel aufgefahren ist

Zur Besinnung:
Jesus holt seine Mutter Maria aus dem Tod ins Leben. Er läßt sie allen Erlösten vorangehen. Er macht sie zum leuchtenden Stern über dem Meer unserer Zeiten. Er stelle sie uns vor als strahlendes Bild unserer Vollendung.

Jesus, der dich, o Jungfrau,
in den Himmel aufgenommen hat

Zur Besinnung:
Jesus wird alle Tränen abwischen und alle Sehnsucht der Welt erfüllen. Er wird die neue Schöpfung mit seiner Herrlichkeit erfüllen und zu einem Land des Lichtes und des Friedens machen. Er wird die Erlösten zum Mahl der Seligkeit geleiten und sie das neue Lied des Dankes lehren. Das vollendete Reich wird er dem Vater übergeben. Dann wird Gott alles in allem sein.

Jesus, der alles vollenden wird

Gott der Lebenden

*W*enn ich gestorben bin
hat sie gewünscht
feiert nicht mich
und auch nicht den tod
feiert DEN
der ein gott von lebendigen ist

wenn ich gestorben bin
hat sie gewünscht
zieht euch nicht dunkel an
das wäre nicht christlich
kleidet euch hell
sing heitere lobgesänge

wenn ich gestorben bin
hat sie gewünscht

preiset das leben
das hart ist und schön
preiset DEN
der ein gott von lebendigen ist

Kurt Marti

Trauerfeier und Beerdigung

Die Trauerfeier und Beerdigung finden in der Regel am dritten oder vierten Werktag nach Eintritt des Todes statt.

ERDBESTATTUNG – FEUERBESTATTUNG

Die Erdbestattung ist bei uns in vielen Gegenden nach wie vor die vorherrschende Bestattungsart. Jedoch ist in den letzten Jahren überall eine starke Zunahme der Feuerbestattungen festzustellen.

DER ANTEIL DER EINÄSCHERUNGEN beträgt heute im Durchschnitt 25%. In manchen Städten, wie Coburg, Kiel oder Flensburg, liegt er bei über 80%. In anderen, wie Bielefeld und Köln, bei nur etwa 15%. In den neuen Bundesländern lag die Zahl der Einäscherungen weit höher. Sie betrug im Durchschnitt 70% – in manchen Städten, wie Chemnitz, Jena oder Zwickau, über 90%.

Rechtlich ist die Feuerbestattung seit 1934 durch ein Reichsgesetz der Erdbestattung gleichgestellt. Im Jahre 1964 hat auch die katholische Kirche das Verbot der Feuerbestattung aufgehoben, denn die Feuerbestattung konnte nicht mehr generell als Leugnung des Glaubens an die Auferstehung betrachtet werden.
Wer aber für sich selbst eine Einäscherung wünscht, muß diesen Wunsch schon zu Lebzeiten schriftlich festhalten (siehe Anhang!). Ersatzweise können die nächsten Angehörigen eines Verstorbenen nach dem Tode auch die Einäscherung schriftlich anordnen. Meist erfolgt nach der Einäscherung die Beisetzung in einer Urne auf dem Friedhof.

ANONYME BESTATTUNG

Seit 1976 können Verstorbene in Hamburg und anderen Städten Norddeutschlands auch *anonym* bestattet werden. 1983 wurden in Hamburg bereits 10% aller Toten anonym bestattet. Die ursprünglich von Skandinavien herkommende Bestattungsform nimmt auch bei uns zu. Immer wieder heißt es zur Begründung: »Ein ungepflegtes Grab wäre viel schlimmer – der Urnenhain ist schön, gepflegt und sauber.« In vielen Fällen ist diese Bestattungsart eher eine Notlösung: Konsequenz des Familienzerfalls und des Schwindens der sozialen Bindungen.

Eine anonyme Bestattung erfolgt auf einer Rasenfläche, die in unsichtbare kleine Felder eingeteilt wird. Bei der Bestattung wird jeweils ein kleines Rasenstück entfernt und die Asche ohne Behälter in die Erde gegeben. Danach wird die Grasfläche wieder geschlossen. Weder Kranz noch Blume oder Symbol geben einen Hinweis darauf, daß hier die Ruhestätte eines Menschen ist, der einmal unter uns gelebt hat. Die Angehörigen des/der Verstorbenen bleiben ausgeschlossen und werden nie den genauen Ort des Grabes erfahren.

Way of life

■ In Amerika ist bekanntlich alles anders: Auch bei der Beerdigung. Der »american way of life« macht auch vor dem Bestattungswesen nicht halt. So gehört es in einigen Bundesstaaten schon fast zum guten Ton, die Formalitäten an einem »drive-in«-Autoschalter abzuwickeln. Und wenn der Verstorbene zum Beispiel passionierter Golfer war, steht dessen Sarg symbolisch am 18. – dem letzten – Loch.

Das christliche Begräbnis

In den Gottesdiensten der Gemeinde geleiten die Mitchristen ihren Toten im Gebet und mit Fürbitten zum Grab. So verkündigen die Hinterbliebenen mit diesen Gottesdiensten, was das Evangelium über Leben und Tod und über Zeit und Ewigkeit sagt. Die Gottesdienste können im Haus, in der Kapelle, in der Kirche oder auch im Krematorium und als Feier am Grabe begangen werden. Je nach Brauch können

diese Gottesdienste miteinander verbunden werden, so etwa in der katholischen Kirche die Feier einer heiligen Messe für den Verstorbenen mit anschließendem Begräbnis.

DIE BEGRÄBNISFEIER IN DER EVANGELISCHEN KIRCHE

Zur kirchlichen Bestattung gehören Verkündigung des Evangeliums, Lied, Gebet, Fürbitte und Segen. Die Predigt spricht vom Ernst des Todes und tröstet die Trauernden mit der Botschaft der Auferstehung. Sie gedenkt auch des/der Verstorbenen und bezeugt dankbar, was Gott an ihm/ihr und durch ihn/sie getan hat.

BESTATTUNGSGEBET

Herr Gott, du hast Macht über Leben und Tod,
du bist der Herr der Geister und alles Fleisches,
du tötest und machst wieder lebendig,
du führst in die Hölle und wieder heraus.
Du hast den Menschen geschaffen
und ziehst deine Heiligen zu dir,
daß sie bei dir Ruhe finden.
Du allein bist unvergänglich und unwandelbar;
du veränderst und wandelst deine Geschöpfe
und gibst ihnen eine neue Gestalt.

Wir bitten dich für unsern entschlafenen Bruder
(unsere entschlafene Schwester):
Laß ihn (sie) ruhen in deinem Frieden,
erwecke ihn (sie) an dem Tage, den du nach deinen
untrüglichen Verheißungen heraufführen wirst,
und gib ihm (ihr) das Erbe der Heiligen in deinem
ewigen Reich. Gedenke nicht seiner (ihrer) Sünden
und gib, daß sein (ihr) Ausgang voll Frieden sei.
Heile die Trauer derer, die um ihn (sie) Leid tragen,
mit deinem Trost
und schenke uns allen ein gutes Ende.
Um Jesus Christi, unseres Herrn, willen.

Nach einem Gebet des Bischofs Serapion, 4. Jahrhundert

»Nachdem es dem allmächtigen Gott gefallen hat, unsern Bruder (unsere Schwester, dieses Kind) N.N. aus diesem Leben abzurufen, legen wir seinen (ihren) Leib in Gottes Acker, daß er wieder zur Erde werde, davon er genommen ist:
(unter dreimaligem Erdwurf)
Erde zur Erde, Asche zur Asche, Staub zum Staube.
Wir befehlen unsern Bruder (unsere Schwester, dieses Kind) in Gottes Hand. Jesus Christus wird ihn (sie, es) auferwecken am Jüngsten Tage. Er sei ihm (ihr) gnädig im Gerichte und helfe ihm (ihr) aus zu seinem ewigen Reich.
Er (Sie) ruhe im Frieden unter der gnädigen Hand Gottes, des Vaters und des Sohnes und des Heiligen Geistes. Amen.«

Agende III der VELKD

DAS BEGRÄBNIS IN DER KATHOLISCHEN KIRCHE

Je nach den örtlichen Umständen kann der Verlauf der Begräbnisfeier unterschiedlich sein. Sie besteht immer aus einem Wortgottesdienst und dem Beerdigungsritus.

ERÖFFNUNG

Wenn die Gemeinde versammelt ist, eröffnet der/die Seelsorger(in) die Feier mit dem Kreuzzeichen:
Im Namen des Vaters und des Sohnes und des Heiligen Geistes
und begrüßt die Versammelten mit einem Schriftwort oder mit persönlichen Worten.

S.: Herr Jesus Christus, du hast uns den Weg zum Vater gezeigt: Herr, erbarme dich.
A.: Herr, erbarme dich.
S.: Du hast durch deinen Tod der Welt das Leben geschenkt: Christus, erbarme dich.
A.: Christus, erbarme dich.
S.: Du hast uns im Hause deines Vaters eine Wohnung bereitet: Herr, erbarme dich.
A.: Herr, erbarme dich.

In der katholischen Kirche tragen die Seelsorger oder Seelsorgerinnen bei der Beerdigung nicht mehr unbedingt ein schwarzes, sondern oft ein violettes oder gar weißes Gewand, um dadurch den Glauben an die Auferstehung zu bezeugen.

Das Leichenmahl

Seit alters gehört das Leichenmahl zum Totenbrauchtum. Es hat jedoch zahlreiche Umgestaltungen im Laufe der Jahrhunderte erfahren.

Bereits in der Antike fanden sich die Christen zu bestimmten Zeiten – am dritten, siebten und dreißigsten Tag nach dem Tod oder beim Jahrgedächtnis – am Grab zu einem Mahl ein, an dem sie der Verstorbenen gedachten. Sie verstanden das Mahl als Vorausnahme des himmlischen Mahles und als »Erquickung der heimgegangenen Seele«. Der Gedanke der Gemeinschaft zwischen Lebenden und Toten bestimmte solch ein Geschehen. Lebens- und Totenmahl verschmolzen miteinander. Es war vor allen Dingen der gemeinschaftsstiftende Aspekt, der hier zum Tragen kam. In der Gemeinschaft wurde die Trauer bewältigt und verarbeitet.

Ein weiterer Aspekt des Totenmahls war der Rechtscharakter. Beim Totenmahl verabschiedete man gleichsam den alten Eigentümer von seinem Besitz und wies den Erben in die Erbschaft ein. In früheren Jahrhunderten begann das Mahl mit der Totenwache und zog sich einige Tage über das Begräbnis hin. Nach und nach beschränkte es sich auf den Termin der Beerdigung. Es erstreckte sich aber auf den ganzen Tag und wurde nur durch die Bestattung selber unterbrochen. Früher vollzog es sich im Totenhaus, später – etwa seit dem 18. Jahrhundert – verlegte man es mehr und mehr in eine Gaststätte. Seit dem Mittelalter bis ins 19. Jahrhundert hinein bestand die Nahrung aus reichlichem Genuß von Bier und Branntwein sowie Fleisch und Brot. Später wurde es durch Kaffee und Kuchen abgelöst.

IM LAUFE DER GESCHICHTE mußte immer wieder gegen den ungebührlichen Aufwand bei den Leichenmählern vorgegangen werden. Eines der ersten Zeugnisse dafür ist 1341 in Köln zu finden, wo das Leichenmahl »Reue-Essen« hieß. Die Kölner hatten dafür allerdings auch einen weniger respektvollen Ausdruck »Et Fell versuffe«, also die Hinterlassenschaft vertrinken. In einer Züricher Anordnung von 1785 wird verfügt, daß solche Gedenkmähler nur in den Wohnungen stattfinden dürften und nicht im Gasthaus und nur die Anwesenheit der Verwandten und der auswärtigen Besucher der Trauerfeier erlaubt sei. In einem bayrischen Verbot von 1802 heißt es, daß »statt der Labung für die Trauergäste aus der Ferne immer öfter ein sittenverderbendes, schweres Gelage zu beobachten sei«.

Bis heute hat das Leichenmahl einen guten Sinn nicht nur für die Gäste, die von auswärts kommen. Die Verwandtschaft trifft sich wieder, sitzt zusammen, spricht über den/die Verstorbene(n) und überlegt miteinander, wie es weitergeht. Dies hilft zur Bewältigung der Trauer all jener, die unmittelbar mit dem/der Verstorbenen zusammengelebt haben. Dabei sollte jedoch kein allzu großer Aufwand betrieben werden.

Totengedenken

In früheren Zeiten wurden nach der Beerdigung die Dinge, die den Schlafraum zum Totenzimmer gemacht hatten, entfernt. Doch sonst durfte in diesem Zimmer vorläufig nichts verändert werden, weil der Verstorbene bis zum 30. Tag ein Anrecht auf das Zimmer besaß. Dort brannte nachts und manchmal auch am Tage hindurch ein Öllämpchen zum Trost der »abgeschiedenen Seele«. Hier und dort gab es die Sitte, einen Platz am Familientisch, den der Verstorbene zu Lebzeiten eingenommen hatte, leer zu lassen. Wenn irgend möglich, ging täglich jemand aus dem Haus zur Kirche, um bei der Messe oder beim abendlichen Rosenkranz des/der Verstorbenen zu gedenken. Mancherorts beauftragte auch die Familie eine bestimmte Person – die »Dreißigstbeterin« – im Namen der Hinterbliebenen die Fürbittenpflicht zu erfüllen. Eine Woche nach der Beerdigung fand die Feier des siebten Tages, nach einem Monat die Feier des 30. Tages statt. Mit der Reinigung und dem Ausräuchern des Totenzimmers am 30. Tag schloß die Zeit der höchsten Trauer. Nach einem Jahr wurde noch einmal in einem Gottesdienst und im gemeinsamen Mahl der/des Verstorbenen gedacht.

Heute ist in vielen Gegenden das 6-Wochen-Amt Brauch. Hier trifft sich die Familie zur Gedächtnismesse und ebenfalls nach einem Jahr zum Jahrgedächtnis. Oft wird dann nach dem 6-Wochen-Amt oder nach dem Jahrgedächtnis jedes Zeichen der Trauer abgelegt.

Eine Messe für
Verstorbene bestellen?

In katholischen Gegenden werden bis auf den heutigen Tag für die Verstorbenen »Messen bestellt«. Dahinter steht die gute Absicht, der Verstorbenen weiter zu gedenken und sie Gott zu empfehlen. In der Mitfeier der heiligen Messe bekennen die Angehörigen, Freunde und Nachbarn ihren Glauben und ihre Hoffnung, daß die Verstorbenen in der Gemeinschaft mit Gott leben, zu der alle Menschen einmal eingeladen sind.

»Für kein Geld in der Welt« können wir jedoch das Seelenheil eines Verstorbenen erkaufen. In früheren Zeiten diente die Geldspende aus Anlaß der Gedenkmesse dem Unterhalt des Geistlichen und der Kirche. Dieser ist heute in unseren Breiten z.B.durch die Kirchensteuer weitgehend gesichert. Deshalb dient die Geldspende heute vornehmlich karitativen Aufgaben der Gemeinden.

Lied am Grabe

Johannes 20,1-10

Niemand weiß, wie lange werden wir noch sein,
morgen oder heute holt der Tod uns ein.

Keiner kann uns helfen, jeder stirbt allein,
und es bleibt am Ende nur ein Grab, ein Stein.

Alle unsre Namen wird der Wind verwehn,
oder ruft uns einer, daß wir fortbestehn?

Kann es sein, daß Gott uns einst vom Tod befreit
und in Freude wandelt alles Menschenleid?

Ob wir dann wie Kinder vor dem Vater stehn
und mit neuen Augen seine Wunder sehn?

Werden wir dann hören, wie die Schöpfung singt,
wie das Lied der Sterne und der Blumen klingt?

Eine neue Erde, wie soll das geschehn,
daß wir unsre Lieben einmal wiedersehn?

Oder sind das Träume, die wir uns erdacht?
Wer von uns ist jemals aus dem Tod erwacht?

Wer wälzt von dem Grabe uns den schweren Stein?
Wer kann, wenn wir tot sind, uns vom Tod befrein?

Einen sah ich sterbend in das Leben gehn,
und ihm will ich glauben, daß wir auferstehn.

Lothar Zenetti

Das Allerseelenfest

Das Fest Allerseelen am 2. November geht auf den Abt Odilo von Cluny (994–1084) zurück. Er bestimmte für alle seine Klöster, daß »am Tag nach dem Allheiligenfest das Gedächtnis aller verstorbenen Gläubigen durch Messen, Psalmen und Almosen allgemein gefeiert wird«. Dieses Fest verbreitete sich dann sehr schnell unter allen Gläubigen. In vielen Gemeinden ist es Brauch, sich am Nachmittag des Allerheiligen- oder Allerseelentages auf dem Friedhof zu versammeln, um für die Verstorbenen zu beten. Dies wird oft mit einer *Gräbersegnung* verbunden.

Rechtzeitig vor Allerseelen werden die Gräber neu geschmückt und die »Seelenlichter« aufgestellt. Sie sollen über den Allerseelentag hinaus brennen. Die Kerze ist Symbol des »ewigen Lichtes«, das den Verstorbenen leuchten möge. Die Angehörigen kommen von weither, um das Grab der Eltern, Geschwister oder Freunde zu besuchen.

ALLERSEELEN-BACKWERK

Der Brauch, an Allerheiligen bzw. Allerseelen zum Gedächtnis der Toten »Seelenbrote, Seelenzöpfe, Allerheiligenstritzel, Allerheiligenleibe« zu backen und an Kinder und Arme zu verschenken, ist noch in manchen Gemeinden verbreitet. Die Ursprünge dieses Brauchtums sind recht vielfältig. Einer ist sicherlich, daß in früheren Zeiten zur Feier der Heiligen Messe von den Gläubigen Brot und Wein mitgebracht wurden und das Brot, das nicht unmittelbar zur Feier der Messe gebraucht, anschließend an die Gläubigen wieder ausgeteilt wurde.
Eine andere Wurzel aber können auch die heidnischen Totenopfer sein, nach denen am Allerseelentag Speisen zu den Gräbern der Verstorbenen getragen wurden, um dort ein Mahl zu halten.
Die Form der Totenbrote ist sehr verschieden. Oft finden wir einen geflochtenen Zopf, daneben aber auch rechteckige oder auch ausgekerbte, d.h. leicht zu brechende Totenbrote. Manchmal hat das Brot auch die Form eines menschlichen Knochens.

9. Kapitel

Trauer und Trost

In aller Stille beigesetzt

»In aller Stille beigesetzt«
»Im engsten Familienkreis beigesetzt«
»Von Beileidsbesuchen bitten wir Abstand zu nehmen«
»Bitte keine Beileidsbekundungen am Grab«

Der Tod eines Menschen wird auch heute noch »veröffentlicht«. In den Todesanzeigen der Zeitungen wird er einer breiten Öffentlichkeit angezeigt. Die Zeitungen haben dafür eine eigene Rubrik eingerichtet: Todesfälle. Ihr gilt oft der erste Blick. Todesanzeigen scheinen einen hohen Informationswert zu haben. Die Öffentlichkeit zeigt Interesse an den Toten. Wer keine Todesanzeige aufgibt, verschickt zumindest Totenbriefe an Verwandte, Freunde und Bekannte. Einem ausgewählten Personenkreis wird der Tod des/der lieben Verstorbenen mitgeteilt.

Aber immer häufiger erscheinen die Todesanzeigen *nach* der Beerdigung, verlieren die Totenbriefe ihren einladenden Charakter. Anzeige und Brief sind eher Nachrichten über einen Todesfall. Die Toten selbst werden »in aller Stille« und »im engsten Familienkreis« beigesetzt. Ob es stets auf ausdrücklichen Wunsch der/des Verstorbenen geschieht? Oder ob sich dahinter nicht eher das Unvermögen der Hinterbliebenen zu öffentlicher Trauer verbirgt? *Ab*stand, nicht *Bei*stand ist erwünscht. In dem Maße, wie Sterben und Tod sich »privatisiert« haben, sind auch Trauer und Trost zur »privaten Angelegenheit« geworden. Mit Schmerz und Leid muß jeder selbst fertigwerden.

Ganz anders die Trauer beispielsweise im Orient oder auch bei den Sinti und Roma. Das Fernsehen zeigt uns bewegende Bilder über die Totenklage der Menschen. Sie schreien ihren Schmerz heraus und klagen mit ihrem ganzen Körper. Und sie sind nicht allein! Eine große Menschenmenge stimmt in die Trauergesänge ein. Je größer die Trauerschar und je lauter das Wehklagen, desto höher das Ansehen des Toten und seiner Familie! Trauer wird hier »lauthals« zur Sprache gebracht, weder verdrängt noch verschwiegen. Trauer wird hier von anderen in aller Öffentlichkeit mitgetragen und verliert sich nicht »in den eigenen vier Wänden«.

Das war früher bei uns nicht anders. Bis zur Mitte dieses Jahrhunderts war die Totenklage weitverbreitet – in ländlichen Gebieten ist sie es bis auf den heutigen Tag. Die Toten wurden damals noch in der guten Stube aufgebahrt. Die Familie und die Nachbarn versammelten sich um den Toten und beklagten sein Ableben. Sie hielten die Totenwache und beteten den Rosenkranz.

Am Abend kamen die Nachbarn und viele Leute zum Rosenkranzbeten. Die Mutter lag im Vorhaus, in der Fletz aufgebahrt. Ihre schönen rötlichen Haare waren in Locken gekämmt, wie sie dies immer vor dem Spiegel getan hatte. Sie hatte ein schwarzes Kleid an, und Schuhe hatte sie auch an. Wir Kinder fragten, warum hat die Mutter Schuhe an? Die Nachbarin sagte, daß das ein alter Brauch ist, denn eine Wöchnerin muß auf Dornen in den Himmel gehen. Die Nachbarn beteten einen Rosenkranz, dann bekamen sie Brot und ein Trunk wurde gereicht. Dann wurde noch ein Rosenkranz gebetet. Das war zwei Abende so.

Anna Wimschneider

Traditionen, Gewohnheiten, Sitten und Bräuche schrieben den Menschen mehr oder weniger vor, wie sie sich in bestimmten Lebenssituationen zu verhalten hatten. Diese Vorschriften galten u.a. der Kleidung, der Konversation, dem öffentlichen und privaten Auftreten. Der einzelne konnte sich darauf berufen und ebenso darauf verlassen – insbesondere in Konflikt- und Krisensituationen. So gab das festgelegte Ritual bei Trauerfällen allen Beteiligten Halt und Sicherheit beim Umgang miteinander und ließ peinliche Situationen erst gar nicht aufkommen. Verschwiegen werden darf allerdings auch nicht das Einengende, bisweilen Zwanghafte mancher Traditionen und Riten.

Heute wird uns der Verlust guter Traditionen und fester Sitten und Bräuche, gerade in außergewöhnlichen Lebenssituationen, schmerzlich bewußt. Wir tun uns schwer mit den Trauernden, weil wir – des Umgangs mit ihnen »entwöhnt« – auf keine »guten Gewohnheiten« mehr zurückgreifen können. Begegnen wir Trauernden aus dem Freundes- oder Bekanntenkreis, erfaßt uns eine eigentümliche Verlegenheit, sind wir peinlich berührt, bleiben uns als Fluchtweg eher nichtssagende Höflichkeiten. Uns mangelt es an passenden Worten und Gesten, die unser persönliches Mitgefühl zum Ausdruck bringen. Deshalb gehen wir den Trauernden lieber aus dem Weg, wechseln rechtzeitig die Straßenseite und schlagen einen Bogen um sie herum. Wie werden sie reagieren, wenn wir sie ansprechen? Wollen sie überhaupt angesprochen werden? Und was sollen wir ihnen sagen?

»Herzliches Beileid« – hinter dieser Allerweltsfloskel können wir uns und unsere Empfindung recht gut verstecken. Aber wir fühlen uns nicht wohl in unserer Haut, da wir zusehends mißtrauischer geworden sind gegenüber den herkömmlichen Ritualen und den »frommen Sprüchen« früherer Zeiten.

Das richtige Wort und die richtige Geste zur richtigen Zeit – diese Aufgabe überfordert die meisten Menschen. Sie scheuen vor spontanen Gefühlsbewegungen zurück, denn das öffentliche Zeigen starker Gefühle, wie Weinen oder »in den Arm Nehmen«, ist weithin tabuisiert, vor allem für Männer. So sind manche Sterbe- und Trauerrituale inhalts- und gefühlsleer und in hohem Maße unpersönlich geworden. Wen darf es wundern, wenn es zum Rückzug der Lebenden von den Sterbenden und der Mittrauernden von den Trauernden kommt, und es immer häufiger heißt: »In aller Stille beigesetzt« und »Von Beileidsbekundungen bitten wir Abstand zu nehmen«.

Trauern gehört zum Leben

Wie oft sind wir traurig in unserem Leben? Wie oft werden wir von Trauer erfüllt, ja übermannt? Wir kennen traurige Ereignisse ebenso wie traurige Zustände. Gelegentlich schauen wir mit traurigen Augen die Welt um uns herum an. Manche Menschen führen sogar ein trauriges Leben und bezeichnen ihr Leben als ein einziges »Trauerspiel«.

Wie vielen verpaßten Gelegenheiten in unserem Leben haben wir schon nachgetrauert? Mit zunehmendem Alter trauern wir um den Verlust körperlicher und geistiger Fähigkeiten; im Alter selbst betrauern wir die unzureichende Verwirklichung wichtiger Lebensziele und Lebenserwartungen. Mit Trauer erfüllt uns die Nachricht von gescheiterten Beziehungen in Freundschaft, Ehe und Familie. Wenn wir Abschied nehmen von Menschen, die uns wichtig sind, überfällt uns eine große Traurigkeit. Und der endgültige Verlust eines geliebten Menschen macht uns todtraurig und untröstlich.

Trauer und Traurigkeit sind uns nicht fremd. Sie sind ein Teil unseres Lebens; sie gehören zum Leben wie Freude und Glück.

Ein Unbekannter hat folgenden »Traum von Gott« aufgeschrieben:

Ein Mann hatte eines Nachts einen Traum:
Er ging mit Gott zusammen an einem
Strand entlang.
Sein ganzes Leben zog an ihm vorüber
und hinterließ seine Spuren im Sand.

Der Mann sah zurück und entdeckte,
daß manchmal nur eine einzige Fußspur
im Sand war.
Und dann merkte er, daß dies gerade
die Tage größter Not und Traurigkeit
in seinem Leben waren.

Da fragte er Gott: Hast du nicht
versprochen, bei mir zu sein?
Ich sehe aber in den Tagen meiner größten
Not nur eine einzige Fußspur?
Warum hast du mich immer dort allein gelassen,
wo ich dich am nötigsten gebraucht hätte?

Da antwortete Gott: Ich liebe dich doch!
Ich würde dich niemals verlassen.
In den Tagen, wo du am meisten gelitten hast,
wo du mich am nötigsten gebraucht hast,
wo du nur eine einzige Spur im Sand entdeckt hast,
da habe ich dich getragen!

Quelle unbekannt

Jeder Mensch macht in seinem Leben vielfältige »Trauererfahrungen« und geht auf seine Art und Weise damit um. Und dennoch scheint die Trauer sowohl aus dem gesellschaftlichen als auch aus dem persönlichen Leben vieler Menschen ausgegrenzt zu sein. Der Verlust eines Menschen soll möglichst bald verschmerzt sein, der Trauernde möglichst schnell wieder der Alte werden und das Leben möglichst umgehend zur Normalität zurückkehren. Falls notwendig, wird die Trauer »medikalisiert« und der Trauernde »therapiert«. Trauer wird zum medizinischen Befund. Medikamente stellen den Trauernden solange ruhig, bis die Trauer abgestellt ist. Einer Witwe, die länger als ein oder zwei Monate ihre schwarzen Trauerkleider trägt, wird bedeutet, daß es bald Zeit wird, zum Leben zurückzukehren. Man »trägt« keine Trauer mehr!

Trauer gehört zum Leben. Jeder Mensch trauert, und sei es versteckt im Verborgenen; jeder Mensch wartet sehnsüchtig auf Trost. Wir alle sind von trauernden Menschen umgeben, ohne es jeweils zu merken. Von Menschen, die sich auf dem langen und leidvollen Weg der Trauer und der Trauerbewältigung befinden. Wir können die Trauer nicht hinter Friedhofsmauern verbannen; niemand kann der Trauer entfliehen. Traurigkeit und Trauer haben ihren Platz mitten im Leben.

Deshalb muß Trauer zugelassen werden. Nur wer wirklich trauern darf, wird den schmerzlichen Verlust »auftrauern« können. Trauer muß erlebt und durchlebt werden. Durch die Trauer findet der Mensch zu neuem Lebensmut. Doch die Trauerbewältigung ist ein ganz persönlicher Vorgang: Jedem Menschen muß zugestanden werden, daß er in seiner Art und zu seiner Zeit trauern darf. Zur Trauer gehört heute Mut, aber ohne den Mut zur Trauer gibt es keinen neuen Lebensmut.

Auf die Frage »Was wäre für Sie das größte Unglück?« hatte Hilde Domin mit einer Doppel-Antwort geantwortet: Der Verlust der Zweisamkeit – Ein menschenunwürdiges Dasein.

Der Verlust der Zweisamkeit hat sie vor vier Jahren mit dem Tod ihres Mannes ereilt. Die Lebensgemeinschaft, das Lebensgespräch mit Erwin Walter Palm, das am ersten Tag des Sommersemesters 1931 in der Heidelberger Mensa begonnen hatte und fast 60 Jahre währte, ist beendet worden.

»Und Erwin wäre so gerne hundert Jahre alt geworden«, erzählt sie mir. Den Verlust des Lebenspartners hat die Dichterin nicht überwunden. »Wissen Sie«, sagt sie, »man sagt immer, im Laufe der Jahre käme man darüber hinweg. Aber das ist nicht so. Das Gegenteil ist der Fall.«

Wie sehr sie auch jetzt noch geistig mit ihrem Mann zusammenlebt, zeigt sich immer wieder in Gesprächen, in denen sie ihn einbezieht, als könnte er jeden Moment wieder zur Tür hereinkommen. Sein Arbeitszimmer hat sie unverändert gelassen seit seinem Tod. Es wirkt so, als wäre dort noch einer an seiner Arbeit. Und dann stehen Photos von ihrem Mann an vielen Stellen der Wohnung. Und mitgebrachte Blumen stellt sie stets zu diesen.

Trauerphasen

Trauer ist nicht einfach ein »seelischer Zustand«; Trauer ist ein Prozeß, in dessen Verlauf der Mensch unter Einsatz seiner seelischen, geistigen und sozialen Kräfte einen schmerzlichen Verlust bewältigt. Im Prozeß des Trauerns kann es verschiedene Stadien der Trauer geben.

Der britische Trauerforscher John Bowlby hat jahrelang Menschen beobachtet, die mit dem Tod des Partners oder eines Kindes einen schweren Verlust erlitten hatten. Dabei stellte er fest, daß die innere Verarbeitung dieses Verlustes – die »Trauerarbeit« – nach bestimmten Stufen oder Phasen verläuft. Dies geschieht nicht einheitlich oder gar schematisch, sondern ist von verschiedenen Faktoren abhängig, wie z.B. vom Grad der Beziehung, vom Alter, von der Sterbesituation und der Todesursache. Zwischen den einzelnen Phasen können Verschiebungen und Verzögerungen eintreten.

1. PHASE: TRAUERSCHOCK

Der Tod eines Menschen schockiert, nicht nur wenn er völlig unerwartet kommt. »Mit einem Schlag« – so sagen wir wohl zu Recht – ist alles anders. Die erste Reaktion ist Verzweiflung, Hilf- und Ratlosigkeit. Die Tragweite der Todesnachricht wird noch nicht erfaßt; viele leugnen sie gar: »Das kann nicht wahr sein, das muß eine Falschmeldung sein.« Die meisten Menschen sind verstört, erstarrt, leben »hinter einem Nebel«, scheinen unbeteiligt, reagieren apathisch. Andere geraten außer Kontrolle, brechen zusammen. Der Tod hat etwas Überwältigendes, er läßt Menschen die Gewalt über sich verlieren. Trauernde fühlen sich dann »außer sich«, ohne jeden realen Bezug zur Lebenswirklichkeit. Der Schock sitzt tief.

2. PHASE: AUFLEHNUNG

Gefühle wie Wut, Zorn und Haß kommen auf. Man schreit seinen Schmerz heraus, hadert mit seinem Schicksal, geht mit Gott ins Gericht. Wer hat mir das angetan? Warum mußte es ausgerechnet mich treffen? Womit habe ich das nur verdient?

Wut und Zorn können sich sogar gegen den Toten richten, um den man trauert. Ihm werden bittere Vorwürfe gemacht. Wie konntest Du mir das nur antun? Warum hast Du mich nur im Stich gelassen? Was soll denn nun aus mir werden?

Schließlich können diese aggressiven Gefühle auch umschlagen und sich in Selbstvorwürfen abreagieren. Hätte ich nicht besser auf sie/ihn aufpassen können? Hätte ich den Unfall oder das Unglück nicht verhindern müssen? Habe ich nicht zu früh aufgegeben oder den Tod herbeigewünscht? Schuldgefühle stellen sich ein. Man beschuldigt sich selbst, dieses getan und jenes unterlassen zu haben. Man martert und quält sich mit solchen Gedanken.

Dieses Chaos in der Gefühlswelt ist etwas »Normales«. Obwohl es überhaupt keinen rationalen Grund für (Selbst-)Vorwürfe und Schuldgefühle gibt, ist es wichtig, diese Gefühle hochkommen zu lassen und zum Ausdruck zu bringen. Wut, die unterdrückt wird, kann vielfältige Zerstörung anrichten, nicht zuletzt in der eigenen Seele. Haß, der nicht zugelassen wird, wirkt zersetzend in der Beziehung zu anderen und zu sich selbst. Schuldgefühle, die nicht geklärt werden, bleiben eine unerträgliche Belastung.

Niedergeschlagenheit bis hin zu Schwermut und Depression sind die Folge. Die Phase der Auflehnung hat nichts Verwerfliches an sich. Im Gegenteil: Sie kann von heilsamer Wirkung sein.

3. PHASE: ANNAHME

Wer seinen Schmerz herausschreien durfte, wer hadern und anklagen konnte, der schafft Platz in seiner Seele, der kann allmählich innere Ruhe und Frieden einkehren lassen. Er kann dann den Verstorbenen innerlich frei geben und sich selbst befreien. Die Zeit der Annahme ist gekommen. Die Einsicht setzt sich durch, daß das Leben weitergeht und daß man für das eigene und für das Leben anderer verantwortlich ist – vielleicht mehr als früher. Neue Lebensentwürfe werden entwickelt, neue Lebensperspektiven tun sich auf. Der Verstorbene bleibt Teil dieses Lebens und lebt weiter in der Erinnerung und im Gedenken.

»Lerne leiden, ohne zu klagen«?

Es gibt Sprüche, die verfolgen uns ein Leben lang. Man hat sie uns als Kind gelehrt, und sie bleiben uns bis ins Alter unvergeßlich. Eine solche Lebensweisheit ist auch der Spruch: »Lerne leiden, ohne zu klagen«. Ganze Generationen haben sich klaglos in ihr Schicksal gefügt und ergeben ihr Leid getragen, auch wenn ihnen »zum Heulen« zumute war. So manche Träne blieb ungeweint, so mancher Klageruf verhallte ungehört!

»In stolzer Trauer«, so hieß es einst auf den Totenbriefen und Todesanzeigen der Gefallenen im Zweiten Weltkrieg. Mütter und Väter, Frauen und Bräute, Brüder und Schwestern mußten mit dieser »tödlichen Floskel« von einem geliebten Menschen Abschied nehmen. Sie »tötete« im wahrsten Sinne des Wortes alle Gefühle und Empfindungen, allen Schmerz und alles Leid. Wie traurig und verzweifelt die trauernden Hinterbliebenen wirklich waren angesichts der Sinnlosigkeit solcher Kriegsopfer, durfte nicht an die Öffentlichkeit dringen. Die Ideologie erhöhte die Verstorbenen zu »toten Helden«. Und um Helden muß man weder weinen noch wehklagen. Was hinter der »stolzen Trauer« sich verbarg an Leid und Schmerz, konnte man an den tränenlosen, versteinerten Gesichtern nicht ablesen, wohl aber dahinter vermuten.

Was früher so oft erzwungen wurde, wird heute immer häufiger freiwillig gewählt. »Man« will seine Trauer nicht zur Schau stellen! Deshalb verbirgt man seine Gefühle, hält die Tränen zurück und schließt sich mit seinem Schmerz ein. Das alte Sprichwort vom »klaglosen Leiden« scheint aktueller denn je zu sein.

Da sitzt eine Frau am Sterbebett ihres Mannes, aufrecht und gefaßt. »Du mußt jetzt tapfer sein!« so hatte man ihr überall gesagt. Eines Tages fragt sie der Krankenhausseelsorger: »Haben Sie schon geweint?« Die Frau ist überrascht. Irgendwie fühlt sie sich durchschaut. »Ja, aber nur, wenn ich ganz allein bin und mich niemand sieht und hört.« »Da bin ich aber froh. Ich dachte schon, Sie hätten das Weinen verlernt!«

Wenn wir weinen, fühlen wir uns im nachhinein erleichtert. Tränen erlösen und befreien. Sie sind eine Wohltat! Sie sind keine Schande! Unserer Tränen müssen wir uns nicht schämen! Um einen Menschen

Trauerbänder

Als sie gegangen war
es war nach der achten Stunde
und unter dem Schnee
ist geblieben die Welt
wie sie ist.

Die Kränze haben sich
lange gehalten in der Kälte
die nicht gehen will
wenn Frühling wird.

Wir kehren immer aufs neue zurück
wer aber käme noch heim.

Elisabeth Borchers

zu weinen, ist eine ehrenvolle Angelegenheit. Jede Träne zeigt an, was der andere mir bedeutet (hat).

Wer weint, gibt zu, daß er schwach ist, hilflos und erschüttert. Wer mit anderen weint, nimmt teil an dessen Schwäche und stärkt ihn zugleich, statt ihn noch schwächer zu machen, indem er den Starken spielt. Vielleicht tun sich Männer mit ihren Tränen so schwer, weil sie Weinen mit Schwachsein verwechseln. Weinen ist »Sache« der Frauen, dem »schwachen Geschlecht«. Die meisten Männer flüchten vor den Tränen und fühlen sich hilflos gegenüber Weinenden. »Laßt mich weinen, das ist keine Schande! Weinende Männer sind gut«, diese Bitte äußerte Johann Wolfgang von Goethe und setzte sich über alle Gepflogenheiten der damaligen (und heutigen) Zeit hinweg.

> »Mein Elend ist aufgezeichnet bei dir.
> Sammle meine Tränen in einem Krug,
> zeichne sie auf in deinem Buch!«
>
> Psalm 56,9

Keine Träne wird vergeblich geweint, keine Träne zerrinnt sinnlos auf der Erde. Der Psalm gibt mir zu verstehen: Gott sammelt meine Tränen in einem Krug. Er hebt sie auf; er bewacht sie. So wie er die Tränen seines Sohnes aufgesammelt hat, als Jesus am Grab seines Freundes Lazarus stand und um ihn weinte.

Das Wissen um die Tränen Jesu ist so wohltuend und menschenfreundlich, daß alle Trauernden befreit aufatmen können in ihren Tränen.

Das Wissen um die Klagerufe Jesu in seiner letzten Stunde am Kreuz ist so wohltuend und menschenfreundlich, daß alle Trauernden befreit aufatmen können in ihren Klagen. Seine Tränen und seine Klagen sind auch unsere Hoffnung.

»Weinen Sie ruhig. Es ist keine Schande, sich nicht trösten zu lassen mit Krims und Kram, mit Ersatz und Kommtsonnenschein, haben Sie keine Angst, sich dem Schmerz zu geben, bei ihm sind Sie nicht schlechter aufgehoben als bei anderen. Offen stehen alle seine Türen, er nimmt Sie, ohne viel Fragen. Weinen Sie, schonen Sie sich nicht. Nicht die Gesundheit und nicht die Volkswirtschaft und nicht der Zuschnitt Ihres Lebens und nicht die zweieinhalb Zimmer Ihrer Wohnung sollten Sie dazu bringen, sich zu sparen. Weinen Sie, sparen Sie nicht Tränen, wer weiß, ob Sie morgen noch Zeit haben, noch Herz haben, noch Mut haben, noch Tränen

haben ... Im Lande Uz saß Hiob in der Asche und weinte, im Tempel
lag David und weinte, und im Gefängnishof stand Petrus und weinte
bitterlich. Petrus weinte, weil es zu spät war. Er hatte Treue geschworen
und sie verraten, schneller als üblich, er wollte ausharren und dabeibleiben
bis zum Ende und fiel sofort um bei der ersten bis dritten Gelegenheit ...
Weinend stand er da im Hof, weinend lief er hinaus in die Nacht, die
schon grau wurde, weinend lief er hinter seinem Leben her, das verschwun-
den war, das zerstört war, wie bei dem in der Asche im Lande Uz, wie
bei dem auf dem Fußboden im Tempel zu Jerusalem.«

Dorothee Sölle

Wie Frauen und Männer (unterschiedlich) trauern

Eva, 42 Jahre alt, verlor mit 32 Jahren ihren Sohn Stephan durch einen Autounfall: »Viele Menschen waren mir in dieser ersten Zeit nach Stephans Tod näher als mein eigener Mann.

Ich habe leider auch dazu geneigt, Stephan in den Himmel zu heben: Alles, was mit ihm zusammenhing, war überhaupt das Schönste, das Größte, das Wunderbarste. Überall standen Blumen und Bilder, und von den schönsten Fotos ließ ich Poster machen. Und die mußte ich einfach sehen am Morgen, beim Aufwachen. Es hat unheimlich wehgetan, aber ich mußte das haben, weil ich dachte, sonst ersticke ich.

Ein Jahr mußte ich ihn so neben mir haben, als wenn er noch lebte. Sein Zimmer wurde bis zu unserem Auszug, ein Jahr später, nicht angerührt. Es wurde nur Staub gewischt. So wie er es am letzten Tag verlassen hatte, so blieb es auch hinterher.

Und ich hätte so gerne mit meinem Mann geredet. Er konnte nicht. Er hat von vornherein versucht, das Thema gar nicht anzuschneiden, und wenn, dann wurde es nur kurz abgehandelt. Irgendwann war es auch so eingespielt, daß wir gar nicht mehr darüber redeten.

Er kam dann nach dem Geschäft nur kurz nach Hause und hat sich jede mögliche Art von Ablenkung gesucht: Politik, Vereine, Sport und Kneipen.

Jeder machte dem anderen Vorwürfe: Ich ihm, daß er fortging und mich alleine ließ. Er, daß ich seine Gefühle nicht akzeptiere und einen Kult aus meiner Trauer mache.

Die Trauer, sagte er immer, die bekommt bei dir noch einen Heiligenschein. Du glorifizierst hier alles, das ist ja nicht auszuhalten. Ich kann doch nicht noch mehr trauern, da wird man ja nie fertig.

Und irgendwann haben wir überhaupt nicht mehr miteinander geredet.«

Wolfgang, 50 Jahre, verlor vor 5 Jahren Sohn Alexander (22) durch Selbsttötung: »Tagsüber war ich auf die Arbeit konzentriert, da kann man den Schmerz weit verdrängen. Nur morgens, wenn ich ins Büro fuhr, und abends, auf dem Heimweg, da sitzt man ja allein im Auto, da habe ich meine Gefühle nicht gebremst und habe auch mal geweint.

Es ist nicht sehr oft vorgekommen, daß wir gemeinsam geweint haben. In der Regel habe ich es versteckt gemacht, ich wollte nicht zeigen, daß ich weinen konnte.

Es gab Tage und Wochenenden vor allem, wo wir einfach ganz bewußt sehr viel unternommen haben, raus, fort egal wohin. Wir haben sehr viel Geld verfahren, obwohl es manchmal zu Hause vielleicht besser gewesen wäre. Aber daheim ging ja nichts.

Wir sind dagesessen wie gelähmt. Wir wollten und konnten nicht vorwärtskommen mit unseren Gedanken, haben immer nur an diese eine Sache gedacht und auch so viele Schuldgefühle in unserer Trauer mit hineingenommen: Vielleicht war ich zu lasch, habe alles zu leicht gesehen, habe ihn noch ermutigt, nicht zum Arzt zu gehen; vielleicht hatte ich ja auch Scheuklappen vor den Augen, wollte die Depression gar nicht sehen, in die Alexander gefallen war.

Es war ein ständiges Herumsitzen und Reden und Sich-Vorstellen: Hätte man doch … warum haben wir nicht …? Und meine Frau sagte dann immer: Ja, hätten wir doch erst gar nicht hier gebaut.

Da bin ich manchmal, ich will fast sagen, barsch geworden, weil ich weiß, das bringt nichts. Manchmal habe ich zu meiner Frau gesagt: Man meint glatt, du badest dich gern in solchen Gedanken. Dann sagte sie immer: Du bist so kühl, du bist so realistisch, du bist so hart, und dabei habe ich ja innen drin genauso einen Schmerz. Ich bin nicht der Mensch, der zu so vielen Tränen in der Lage ist, vielleicht sind wir Männer überhaupt Holzstöcke, die gar nicht so viel Klang abgeben können.«

Gerda, 50 Jahre, verlor vor zwei Monaten ihre Tochter (23) durch Unfalltod: »Mein Mann hat eine höhere Position, also keinen Acht-Stunden-Tag und noch so manche Verpflichtungen nebenbei, nicht nur Firma. Er hat einfach

294

die 14 Tage vor Weihnachten jeden Abend gearbeitet, er war nur noch eingespannt, und ich kam mir so verlassen vor. Ich dachte, habe nur ich mein Kind verloren? Wir haben es doch zusammen verloren.

Dann sagte ich mir, halt dich tapfer, du mußt es einfach verstehen, daß es jetzt für ihn hart ist, noch härter vielleicht als für dich, wo du zu Hause sein kannst.

Am Morgen des Heiligen Abends sagte mein Mann, ich muß kurz ins Geschäft. Da wußte ich Bescheid, das »kurz« kenne ich. Und von halb zwei bis abends um fünf hatte er ohnehin noch eine Verpflichtung vom Verein.

Da hielt ich es nicht mehr aus und bin alleine auf den Friedhof, und kam mir plötzlich so alleine vor, und da ist plötzlich alles eingebrochen, ich konnte nicht mehr: Ich dachte, da läßt dein Mann dich jetzt am Heiligen Abend allein, und du stehst alleine am Grab.

Ich bin wie verrückt in den angrenzenden Wald getaumelt, bin vier Stunden im Wald gelaufen, ich weiß nicht, wie die Zeit vergangen ist.

Abends war ich dann wieder daheim, habe natürlich nichts vorbereitet, bin ins Kinderzimmer gegangen, wo jetzt mein Arbeitszimmer ist, habe mich da verkrochen, und mein Mann ist in ein anderes Zimmer. Das war unser Heiliger Abend.

Und ein paar Tage später hat mein Mann gesagt: Du hast mir den Heiligen Abend kaputtgemacht.«

Zwischen der Trauer der Frauen und die der Männer scheinen Welten zu liegen. Der Tod trifft sie beide gleichermaßen hart und erschüttert sie in den Grundfesten ihres individuellen *und* gemeinsamen Lebens. Dennoch gehen Frauen und Männer ganz unterschiedlich mit der Trauer und ihrer Bewältigung um. Es hat den Anschein, als wären Frauen eher fähig und bereit, sich mit dem Anlaß ihrer Trauer auseinanderzusetzen und wirkliche Trauerarbeit zu leisten. Die meisten Männer tun sich schwer, Schmerz und Trauer an sich heranzulassen. Sie flüchten in Ersatzhandlungen, stürzen sich in ihre Arbeit und vermeiden zugleich die Auseinandersetzung mit ihrer »Gefühlswelt«. »Stell dich nicht so an!« Diese Botschaft aus frühen Kindertagen ist verinnerlicht und wird aktualisiert.

Schmerz und Trauer werden abgewehrt und verdrängt. Aber sie wirken nach: In stillen Stunden werden Männer oft »übermannt« von ihren Gefühlen und brechen zusammen – der starke Mann, ein »Häufchen Elend«. In solchen Grenzsituationen verlieren Arbeit und Leistung,

Karriere und Erfolg ihren Sinn und ihren Wert. So mancher Mann, der bisher nie von Selbstzweifeln geplagt wurde, gerät in eine tiefe Identitätskrise und beklagt das Unverständnis seiner Umwelt. »Niemand weiß, wie ich gelitten habe und noch leide …«

Die Hintergründe und Ursachen der unterschiedlichen »Trauerhaltungen« bei Frauen und Männern sind vielschichtig und vielfältig.

»Da sind vielgestaltige Einflüsse wie

die spezifischen und nicht zu leugnenden biologischen, hirnphysiologischen und neuroendokrinen Unterschiede.

Da ist
die Prägung durch gesellschaftliche und kulturell bedingte Rollenzuweisungen und Wertvorstellungen (zum Beispiel: Frauen sind einfühlungs-, leidens- und anpassungsfähig – Männer sind durchsetzungs-, leistungs- und erfolgsorientiert).

Da sind die
mit in die Partnerschaft eingebrachten frühen und lebensgeschichtlichen Erfahrungen und die daraus erwachsenen Verhaltensmuster.

Und da ist schließlich
die andersartige Verinnerlichung elterlicher Ver- und Gebote im frühesten Kindesalter, was – nach der psychoanalytischen Theorie – zur Ausbildung unterschiedlicher Kontroll- und Gewissensinstanzen in der Seele von Mann und Frau führt und – damit verbunden – zu unterschiedlichen Ur-Ängsten und Verarbeitungsstrategien.«

Ursula Goldmann-Posch

Es gelingt Frauen wohl eher, sich der Trauer zu stellen, die Schmerzen auszuhalten und Erschütterungen zuzulassen. Auch wenn viele Männer mit zwiespältigen Gefühlen der gefühlsbetonten Trauerarbeit ihrer Frauen gegenüberstehen, klingen gelegentlich doch auch der Wunsch und die Sehnsucht an, in gleicher Weise mit der eigenen Trauer umgehen zu können (und zu dürfen). Sie spüren sehr wohl, daß es den Frauen auf Dauer besser gelingt, mit der Situation fertig zu werden, auch wenn alle Indizien zunächst dagegen sprechen. Mitunter kommt sogar Neid auf. So sieht es jedenfalls *Erich Kästner:*

*E*s gibt auch andre, die wie ich empfinden.
Wir sind um so viel ärmer, als ihr seid.
Wir suchen nicht, wir lassen uns bloß finden.

Wenn wir euch leiden sehn, packt uns der Neid.
Ihr habt es gut. Denn ihr dürft alles fühlen.
Und wenn ihr trauert, drückt uns nur der Schuh.
Ach, unsre Seelen sitzen wie auf Stühlen
und sehn der Liebe zu.

Wie gut täte es Frauen und Männern, wenn sie gemeinsam um den Verlust eines geliebten Menschen trauern und weinen könnten. Aus vermeintlichem Schwachsein könnten ihnen ungeahnte Kräfte zuwachsen. Trauer und Schmerz wären nicht geringer, aber sie wären erträglicher. Geteiltes Leid ist halbes Leid, sagt eine alte Volksweisheit.
Bleibt ein Partner in seiner Trauer jedoch allein, wächst spürbar die Gefahr, daß nach dem »äußeren Tod« mit der Zeit noch der »innere Tod« eintritt. Betrauert ein Partner ausdauernd und wie selbstverloren den Verlust eines Kindes, ja steigert er sich in seine Trauer so hinein, daß er alles um sich herum vergißt und selbst seinen nächsten Angehörigen teilnahmslos gegenübersteht, dann können eheliche und familiäre Beziehungen zerbrechen. »Im schlimmsten Fall wird Trauer zur Trauerfalle, zum monotonen Kreisen um die Trauer, zum Gefangensein im totalen Selbstverlust« (*Margarete Mitscherlich*). Solche Menschen tragen sich selbst zu Grabe. Sie gehen ganz in ihrer Trauer auf – und mit der Zeit in ihrer Trauer unter. Der »Tod der Beziehung« kündigt sich an.

Bittgedanke,
dir zu Füßen

Stirb früher als ich,
um ein weniges
früher

Damit nicht du
den weg zum haus
allein zurückgehn mußt

Reiner Kunze

Vertrösten statt trösten?

Was man so sagt bei Trauerfällen:

»Das Leben geht weiter.«

»Du wirst schon darüber hinwegkommen.«

»Es war doch das Beste für ihn.«

»Du mußt dich jetzt zusammenreißen.«

»Jedes Leben geht einmal zu Ende.«

»Die Zeit heilt Wunden.«

»Du hast doch noch deine Kinder.«

»Nimm das alles nicht so tragisch.«

»Jeder hat sein Kreuz zu tragen.«

»Kopf hoch, alter Junge.«

»Das hätte alles noch schlimmer kommen können.«

»Du mußt jetzt nach vorne schauen.«

»Tränen helfen da auch nicht weiter.«

Weil uns die Trauer eines anderen Menschen mit der Zeit unerträglich wird, weil uns seine langanhaltende Trostbedürftigkeit an den (Lebens-)Nerv geht, sind wir mit dem Vertrösten schnell bei der Hand. Dabei machen wir dem Trauernden und nicht zuletzt uns selbst etwas vor: Wir heucheln Anteilnahme und Mitleid, wir verleugnen die Wucht der Trauer und beschwichtigen den Schmerz und das Leid. Wir wollen möglichst schnell über den Verlust hinweghelfen, damit das Leben seinen gewohnten Lauf nehmen kann.

Vertröstungen können auch (Selbst-)Täuschungen sein. So suchen wir Trost bei gewissen »Trösterchen«, die die Konsumwelt auf vielfältige Weise bereithält. Bis uns eines Tages dämmert, einem »billigen Trost« aufgesessen zu sein. Oder wir verfallen bestimmten »Seelentröstern« in der Gestalt von Gurus und Heilbringern, die ihre Dienste gegen Bezahlung anbieten. Dieser Trost ist keinesfalls billig, er muß teuer erstanden werden. In unserer Gesellschaft ist Trost veräußerbar und käuflich geworden. Trösten wird zusehends professionalisiert und gewissen – oft gewissenlosen – »Trost- und Trauerspezialisten« überlassen. Die Zeiten liegen wohl weit zurück, wo Trost geschenkt wurde!

Vertröstung – auch wenn sie noch so liebevoll gemeint ist – hat im letzten entmündigenden Charakter. Es fällt auf, daß der Tröster den Trostsuchenden oft wie ein kleines Kind behandelt. Allein seine Sprache, seine Reaktionen, sein Gehabe sind verräterisch: der Trauernde, Leidende wird letztlich in seiner bedrückenden und bedrohlichen Situation nicht ernst- und angenommen. Der Schmerz wird relativiert, der Verlust bagatellisiert. Indem wir uns scheinbar bemühen, dem Betroffenen seine Bürde zu erleichtern, erschweren wir ihm nur unnötig seine Last. Auch wo Menschen vertröstet werden auf bessere Zeiten – und sei es auf das Jenseits –, da werden ihnen ihre Lebensmöglichkeiten im Hier und Jetzt verbaut. Nur bei dem Menschen kann das Leben wirklich weitergehen, wo Schmerz und Leid, Trauer und Zweifel als Geburtswehen neuen Lebens anerkannt und zugelassen sind.

Segen der Trauernden

*G*esegnet seien alle,
die mir jetzt nicht ausweichen.
Dankbar bin ich für jeden,
der mir einmal zulächelt
und mir seine Hand reicht,
wenn ich mich verlassen fühle.

Gesegnet seien die,
die mich immer noch besuchen,
obwohl sie Angst haben,
etwas Falsches zu sagen.

Gesegnet seien alle,
die mir erlauben,
von dem Verstorbenen zu sprechen.
Ich möchte meine Erinnerungen
nicht totschweigen.
Ich suche Menschen,
denen ich mitteilen kann,
was mich bewegt.

Gesegnet seien alle,
die mir zuhören,
auch wenn das,
was ich zu sagen habe,
sehr schwer zu ertragen ist.

Gesegnet seien alle,
die mich nicht ändern wollen,
sondern geduldig so annehmen,
wie ich jetzt bin.

Gesegnet seien alle,
die mich trösten
und mir zusichern,
daß Gott mich nicht verlassen hat ...

Marie-Luise Wölfing

Trost will nicht die Trauer nehmen

Dies ist ein Teil der Geschichte von Ijob in Kurzfassung:

> *»Im Lande Uz lebte ein Mann mit Namen Ijob. Dieser Mann war untadelig und rechtschaffen; er fürchtete Gott und nicht das Böse. Sieben Söhne und Töchter wurden ihm geboren ...«*
>
> Ijob 1, 1-2

Dieser Ijob ist ein wohlhabender Mann – reich an Kindern, reich an Gütern. Doch eines Tages wendet sich das Blatt. All seine Reichtümer werden ihm genommen, keines seiner Kinder überlebt den vernichtenden Wüstensturm.

> *»Die drei Freunde Ijobs hörten von all dem Bösen, das über ihn gekommen war. Und sie kamen, jeder aus seiner Heimat: Elifas aus Teman, Bildad aus Schuach und Zofar aus Naama. Sie vereinbarten hinzugehen, um ihm ihre Teilnahme zu bezeigen und um ihn zu trösten.*
> *Als sie von fern aufblickten, erkannten sie ihn nicht; sie schrien auf und weinten. Jeder zerriß sein Gewand; sie streuten Asche auf ihr Haupt gegen den Himmel. Sie saßen bei ihm auf der Erde sieben Tage und sieben Nächte; keiner sprach ein Wort zu ihm. Denn sie sahen, daß sein Schmerz sehr groß war.«*
>
> Ijob 2, 11-13

Trost hat sprachlich mit *»Treue«* und *»Trauen«* zu tun – und mit *»trauern«*. Sieben Tage und Nächte trauern die Freunde Ijobs mit ihm; sieben Tage und Nächte halten sie ihm die Treue; sieben Tage und Nächte trauen sie ihm und sich selbst ihr Schweigen und die Stille zu. Das bedeutet doch: Trösten, wirklichen Trost spenden, geschieht dort, wo Treue sich bewährt im Aushalten und wo Vertrauen sich verwirklicht im Zulassen des Schmerzes. Trost will nicht die Trauer nehmen. Trost will mitleiden, mittragen, sich solidarisch erklären – ohne viele Worte, ohne »fromme Sprüche«, ohne falsches Gehabe. Trösten ist weniger aktives Tun, das oft zu direkt und deshalb verletzlich sein kann; trösten ist eher behutsames Warten und zurückhaltendes Ereignen. Nur der, der wie die drei Freunde

Ijobs selbst untröstlich ist, kann Trost schenken und Tröstliches vermitteln. Nur der, der wie die drei Freunde Ijobs innerlich berührt ist von so viel Leid und Unglück und sich seiner Tränen nicht schämt, kann Trauernde verstehen und ihnen ganz nahe sein. Nur der, dem es wie den drei Freunden Ijobs buchstäblich die Sprache verschlägt, entgeht der Gefahr der Vertröstung.

»Wie eine Mutter ihren Sohn tröstet, so tröste ich euch ...«, heißt es im Buch Jesaja (66,13). Wie in der Bibel verbinden viele Menschen mit dem Wort »Trösten« das Bild der Mutter. Als Kinder haben wir wichtige Erfahrungen mit dem tröstlichen Zuspruch der Mutter (und des Vaters) gemacht. Ihre Nähe, ihre Wärme, ihre Zärtlichkeit, ihr Schoß haben das Leid und den Schmerz relativ schnell vergessen lassen und Sicherheit und neuen Mut gegeben. So wie früher Eltern dem Kind zur Seite standen, so braucht der Trostbedürftige den Halt und die Stütze ihm nahestehender Menschen.

Stehen bleiben

Von einer fröhlichen Runde kommend,
gehe ich zum Friedhof.
Da stehen zwei Mädchen, die weinen.
Sie haben in diesem Jahr den Vater verloren.
Und jetzt, nach einigen Monaten, die Mutter.
»Wir haben so viel gebetet.
Gibt es wirklich keinen Gott?«
Die Frage »Warum?« hat noch nicht ausgedient.
Ich schweige,
ich stehe wortlos da als Zeuge Gottes.
Stehenbleiben, das ist meine Antwort.

Martin Gutl

»Versehen mit den Tröstungen unserer heiligen Kirche ...«

Auf Todesanzeigen ist gelegentlich noch dieser Spruch zu lesen: Da ist ein gläubiger Christ aus dem Leben geschieden – versehen mit dem Segen und dem tröstenden Zuspruch seiner Kirche. Gemeint ist damit das Sakrament der Krankensalbung oder die Wegzehrung. Der Sterbende wie auch die trauernden Angehörigen und Freunde suchen und erfahren Trost und Kraft in der Zusage Gottes: »Wer an mich glaubt, wird leben, auch wenn er stirbt« (Joh 11,25). Solcher Trost vertreibt weder die Angst des Sterbenden noch die Trauer der Hinterbliebenen, aber er weist allen einen Weg in die Hoffnung. So schreibt der Apostel Paulus in einem Brief an die Gemeinde in Thessalonik:

»Brüder, wir wollen euch über die Verstorbenen nicht in Unkenntnis lassen, damit ihr nicht trauert wie die anderen, die keine Hoffnung haben. Wenn Jesus – und das ist unser Glaube – gestorben und auferstanden ist, dann wird Gott durch Jesus auch die Verstorbenen zusammen mit ihm zur Herrlichkeit führen ... Tröstet also einander mit diesen Worten!« (1 Thessaloniker 4, 13-14; 4, 18).

Christen stehen in ihrer Trauer nicht allein. »Der Gott der Geduld und des Trostes« (Römer 15,5) sagt von sich, daß er trösten will, wie eine Mutter oder ein Vater ihre Kinder trösten (vgl. Jesaja 66, 13). Daß der Tod nicht sinn-los bleibt, nicht ohne jede Hoffnung – darin liegt letztlich der Trost für die, die in Trauer zurückbleiben. Deshalb nennt die Bibel die Trauernden selig (Matthäus 5, 4), weil sie nicht ohne Hoffnung trauern müssen. Das ist keine »billige Vertröstung« auf das Jenseits, sondern tröstliche Stärkung und Ermutigung im Diesseits.
Der tröstende Zuspruch Gottes ist zugleich verpflichtender Anspruch für die Christen. Unter den sieben Werken christlicher Barmherzigkeit kommt der Aufforderung »Trauernde trösten« eine zentrale Bedeutung zu. Damit sich die Trauer nicht ins Unendliche verliert und der Trauernde nicht von der Last seiner Ohnmacht zu Boden gedrückt, ja gleichsam unterdrückt wird, bedarf es der barmherzigen Solidarität der Mitchristen. In der Trauer um einen verstorbenen Menschen tröstet nicht zuletzt das gemeinsame Gebet. Auch die dem religiösen und

kirchlichen Leben eher distanziert gegenüberstehenden Menschen erinnern sich im »Trauerfall« bisweilen an die tröstende Kraft der Gebete
ihrer Kindheit. Ohnmächtig gegenüber dem Tod, setzen auch sie
vielleicht ihre letzte Hoffnung auf den »Gott der Geduld und des Trostes«
(Römer 15, 5).

*D*a hörte ich die laute Stimme
vom Thron her rufen:
Seht, die Wohnung Gottes unter den Menschen!
Er wird in ihrer Mitte wohnen,
und sie werden sein Volk sein,
und er, Gott, wird bei ihnen sein.
Er wird alle Tränen von ihren Augen abwischen:
Der Tod wird nicht mehr sein,
keine Trauer, keine Klage, keine Mühsal.
Denn was früher war, ist vergangen.

Offenbarung 21, 3-4

10. Kapitel

Sterben lernen – abschiedlich leben

Kunst des Lebens –
Kunst des Sterbens

Leben vor dem Tod

Auf einem Grabstein in Irland findet sich die ungewöhnliche Frage:

»Gibt es ein Leben *vor* dem Tod?«
Wäre auf einem Grabstein nicht die Frage angemessener:
»Gibt es ein Leben *nach* dem Tode?«

Doch den hier Verstorbenen bewegte über den Tod hinaus die Frage: Gibt es das, ein lebenswertes, glückliches und erfülltes Leben vor dem Tod? Was aber ist ein sinnvolles Leben vor dem Tod? Hilft möglicherweise das Wissen um Sterben und Tod zu einem lebenswerten Leben?

Eine Krankenschwester:
»Ich habe so viele Menschen gesehen, die im Sterben liegen, das hat mich bewußter in bezug auf mein Leben gemacht. Immer mehr habe ich mich gefragt, was ist eigentlich wichtig in meinem Leben, was unwichtig. Ich will etwas aus meinem Leben machen, gerade weil ich weiß, daß der Tod ganz zufällig kommen kann.«

Eine andere Frau:
»Wenn man begreift, daß der Tod ganz zufällig kommen kann, dann erkennt man auch besser, was man eigentlich tun möchte, und man bekommt auch den Ansporn, es in die Tat umzusetzen. Mir selber ist dabei, verdammt noch mal, aufgegangen, daß ich mein Leben nicht führen will, wie es die Leute verlangen.«

Ein Theologe:
»Ich möchte sehr lange leben, aber nicht alt werden. Ich habe heute schon Angst vorm Sterben. Die Angst ist weniger dadurch begründet, daß ich nicht weiß, was nachher kommt. Das weiß ich ja. Meine Angst ist im Grunde eine Neugier. Ich möchte so vieles noch erleben.«

**Man muß irgendwie herauskriegen,
was es heißt, am Leben zu sein!**

Sterbeleben

*I*ch sterbe immerzu
und immer offen
Ich sterbe immerfort
und immer hier
Ich sterbe immer einmal
und immer ein Mal

Ich sterbe immer wieder
Ich sterbe wie ich lebe
Ich lebe manchmal hinauf
und manchmal hinunter
Ich sterbe manchmal hinunter
und manchmal hinauf

Woran ich sterbe?
Am Haß
und an der Liebe
an der Gleichgültigkeit
an der Fülle
und an der Not

An der Leere einer Nacht
am Inhalt eines Tages
immer einmal an uns
und immer wieder an ihnen
Ich sterbe an dir
und ich sterbe an mir

Ich sterbe an einigen Kreuzen
Ich sterbe in einer Falle
Ich sterbe an der Arbeit
Ich sterbe am Weg
Ich sterbe am Zuvieltun
und am Zuwenigtun

Ich sterbe so lange
bis ich gestorben bin
Wer sagt
daß ich sterbe?
Ich sterbe nie
sondern lebe

Erich Fried

Ein englischer General wurde pensioniert. Bald fragte man ihn: Wie haben Sie jetzt Ihr Leben eingerichtet? Die Antwort war knapp: Sehr einfach. Ich lasse mir das Frühstück an das Bett bringen, dann lese ich die Todesanzeigen in der Zeitung und, wenn ich nicht drinstehe, stehe ich auf und habe plötzlich viel Zeit.

Wenn ich mein eigenes Leben von seinem Ende her betrachte, werden manche Fragen klarer und eindeutiger, erscheint das Leben in einem anderen Licht: Wozu lebe ich? Was ist wichtig und unwichtig? Wofür lohnt es, zu kämpfen und zu leiden? – Wofür habe ich Zeit, und wofür lasse ich mir Zeit?
Sterben und Tod setzen neue Maßstäbe für das Leben, für wirkliches Leben. Denn Überleben – das ist noch nicht Leben!

Viele kleine Tode im Leben

»Man stirbt viele kleine Tode, bis man den letzten stirbt.« Viele kleine Tode bedrohen uns schon mitten im Leben. Sie lassen das Leben gelegentlich wertlos und sinnlos erscheinen. Das Leben selber schon kann tödlich sein, kann alle Lebenshoffnung zerstören.

Die Erfahrung des Todseins mache ich

- wenn meine Gefühle absterben,
- wenn ich unterdrückt werde und mir die Luft zum Atmen fehlt,
- wenn mein Vertrauen erschüttert wird,
- wenn ich keinen Lebensmut mehr habe,
- wenn eine Freundschaft in die Brüche geht,
- wenn jemand hinter meinem Rücken Schlechtes über mich erzählt,
- wenn ich mich von einem lieben Menschen trennen muß,
- wenn ich kraftlos und mutlos bin,
- wenn ich isoliert lebe,
- wenn sich nichts mehr ändert,
- wenn ich meine, vor Angst sterben zu müssen,
- …

ANSELM VON CANTERBURY (1033-1109) wird eine »Ermahnung für den Sterbenden, der über seine Sünden allzusehr erschrocken ist«, zugeschrieben, die großen Einfluß auf zahlreiche im Mittelalter verfaßte Sterbebücher hatte. In dieser »Ermahnung« begegnen uns sieben Fragen, die in ihrer eindringlichen Einfachheit und bewegenden Herzlichkeit das Zeugnis einer tiefen Frömmigkeit geben. Leben und Tod werden vom Geheimnis Christi und seines Todes her meditiert und mit dem eigenen Sterben zusammengesehen.

»Freust du dich, daß du im christlichen Glauben stirbst?

Bekennst du, daß du nicht gelebt hast, wie du solltest?

Ist dir das leid?

Hast du den Willen, dich zu bessern, wenn dir Gott dein Leben fristet?

Glaubst du auch, daß unser Herr Jesus Christus, des lebendigen Gottes Sohn, für dich gestorben ist? Dankst du ihm?

Glaubst du, daß du nicht anders zum ewigen Leben kommst, als durch seinen Tod?«

Wer diese sieben Fragen mit dem Herzen bejaht, empfängt in der mittelalterlichen Ars moriendi die letzte große Mahnung der glaubenden Hoffnung: »Ei so setz alle deine Zuversicht allein in diesen Tod Jesu Christi und habe Hoffnung in kein ander Ding. In diesen Tod senk dich ganz und gar. Mit diesem Tod bedecke dich ganz. In diesem Tod wickele dich, und wenn dich Gott der Herr richten will, so sprich: Herr, den Tod unseres Herrn Jesus Christus, deines Sohnes, werfe ich zwischen mich und dein Urteil, anderes strebe ich bei dir nicht an. Spricht er, du habest Verdammung verdient, so sprich: Herr, den Tod unseres Herrn Jesus Christus werfe ich zwischen mich und mein Versagen und sein Verdienst anstelle des Verdienstes, das ich haben sollte und habe es nicht. Den Tod unseres Herrn Jesus Christus setze ich zwischen mich und deinem Zorn. Und daraufhin: Herr, in deine Hände befehle ich meinen Geist.«

Als ob es die Toten gäbe!
Herr, es gibt keine Toten,
Es gibt nur Lebende,
Auf unserer Erde und im Jenseits.
Herr, den Tod gibt es,
Aber er ist nur ein Moment,
Ein Augenblick, eine Sekunde, ein Schritt
Der Schritt vom Vorläufigen ins Endgültige,
Der Schritt vom Zeitlichen ins Ewige.

Michael Quoist

327

Vom Sterben

*H*eute fragt Ursel, unsere Sechsjährige, mitten aus
dem Spiel heraus, ob ich gerne sterbe.
»Alle Leute müssen sterben«,
sage ich hinter meiner Zeitung.
»Aber gern stirbt niemand.«
Sie besinnt sich.
»Ich sterbe gerne!«
»Jetzt?« sage ich: »Wirklich?«
»Jetzt nicht, nein, jetzt nicht –.«
Ich lasse die Zeitung etwas sinken,
um sie zu sehen, sie sitzt am Tisch,
mischt Wasserfarben.
»Aber später«, sagt sie und malt mit stiller Lust:
»Später sterbe ich gerne.«

Max Frisch

Einübung ins Sterben durch Glauben

Hilft der christliche Glaube, mit Sterben und Tod besser fertigzuwerden? Da ist zunächst eine erstaunliche Tatsache. Wenn man im Alten Testament nachliest, was dort von gläubigen Menschen, unseren Vorfahren im Glauben, berichtet wird, so stellen wir fest, daß diese nicht in erster Linie an einem Leben nach dem Tod interessiert sind. Wie alle Menschen, hängen sie am Leben. Sie sehnen sich nach einem reichen und erfüllten Leben hier und jetzt. Sie vertrauen darauf, weil Gott es ihnen versprochen hat.

Die Hoffnung der Frauen und Männer im Alten Testament richtet sich nicht auf jenseitiges Leben, sondern auf Freiheit und Glück, Sicherheit und Reichtum, Frieden und Gerechtigkeit in diesem Leben. Am Ende eines reichen Lebens, betagt und lebenssatt, erwarten sie einen zufriedenen Tod. Gott ist für sie ein Gott der Lebenden, nicht der Toten.

> *»Tote können den Herrn nicht mehr loben, keiner der ins Schweigen hinabfuhr.«*
>
> *Psalm 115,17*

Erst allmählich setzt sich die Gewißheit durch, daß dieser Gott des Lebens nicht nur hier und jetzt an unserer Seite ist, sondern daß er auch im Tod mit uns ist. In diesem Vertrauen wächst allmählich auch die Hoffnung auf ein Leben nach dem Tod, die Hoffnung auf Auferstehung. Diese Hoffnung wird schließlich durch Jesus Christus bestätigt. Er, der menschgewordene Gottessohn, steigt in das Reich des Todes hinab und wird solidarisch mit den Toten. Er durchleidet das Sterben und die Angst endgültiger Verlassenheit. Das ist das letzte Gebet Jesu vor dem Tod:

> *»Mein Gott, mein Gott, warum hast Du mich verlassen?«*
>
> *Psalm 22*

Die Macht Gottes auch über den Tod erweist sich erst durch die Auferweckung Jesu. Ob nicht alle Glaubenden in ihrem Leben die Geschichte der Glaubenden im Alten und Neuen Testament durchschreiten? Zu Recht hoffen Christen darauf, daß Gott sie in ihrem Leben trägt.

Glaube ist keine Vertröstung auf das Jenseits. Es geht um dieses Leben. Aber zu diesem Leben gehören eben auch seine Begrenztheit und die Erfahrung des Todes. Auch Christen erleben angesichts dieser Wirklichkeit Todesangst und Todesverlassenheit. Solche Erfahrungen dürfen sie sich eingestehen. Jesus selber hat ähnliche Erfahrungen gemacht. Nur im Blick auf seine Auferweckung können wir Hoffnung schöpfen, daß erst der Tod zur Fülle des Lebens führt. Schritt für Schritt und oft durch viele Schmerzen hindurch, werden Christen zu der Gewißheit gelangen, zu der auch ein Paulus erst nach eigenem schmerzlichen Glaubensweg gekommen ist:

> *»Weder Tod noch Leben, weder Engel noch Mächte, weder Gegenwärtiges noch Zukünftiges, weder Gewalten der Höhe oder Tiefe noch irgendeine andere Kreatur können uns scheiden von der Liebe Gottes, die in Christus Jesus unserem Herren ist.«*
>
> Römer 8,38-39

So erscheint das Leben nicht mehr als ein sinnwidriger Abbruch, sondern als ein Übergang zur endgültigen Gemeinschaft mit Gott, wie es *Augustinus* in einer Rede über den Tod schreibt:

> *»In seinem Tod reicht Christus uns das Angeld (= Pfand), als ob er sagte: Zu meinem Leben lade ich Euch, wo niemand stirbt … siehe, wohin ich Euch einlade: Zur Freundschaft des Vaters und des heiligen Geistes, zum immerdauernden Mahl, zu meiner Geschwisterschaft. Zu mir selbst, zu meinem Leben lade ich Euch ein. Wollt ihr nicht glauben, daß ich euch mein Leben geben werde? Nehmt als Pfand meinen Tod.«*

Jesus selbst hat in seinem Sterben den Ernstfall des Todes, der äußersten menschlichen Verlassenheit, auf sich genommen, um uns für den Ernstfall unserer letzten Lebensphase zu stärken. Er hat uns das Sterben nicht abgenommen. Denn jeder stirbt seinen eigenen Tod. Aber er hat den Weg geöffnet, der über den Tod hinaus ins Leben führt.

Die Wahrheit

*D*aß niemand prahl, ich sei ein Held gewesen!
Zwar konnt ich fest dem Tod entgegenschauen
Jedoch vorm Sterben fühlt ich kaltes Grauen.
Sterben ist einsam. Tod ist das Genesen.

Wohl werdet ihr in diesen Zeilen lesen
von unerschütterlichem Gottvertrauen.
Doch niemand kann auf Menschenkräfte bauen –
oh nein! Gott weiß: ich bin kein Held gewesen.

Ich habe viel und bitterlich geweint
in leerer Krankenzimmernacht gefangen
schwach wie ein Kind, das nach der Mutter greint

von Angst gewürgt, gejagt von schwarzem Bangen
dem nicht das kleinste Erdenlicht mehr scheint –
So, nackt und zitternd, sollt ich heimgelangen.

Ernst Ginsberg

Einübung ins Sterben durch Hoffnung

In ihrem Buch »Gespräche gegen die Angst« berichtet Anne-Marie Tausch von dem Gespräch zweier Krebspatientinnen. Sie unterhalten sich darüber, wie sie die Mitteilung ihrer tödlichen Diagnose erlebt haben:

Anita: »Als ich vor einem Jahr die Leberspiegelung machte, da kam eine fremde Ärztin, die sagte gleich: Heilen kann man das nicht, nur ein bißchen verlängern. – Ich will gern die Wahrheit wissen, weil ich auf Heilung hoffe. Aber die hat mir klipp und klar gesagt: Heilen kann man das nicht.«
Lisbeth: »Du hast doch eben gesagt, du willst die Wahrheit hören. Da stimmt doch etwas nicht.«
Anita: »Daß man es nicht heilen kann, das hätte sie weglassen können. Ich will doch Hoffnung haben.«

Eine solche Vorstellung erscheint widersprüchlich – und dennoch trifft sie den Kern der Menschen. Alle Sterbenden leben von der Hoffnung, gerade angesichts des sicheren Todes. Weniger in der ersten Phase der Auseinandersetzung mit dem Sterben trägt diese Hoffnung. Sie gewinnt ihre Kraft erst nach einer gewissen Zeit. Hoffnung ist sozusagen der Weg, um einerseits nicht in Resignation zu verfallen und andererseits nicht in Rebellion zu verharren. Das unabwendbare Schicksal wird nicht hingenommen in dem Sinne, daß dann alles aus sein soll.
Menschen machen diese Erfahrung schon im Laufe ihres Lebens. Auch hier scheint mitunter alles zu Ende zu sein – ohne jede Aussicht auf Besserung. In einer solchen Situation trägt die Haltung der Hoffnung dazu bei, sich nicht einfach damit abzufinden, sondern darauf zu bauen, daß es doch noch ein Morgen gibt. Nicht als Konsequenz der eigenen Leistung, des eigenen Nachdenkens, sondern vielmehr in der erwartungsvollen Haltung eines Geschenkes! Hoffnung widersetzt sich der End-Gültigkeit. Sie findet sich nicht damit ab, daß das sogenannte Ende das Letztgültige ist. Solche Hoffnungen bringen Christen etwa zum Ausdruck in der Vaterunser-Bitte: »Dein Wille geschehe!«

Eine solche Hoffnung kann im Verlauf des Lebens eingeübt werden. Sie läßt uns dem Tod nicht hoffnungslos begegnen. Am Ende der vielen »kleinen« Hoffnungen des Lebens steht dann die eine »große« Hoffnung, die Gott selber erfüllen wird: *ein Leben in Fülle.*

Träger der Hoffnung im Laufe des Lebens kann das Gebet sein. In ihm bringen Christen ihre jeweiligen Lebenssituationen vor Gott. Im Gebet finden sie sich nicht ab mit dem, was faktisch geschieht, was sie selber leisten und erleiden, sondern tragen ihr Leben vor Gott in der Hoffnung, daß es ein gutes Ende nehmen möge.

Und nun, meine lieben Freunde, heißt es Abschied nehmen. Keineswegs in Resignation; aber auch ohne Illusion, was den Prozeß meiner Krankheit betrifft. Die Wochen und Tage sind gezählt. Dieses Wissen öffnet eine ganz neue Dimension der Erfahrung. Was ich bisher theoretisch über Krankheit und Tod nachdachte, ist existentielle Wirklichkeit geworden. Es gibt keinen Grund, vor Gott und der Welt zu klagen. Nach 70 erfüllten Lebensjahren füge ich mich denn der Endlichkeit alles Irdischen. Und es trägt mich das gläubige Bewußtsein, daß mein Schöpfer, der mich einst beim Namen gerufen hat, mir auch über den Tod hinaus seine Treue bewahrt.

Der Theologe Franz Böckle am Schluß der Dankrede anläßlich seiner Ehrenpromotion, wenige Wochen vor seinem Tod im Juli 1991

Einübung ins Sterben durch Liebe

»Wer nicht liebt, bleibt im Tod.«

1 Johannes 3,14

Das ist offensichtlich der Weg der Christen, die vielen kleinen Tode im Leben zu überwinden und doch dem Tode am Ende des Lebens nicht hoffnungslos zu begegnen. Die Liebe zu den Schwestern und Brüdern ist für den Christen der konkrete Weg, auf dem der Tod überwunden wird und auch schon hier – in diesem Leben – etwas vom ewigen Leben erfahren werden kann. So ereignet sich schon Auferstehung mitten im Leben.

»Wir wissen, daß wir aus dem Tod in das Leben hinübergegangen sind, weil wir die Brüder und Schwestern lieben.«

1 Johannes 3,14

Liebe ermöglicht Auferstehungserfahrung. Sie überläßt dem Tod und allem Tödlichen nicht das letzte Wort. Sie läßt immer wieder neu aufstehen. Die Praxis der Liebe ist somit die beste Einübung in das Sterben. In der Liebe wird deutlich, daß alles Tödliche und auch der eigentliche Tod nur vorläufig sind. Denn wer liebt, scheint etwas abzugeben, etwas von seiner Zeit, von seinem Besitz, von seinem Recht und von seiner Freiheit. Liebe kann so zunächst als Verlust erscheinen. Dennoch merkt der Liebende, daß er gerade im Verlust vieles neu für sich gewinnt. So wird nicht zuletzt das Abgeben des Lebens in den Tod ein Gewinn sein. Denn dieser Tod ist vorläufig:

> *»Stark wie der Tod ist die Liebe«.*
>
> Hoheslied 8,6

Wer dem täglichen Sterben – dem Loslassen des Lebens aus Liebe – nicht aus dem Weg geht, der wird auch dem letzten Loslassen des Lebens im Tod ohne Angst entgegensehen können. Die Liebe ist das eigentlich Unvergängliche, das Endgültige, das, was bleibt.

»Im Angesicht des Todes«
– Übungen zur Vorbereitung auf das eigene Sterben –

DISTANZ ZU BESITZ UND EIGENTUM GEWINNEN

»Sammelt euch nicht Schätze ...« (Matthäus 6,19), »Verkauf, was du hast, und gib das Geld den Armen, ...« (Markus 10,21). An vielen Stellen der Schrift wird davor gewarnt, sein Herz an Dinge dieser Welt zu klammern. Zeit unseres Lebens sollten wir eine Haltung einüben, Besitz und Vermögen »zu haben, als hätten wir sie nicht« (vgl. 1 Korinther 7,29 f).

334

Zur Übung gehört:

- etwas aus der Hand geben lernen;
- gerne schenken, auch Dinge, an denen wir besonders hängen, hergeben, und zwar ohne dafür Gegengaben zu erwarten;
- nicht viel horten;
- Besitz und Vermögen als Anvertrautes, nicht als Eigentum ansehen, daher immer bereit sein zur Rückgabe und zur Rechenschaft;
- frühzeitig testamentarische Verfügungen treffen, um sich vom Besitz zu lösen und frei zu machen.

CHRISTUS ENTGEGENWACHSEN –
DISTANZ ZU SICH SELBST GEWINNEN

»Er muß wachsen, ich aber muß abnehmen« (Johannes 3,30). Das ist nur möglich, wenn es gelingt, sich selbst nicht zu wichtig zu nehmen. Um die Haltung der Selbst-Bescheidung zu erwerben, sind ebenfalls Einsichten zu gewinnen und Einübungen vonnöten:

- den eigenen kleinen Platz erkennen, angesichts des Universums und gegenüber Gott, unserem Herrn: »Was ist der Mensch, daß du seiner gedenkst?« (Psalm 8,5), aber auch gegenüber den Mitmenschen und den Generationen von Menschen.
- im Erfolg bescheiden bleiben und auch Mißerfolg gelassen hinnehmen;
- sich nicht für unersetzlich halten (Es geht auch ohne dich …);
- sich vertreten lassen, und vor allem jungen Menschen Chancen geben;
- lieber über sich selbst lachen als über andere;
- andere ernst-, aber sich selbst nicht zu wichtig nehmen;
- anderen zuhören, aber nicht dreinreden;
- sich freuen über Erfolge anderer …

*B*leibe bei uns, Herr,
denn es will Abend werden,
und der Tag hat sich geneigt.
Bleibe bei uns und bei deiner ganzen Kirche.
Bleibe bei uns am Abend des Tages,
am Abend des Lebens, am Abend der Welt.
Bleibe bei uns mit deiner Gnade und Güte,
mit deinem heiligen Wort und Sakrament,
mit deinem Trost und Segen.
Bleibe bei uns, wenn über uns kommt
die Nacht der Trübsal und Angst,
die Nacht des Zweifels und der Anfechtung,
die Nacht des bitteren Todes.
Bleibe bei uns und bei allen deinen Gläubigen
in Zeit und Ewigkeit.
Amen.

»Laßt die Sonne niemals untergehen über eurem Zorn!« (Epheser 4,26). Diese Gesinnung wird nur möglich sein, wenn man lernt, auf eigenes Recht auch verzichten zu können, und zwar ohne etwas nachzutragen, und »zu-frieden« zu sein, im ganz wörtlichen Sinn, also nicht aus Faulheit oder Bequemlichkeit, sondern durchaus auch mit Leidenschaft: »Suche den Frieden und jage ihm nach!« (Psalm 34,15; 1 Petrus 3,11). Wir dürfen von Gott nur soviel Vergebung erwarten, als wir auch selbst bereit sind, Vergebung zu schenken (vgl. Matthäus 6,14). Auch diese Haltung muß eingeübt werden:

– der Rechthaberei widerstehen;
– erfahrenes Unrecht ohne Verbitterung hinnehmen;
– keine Vergeltung suchen;
– sich um Versöhnungsbereitschaft sorgen;
– möglichst umgehend verzeihen;
– eigene Schuld erkennen und bekennen;
– um Vergebung bitten;
– Vergebung annehmen.

Philipp Harmonzourt

Mit den Toten leben
– Freundschaft mit den Toten –

IN VORCHRISTLICHEN ZEITEN war der Ort Delphi in Griechenland ein berühmter Wallfahrtsort. Aus vielen Ländern der Erde kamen Ratsuchende, um aus dem Munde der Priesterinnen den helfenden Spruch des Gottes zu hören, der sich oft durch besondere Tiefsinnigkeit auszeichnete. Eines Tages kamen Abgesandte des Volksstammes der Megarer mit der Frage, was denn das Glück ihres Volkes begründe. Das Orakel antwortete: »In allen wichtigen Dingen sollt ihr euch mit der Mehrheit beraten.« Diese Mehrheit seien – die Toten. Mit ihnen sollten sie Rat pflegen. Das sei die sicherste Bürgschaft für die Wohlfahrt ihres Landes.

Zwei Zigaretten lang

Nachts, wenn du zwei Zigaretten lang
am Fenster stehst, kommen
manchmal
aus einem Raum in dir selbst
den du nicht kennst
deine sanften Geschwister

Wie Grüße von Leuten, die du
einmal gekannt hast und die es jetzt
nicht mehr gibt, die Gedanken
ans eigene Verschwinden

Wie der süße Geschmack
beim Kauen, während das Brot
im Mund
weniger wird, wie Zeichen
aus Rauch, während der Tabak
zu Asche zerfällt

Wirst wohl auch du dereinst
verschwunden aufstehn
ohne eigenes Dazutun
in einer anderen Nacht
und grüßen aus deiner Zeit?

Und wem wird dein Wort
zwei Zigaretten lang
ein Bruder sein, eine Schwester
fremd und vertraut?

Werner Söllner

Wir haben noch eine Zeit lang nach dem Tod eines Menschen getrauert – fassungslos oder gefaßt. Doch dann hat man uns gesagt: »Das Leben muß weitergehen!« Der Alltag und die Sorgen des Lebens haben uns wieder – früher und schneller als gedacht. Die Toten halten wir in Ehren, in Erinnerung – eine Zeit lang wenigstens. Doch mit ihnen leben? Leben wie mit einem Freund? Können uns die Toten guten Rat für unser Leben geben? Kein Sterbenswort kommt von ihnen; kein Blick und kein Händedruck werden erwidert.

Wir schauen vorwärts. Von der Zukunft hängt unser Leben ab. Es geht um unsere Zukunft und die unserer Kinder. Kann dabei der Blick zurück zu den Toten helfen? – Nützt hier der Gedanke an die, die schon gestorben sind?

75 Milliarden Menschen haben vor uns auf der Erde gelebt.

75 Milliarden Tote – darunter einige, die ich sehr geliebt habe.

Was ist mit ihnen? Alles aus und vorbei? Wozu waren sie da?

Nur um zu sterben?

Dabei leben wir von dem, was sie getan haben. Von ihrem Leid und ihrer Liebe, von ihren Taten und Unterlassungen, von ihrem Denken und Fühlen, von ihren Wahrheiten und Irrtümern, von ihren Leistungen und ihrem Versagen.

Wir haben unser Leben und diese unsere Welt nicht selber neu geschaffen. Und schließlich werden wir auch einmal zu den Toten gehören.

Gibt es nicht zu wenige, die sich unter diesen Toten Freunde und Brüder bewahren oder gar suchen? Wer spürt etwas von ihrer Unzufriedenheit, von ihrem stummen Protest gegen unsere Gleichgültigkeit, gegen unsere allfertige Bereitschaft, über sie hinweg zur Tagesordnung überzugehen.

Die Frage nach dem Leben der Toten zu vergessen und zu verdrängen, ist zutiefst inhuman. Es bedeutet, die vergangenen Leiden zu vergessen und zu verdrängen, um uns der Sinnlosigkeit dieser Leiden widerspruchslos zu ergeben. Schließlich macht auch kein Glück der Enkel das Leid der Väter wieder gut, und kein sozialer Fortschritt versöhnt die Ungerechtigkeit, die den Toten widerfahren ist. Wenn wir uns zulange der Sinnlosigkeit des Todes und der Gleichgültigkeit gegenüber den Toten unterwerfen, werden wir am Ende auch für die Lebenden nur noch banale Versprechen parat haben.

Synodenbeschluß »Unsere Hoffnung«

Wenn wir die Toten im Stich lassen, erweisen wir uns zumindest als unsozial. Wenn wir all das vergessen, was sie uns Gutes getan haben, dann wären wir undankbar.

Aber können die Toten uns guten Rat geben für unser jetziges Leben? Mehr noch, sind sie eine »Bürgschaft für unsere Wohlfahrt«, wie das Orakel von Delphi sagte? Brauchen wir die Toten als Freunde für unser Leben?

Einen Verstorbenen öffentlich zu loben und öffentlich zu versichern, daß man ihn vermissen werde, ist der übliche Ausdruck unserer redlichen Trauer in Ahnungslosigkeit, was Tod ist. Kein Antlitz in einem Sarg hat mir je gezeigt, daß der Eben-Verstorbene uns vermißt. Das Gegenteil davon ist überdeutlich. Wie also kann ich sagen, immer größer werde mein Freundeskreis unter den Toten? Der Verstorbene überläßt mich den Erinnerungen an meine Erlebnisse mit ihm ... Er hingegen, der Verstorbene, hat inzwischen eine Erfahrung, die mir erst noch bevorsteht, und die sich nicht vermitteln läßt; es geschehe denn durch eine Offenbarung im Glauben.

Max Frisch

Im Glauben wissen wir, daß die Toten nicht einfach vergangen sind, sondern leben. Wir glauben an die Gemeinschaft der Lebenden und der Toten. Gott selber ist der Garant dafür. Er hat uns ein Leben zugesichert, das nicht durch den Tod zerstört wird.

Die Sprache der Verständigung zwischen den Lebenden und den Toten ist das Gebet. Im Gebet öffnen und offenbaren wir uns mit unserem Denken und Fühlen, mit unseren Erfolgen und Mißerfolgen, mit unseren Fragen und Antworten, mit unserem Suchen und Finden. Wir werden offen für Gottes Gegenwart. Im Gebet zu den Verstorbenen öffnen wir uns ihrer Botschaft. Im Gebet können wir teilhaben an der Erfahrung, welche bei Gott Lebenden jetzt schon machen. Erfahrungen, die schon hilfreich sind für unser Leben vor dem Tod. Die Botschaft ihrer Erfahrung kann sein:

342

Denke daran, daß du auch sterben mußt.

Der Tod ist nicht das Letzte. Du wirst leben.

Wenn du stirbst, wirst du nicht mitnehmen,
was du hast, sondern was du gegeben hast.

Du darfst dich mit deinen Grenzen annehmen.

Alles, was du an Liebe, an Gerechtigkeit
und an Frieden geschenkt hast,
wird unvergänglich bleiben.

Deine Schuld wird dir vergeben werden.

Gottes Gerechtigkeit wird dich aufrichten.

Du lebst nicht umsonst.

Wenn wir so Gemeinschaft mit unseren Toten halten, gewinnt das Leben an Menschlichkeit. Es verliert etwas von der unerbittlichen Härte im Kampf gegeneinander. Wer in Kontakt mit den Verstorbenen steht, setzt für sein Leben andere Maßstäbe. Das Leben mit den Toten kann die Verarmungen und Verkümmerungen unseres Lebens überwinden helfen.

Im Chor der Kirche des Benediktinerklosters Königsmünster (Sauerland) wird das Halbrund der betenden Mönche ergänzt durch das entgegengesetzte Halbrund der Mönchsgräber, die unten in der Krypta zu finden sind. »Erst der Kreis ist das ganze Kloster. Wir leben mit den Toten« sagt der Pater bei der Kirchenführung. Hier hat der Spruch des Orakels von Delphi seine christliche Erfüllung gefunden.

Worte im Schweigen

Meiner Toten will ich vor Dir gedenken, Herr, aller derer, die einmal zu mir gehörten und von mir gegangen sind. Ihrer sind viele, so viele, daß ich sie gar nicht mit einem Blick überschauen kann ... Mein Herz ist bei ihnen, die so schon fortgegangen sind von mir. Es gibt keinen Ersatz für sie. So lebe ich mit den Toten ... Aber wie soll ich mit den Toten leben können, leben in der einen Wirklichkeit meiner und ihrer Liebe? Gib mir Antwort, du mein Gott, der du dich einen Gott der Lebendigen und nicht der Toten genannt hast! Wie soll ich mit ihnen leben? Was nützt mir, wenn ich sage – ach, Herr und die Philosophen mir sogar beweisen –, daß sie noch sind und daß sie weiterleben? Sind sie bei **mir**? *Weil ich die Toten liebte und immer noch liebe, muß ich bei* **ihnen** *sein. Aber sind sie auch bei* **mir**? *Sie sind doch fortgegangen, sie schweigen. Kein Wort von ihnen dringt mehr an mein Ohr, keine milde Güte ihrer Liebe erfüllt mehr mein Herz. Wie sind doch die Toten so stille, wie sind die Toten doch so – tot!*
Meine Frage kehrt sich von ihnen zu dir, Gott, der du der Gott der Lebendigen und nicht der Toten genannt sein willst. Wie aber soll ich dich fragen? Du schweigst ja ebenso wie die Toten. Ich liebe ja auch dich, wie ich meine Toten liebe, die fernen und schweigenden, die in die Nacht eingegangenen. Gibst denn **du** *meiner Liebe vernehmliche Antwort, wenn sie dich ruft und bittet um ein Zeichen, daß deine Liebe zu mir lebt und*

344

bei mir ist? Kann ich meine Toten anklagen, wenn **ihr** Schweigen nur das Echo **deines** Schweigens ist? Oder ist dein **Schweigen** deine Antwort auf meine Klage über ihr **Schweigen**?

Stiller Gott, Gott der stillen Toten, lebendiger Gott der Lebendigen, Rufer durch Schweigen, Gott derer, die durch ihr Schweigen mich in dein Leben hineinrufen wollen, laß mich meine Toten, meine Lebendigen nicht vergessen. Meine Liebe zu ihnen, meine Treue zu ihnen sei Beweis meines Glaubens an dich, Gott des ewigen Lebens. Laß mich ihr Schweigen nicht überhören, das Schweigen, das das innigste Wort ihrer Liebe ist.

Wenn ich spreche: Herr, gib ihnen die ewige Ruhe und das ewige Licht leuchte ihnen, dann soll mein Gebet nur der Widerhall des Wortes der Liebe sein, das sie selbst in der Stille ihrer Ewigkeit für mich sprechen: Herr, gib ihm, den wir in deiner Liebe lieben wie noch nie, gib du ihm nach seines Lebens Kampf die ewige Ruhe, und dein ewiges Licht leuchte auch ihm wie uns. Seele, vergiß nicht der Toten. Gott aller Lebendigen, vergiß nicht mich Toten, damit du einmal auch mein Leben seist.«

Karl Rahner

Choral

*N*un wird es Zeit zu danken
eh Herz und Auge bricht
für alle Gottesgaben
für Leben, Luft und Licht –

Zu danken für die Eltern
die mir in dieser Welt
die blinden Kinderfüße
auf graden Weg gestellt –

Zu danken für die Freundschaft
die mir zur Seite ging
und oft mit starken Armen
den Taumelnden umfing –

Zu danken für die Liebe
die ich so oft verriet:
sie aber sang, die treue
das ewge Lebenslied –

Zu danken für den Sohn, den
die Liebe uns gebar:
er machte meinem Leben
kein einzges graues Haar –

Zu danken für die Enkel:
wie blüht das Leben fort!
Wie mir sei Gott Euch gnädig
an jedem Lebensort –

Zu danken für die Freuden:
Wie war die Welt so schön
um staunend voll Entzücken
von Glück zu Glück zu gehn –

Zu danken für die Leiden:
sie sühnten dunkle Schuld
und prüften Herz und Nieren
im Abgrund der Geduld –

Zu danken für die Tränen
des Lachens wie der Not:
die Not, ach, bittre Speise
das Lachen gut wie Brot –

Zu danken für die Gaben
der Kunst, der ich gehört
die mich seit Knabenjahren
besessen und betört –

Zu danken für die Vielen
die meinen Sinn erfühlt
und meine Sprache liebten:
für sie hab ich gespielt –

Dank für die Welt von Träumen
Dank für die Wirklichkeit
Dank, daß ich nie dem Nichts erlag
in dieser schwarzen Zeit –

Nun wird es Zeit zu danken …
Das Wort vermag es nicht!
Doch Du nimm den Verstummten
Herr, wortlos heim ins Licht.

Ernst Ginsberg

Anhang

Das Haus bestellen

Vorsorge-Mappe
Eine Hilfe für die Angehörigen

Wichtig

☛ Diese Mappe soll nicht an irgendeinem Ort der Wohnung versteckt werden, sondern an einer allgemein bekannten Stelle hinterlegt werden (zum Beispiel in einem Bankschließfach, bei einem Anwalt, einer Vertrauensperson).

Inhalt der Vorsorge-Mappe:

1. Hinweise für den, der den Nachlaß zu richten hat. – Entsprechende Vollmachten

2. Das Testament

3. Willenserklärung für lebensbedrohliche Situationen

4. Verfügung über die Art der Bestattung

5. Namensliste (mit Anschriften) der Personen, die im Todesfall benachrichtigt werden sollen.

6. Alle relevanten Urkunden:
   – Familienstammbuch
   – Geburtsurkunde
   – Heiratsurkunde
   – Bescheinigung über Taufe, Konfirmation und Trauung
   – Zeugnisse
   – Gesellen-, Meisterbrief
   – Anstellungsverträge
   – Ernennungen, Ehrungen, Auszeichnungen

7. Urkunde über Grabstätte – Niederlegung besonderer schriftlicher Wünsche

8. Besitzdokumente
   – Hinweise auf Konten
   – Hinweise auf Wertpapiere, Aktien
   – Grundbuchauszüge im Falle von Grundbesitz
   – Geschäftsanteile, Beteiligungen, Kaufverträge
   – Forderungen an Dritte

9. Dokumente über Einkünfte und Versicherungen
   – Sozialversicherungsunterlagen, Renten- und Pensionsbescheide
   – Mitgliedsausweis der Krankenkasse
   – Lebensversicherungspolicen
   – Hinweis auf die Mitgliedschaft in einer Sterbekasse
   – Haftpflicht- und Unfallversicherungspolicen
   – Sonstige Versicherungen

10. Verträge und Verbindlichkeiten
    – Mietverträge
    – Pachtverträge
    – Ratenverträge
    – Sonstige Verträge

WILLENSERKLÄRUNGEN FÜR DIE ENDPHASE MEINES LEBENS

Menschenwürdig sterben

Für den Fall, daß ich eine unheilbar zum Tode führende Krankheit erleide oder durch einen Unfall so geschädigt werde, daß mit nicht mehr behebbaren und zum Tode führenden Beeinträchtigungen meiner Gesundheit zu rechnen ist, bitte ich darum, daß ich in Ruhe und Würde (möglichst zu Hause) sterben kann, ohne nur noch künstlich am Leben gehalten zu werden.

1 Ich bestehe darauf, daß mein Sterben in den genannten Situationen weder künstlich verlängert noch durch gegenteilige Maßnahmen verkürzt wird.
Insbesondere lehne ich den Einsatz apparativer Angebote mit dem Effekt einer sinnlosen Leidensverlängerung ab.

2 Dagegen wünsche ich, daß im Falle eines zum Ende meines Lebens führenden Prozesses nur noch lindernde (palliative) Maßnahmen angewendet werden, z.B. nach den Vorgaben der IGSL (Internationale Gesellschaft für Sterbebegleitung und Lebensbeistand e.V., Im Rheinblick 16, D-55411 Bingen (Rhein) 1, 0 67 21/1 65 56 und 1 03 28).
Zudem wünsche ich, daß mir für die Endphase meines Lebens die Pflege in der Familie ermöglicht oder die Aufnahme in einer Palliativstation bzw. in einem Hospiz vermittelt wird.

3 In einer solchen Situation wünsche ich außerdem, daß man meine Angehörigen (Vertrauensperson oder Freunde), meinen Hausarzt, meinen Seelsorger und die IGSL benachrichtigten. Wenn ich selbst nicht mehr über mich verfügen kann, soll einer der Genannten meine Rechte als Bürge wahrnehmen.

4 Ich behalte mir vor, diese Willensbekundung im Verlaufe einer Erkrankung oder Schädigung jederzeit ändern oder bestätigen zu können, notfalls durch meinen Bürgen.

[Dieser Text wurde verfaßt unter der Federführung von Paul Becker, Initiator der Internationalen Gesellschaft für Sterbebegleitung und Lebensbeistand e.V.]

Ich bin Organspender für Transplantationen

Organe spenden

Ähnlich wie ein Testament ist auch die Festlegung der Verfügungsgewalt über die eigenen Organe im Todesfall. Mehr als 20 000 Menschen leben in der Bundesrepublik Deutschland mit Hilfe einer künstlichen Niere, da ihre eigenen Nieren durch Krankheit zerstört sind. Eine große Chance auf ein Weiterleben ist für diese Menschen die Transplantation einer Spenderniere. Immer verbreiteter wird daher auch die Festlegung einer Organtransplantation im Falle des Todes. Dies wird in einen Organspendeausweis eingetragen, den man ständig bei sich tragen sollte.

Die Transplantation

Eine Transplantation ist eine Operation, bei der gesunde Organe oder Gewebe eines Verstorbenen auf einen chronisch schwer kranken Menschen übertragen werden, mit dem Ziel, die verlorene Funktion seiner Organe wieder in Gang zu bringen. Vielfach schenkt eine solche Transplantation neues Leben. Organspenden von lebenden Personen werden nur in besonderen Fällen (zum Beispiel von direkten Blutsverwandten) vorgenommen. Eine größere Rolle spielt die Transplantation von Organspendern.

Der Organspender

Organspender sind oft Unfallopfer, die eine tödliche Hirnschädigung erlitten haben, aber deren Kreislauf bei fehlender Gehirndurchblutung (also nicht wiederherstellbarer Gehirnfunktion) konstant gehalten werden konnte, so daß die Funktion der zu transplantierenden Organe erhalten bleibt.

Von den Organen können die Nieren, die Leber, das Herz, die Bauchspeicheldrüsen und die Lunge übertragen werden; auch die Hornhaut der Augen sind für eine solche Transplantation geeignet.

Bei einer Organspende ist sicherlich eine gewisse Altersgrenze zu beachten. Diese hat sich aber aufgrund der medizinischen Versorgung durchaus ins höhere Alter verschoben. Bei der Nierentransplantation gilt heute eine Grenze von 65 Jahren, während es zum Beispiel für die Augenhornhaut keine Grenzen gibt. Entscheidend ist das biologische, nicht das kalendarische Alter. Maßgebend ist der Funktionszustand der Organe.

Wichtig:

☞ Eine Transplantation wird vorgenommen, wenn ein Organspenderausweis vorliegt. In diesem dokumentiert der Betroffene selbst seine Bereitschaft für die Transplantation. Liegt kein Organspenderausweis vor, können die Angehörigen die Bereitschaft für die Transplantation erklären.

Ausweise erhalten Sie kostenlos beim Arbeitskreis Organspende
Postfach 1532
63263 Neu-Isenburg
Tel. 0 61 02/35 90

Ich bin Organspender für Transplantationen
I am an Organ Donor

Name, Vorname / *Name, Christian Name*

Straße / *Street*

Wohnort / *Residence*

Geburtsdatum / *Date of Birth*   Unterschrift / *Signature*

Anmerkungen / *Remarks*

Im Falle meines Todes bitte umgehend Nachricht geben an die Organisationszentrale Telefon (Tag und Nacht): (0 61 02) 3 99 99

Verfügung über die Art der Bestattung

Feuerbestattung und Erdbestattung sind vor dem Gesetz grundsätzlich gleich. Um bei den Hinterbliebenen keine Unklarheiten entstehen zu lassen, ist zu empfehlen, die gewünschte Bestattungsart schriftlich niederzulegen. Besonders wichtig ist die schriftliche Erklärung bei der Feuerbestattung, da der Gesetzgeber hierzu eine besondere Willensbekundung fordert. Der Nachweis, daß die Feuerbestattung dem Willen des Verstorbenen entspricht, kann zweifelsfrei am besten durch eine unter Angabe des Ortes und Tages **eigenhändig geschriebene und unterschriebene Erklärung** geführt werden. Die handschriftliche Erklärung über die gewünschte Bestattungsart kann folgenden Wortlaut haben:

Ich ....

Name   Vorname   Geburtsdatum

bestimme hiermit

(Nicht Gewünschtes streichen)

a) meine dereinstige Erdbestattung

b) meine dereinstige Feuerbestattung

Weitere Wünsche für meine Bestattung:
(z. B. welcher Pastor / Pfarrer usw.)

....

PLZ   Wohnort   Straße und Hausnummer

....

Datum   eigenhändige Unterschrift

Die Wahl der Feuerbestattung setzt die Mitgliedschaft in einem Feuerbestattungsverein nicht voraus. Diese eigenhändig geschriebene und unterschriebene Erklärung genügt in jedem Fall.

Sein Testament machen

Die hier vorliegenden Rechtsausführungen beziehen sich auf den Gesetzesstand vom Februar 1993. Bei der Errichtung eines Testaments sollte daher in jedem Fall die Richtigkeit der Rechtslage anhand eines aktualisierten Werkes überprüft werden. Am besten sollte der Rat eines Rechtsanwaltes oder Notars eingeholt werden.

Erben und Vererben

Streitigkeiten über ein Erbe haben schon manche Familienbeziehungen zerstört und Freundschaften zerbrechen lassen. Streit um das Erbe können Sie den Erben jedoch ersparen, wenn Sie sich *rechtzeitig* über das Erben und das Vererben informieren und jetzt schon Vorsorge für den Todesfall treffen.

Haben Sie Ihren »Letzten Willen« nicht in einem Testament oder in einem Erbvertrag festgehalten, wird Ihr Erbe nach den gesetzlichen Bestimmungen unter Ihren Verwandten und dem Ehegatten verteilt. Aber entspricht dies auch voll und ganz Ihren eigenen Wünschen?

Ist Ihnen zum Beispiel klar, daß der Ehegatte aufgrund der *gesetzlich* vorgeschriebenen Erbfolge regelmäßig nicht mehr als *3/4 Ihres Nachlasses*

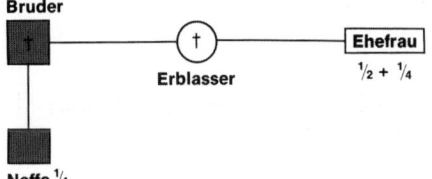

Bruder
† **Erblasser** **Ehefrau** ½ + ¼
Neffe ¼

erben kann, solange beispielsweise noch ein Neffe von Ihnen lebt?

Wollen Sie unliebsame Überraschungen ausschließen, sollten Sie ein Testament machen. Wie man das macht und was bei einem Erbfall zu beachten ist, wird auf den folgenden Seiten dargelegt.

Wichtig

☞ Als erbberechtigt gelten lebende Personen, zu denen auch Kinder zählen, die zum Zeitpunkt des Todes des Erblassers bereits gezeugt, aber noch nicht geboren sind: Kommen diese lebend auf die Welt, zählen sie zum Kreis der Erbberechtigten.

– Als gesetzliche Erben kommen nur die Angehörigen des Erblassers in Betracht. Die Verwandten des Ehegatten werden nicht berücksichtigt und daher von der gesetzlichen Erbfolge ausgeschlossen, z.B. Schwiegermutter, Schwiegersohn, Stiefvater, Stieftochter, angeheiratete Tante, angeheirateter Onkel.

– Auf eheliche oder nichteheliche Geburten wird keine Rücksicht genommen. Es gilt das natürliche Prinzip der Blutsverwandtschaft. Eine Ausnahme ergibt sich durch die Adoption (Annahme als Kind). Die Adoptivkinder sind den ehelichen Kindern *gleichgestellt* (einige Besonderheiten kann es bei der Adoption volljähriger Kinder geben).

– Eine weitere *Ausnahme* vom Grundgesetz der Verwandtenerbfolge besteht nur für den *Ehegatten,* der, obwohl nicht verwandt, dennoch ein *eigenes* Erbrecht hat. Der geschiedene Ehegatte – unter bestimmten Voraussetzungen auch bereits der in Scheidung lebende Ehegatte – ist jedoch von der Erbfolge ausgeschlossen. Zwischen den *Partnern einer nichtehelichen Gemeinschaft* besteht kein gesetzliches Erbrecht.

– Nicht alle Verwandten sind in gleicher Weise erbberechtigt:
Die gesetzliche Erbfolge ist in der Erbordnung geregelt. Diese Ordnung besagt, daß Verwandte entfernterer Ordnungen von der Erbfolge ausgeschlossen sind, solange noch Verwandte einer vorhergehenden näheren Ordnung vorhanden sind.

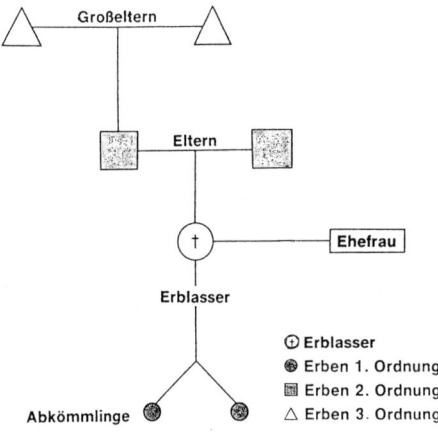

Großeltern

Eltern

Ehefrau

Erblasser

Abkömmlinge

⊕ Erblasser
⊛ Erben 1. Ordnung
▦ Erben 2. Ordnung
△ Erben 3. Ordnung

System der Erbordnung

Man kann sich das System der Erbordnung vorstellen wie übereinander gesetzte Pyramiden. Die Pyramidenspitze verschiebt sich jeweils um eine Generation oder Ordnung. Die Spitze

der ersten Pyramide, der ersten Ordnung oder der ersten Generation ist der Erblasser, zusammen mit seinem Ehegatten. Sein Ehegatte und seine Kinder sind die Erben erster Ordnung. Die Spitze der zweiten Pyramide, der zweiten Ordnung oder der zweiten Generation sind die Eltern des Erblassers und deren Kinder. Die Eltern und deren Kinder und Kindeskinder sind die Erben zweiter Ordnung.

Die Spitze der dritten Pyramide sind die beiden Großelternpaare (die Eltern von Vater und Mutter) sowie deren Kinder und Kindeskinder. Die Großeltern und deren Kinder und Kindeskinder sind die Erben dritter Ordnung.

Die Erbordnung ist gar nicht so kompliziert, wie sie auf den ersten Augenblick hin anmutet. Am leichtesten versteht man sie anhand von einigen Beispielen:

1. Der Erblasser ist verheiratet, jedoch ohne Kinder
Als gesetzlicher Erbe erster Ordnung zählt der Ehepartner. Da keine Kinder vorhanden sind, ist er der Alleinerbe.

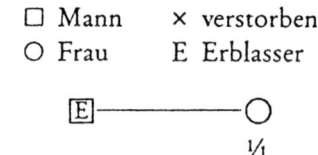

□ Mann   × verstorben
○ Frau   E Erblasser

2. Der Erblasser ist verheiratet und hat drei Kinder
Auch in diesem Fall bleibt alles noch recht übersichtlich. Sowohl der Gatte wie auch die Kinder sind Erben erster Ordnung.
Der Ehepartner erbt zu einem Viertel und die drei Kinder zu drei Vierteln (zu jeweils gleichen Teilen untereinander).

Wichtig

☞ Das Gesetz spricht von Abkömmlingen. Darunter sind Kinder und Kindeskinder zu verstehen. Ist also ein Kind bereits verstorben, geht sein Anteil auf seine Kinder (zu jeweils gleichen Teilen) über (Fall 2b)

2a
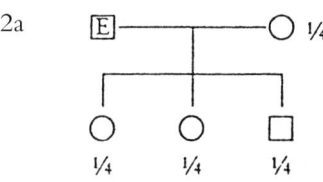

2b
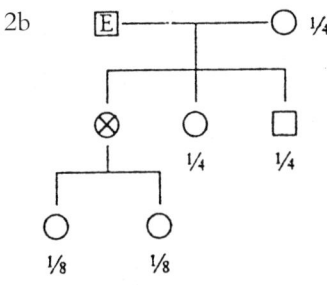

3. Der Ehegatte lebt nicht mehr
In diesem Fall erben die Kinder alles zu gleichen Teilen.

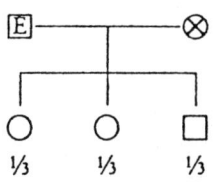

4. Der Ehegatte lebt nicht mehr und es gibt auch keine Kinder
In diesem Fall werden im Rahmen der gesetzlichen Erbfolge die Verwandten zweiter Ordnung erbberechtigt, also die Eltern des Erblassers. Leben zum Zeitpunkt des Erbfalls beide Eltern, so erben sie allein zu gleichen Teilen. Lebt ein Teil nicht mehr, so geht dessen Anteil auf die Geschwister (den Abkömmlingen oder Kindern der Eltern) über.

5. Es existieren keine Erben der ersten und der zweiten Ordnung
In diesem Fall sind die Großeltern zu gleichen Teilen (je 1/4) erbberechtigt. Ist ein Teil bereits verstorben, geht der entsprechende Erbanteil auf die Abkömmlinge über.

Berücksichtigung der Zugewinngemeinschaft

Vereinbarten die beiden Ehepartner die normale Zugewinngemeinschaft, den üblichen gesetzlichen Güterstand, kann natürlich auch nur das eigene Vermögen vererbt werden. An dem gemeinsam erwirtschafteten Vermögen ist der Ehepartner zur Hälfte beteiligt. Dies ist korrekt nur mit großen Schwierigkeiten nachzurechnen. Wer kann schon den Vermögensstand zu Beginn und zu Ende der Zugewinngemeinschaft genau beziffern? Aus diesem Grund behilft man sich im Erbrecht mit einer Pauschalierung. Der Ehepartner, der mit dem Erblasser in einer Zugewinngemeinschaft gelebt hat, erhält automatisch den doppelten Betrag, also die Hälfte (statt ein Viertel). Die andere Hälfte geht zu gleichen Teilen auf die drei Kinder über.

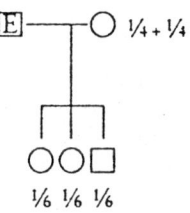

Das Berliner Testament

Vielfach vereinbaren die Ehegatten, sich zunächst das gesamte Erbe gegenseitig zuzusprechen und vereinbaren darüber hinaus, daß die gemeinsamen Kinder erst erben sollen, wenn auch der andere Ehepartner gestorben ist. Dies bedeutet eine Änderung der gesetzlichen Erbfolge und bedingt daher ein Testament. In Fachkreisen nennt man diese Art von Testament »Berliner Testament«. Damit ist folgender Inhalt definiert:
– Die Ehegatten setzen sich gegenseitig zum Alleinerben ein.
– Sie bestimmen gemeinsam, wer Erbe des zuletzt versterbenden Ehegatten sein soll.

Wichtig

☛ Sinnvoll ist eine sogenannte Wiederverheiratungsklausel, selbst wenn man im Zeitpunkt der Testamentserstellung noch nicht daran denkt. Diese Klausel besagt, daß bei einer Wiederverheiratung des überlebenden Partners das Testament keine Gültigkeit hat und der Nachlaß des Erstverstorbenen den Kindern zufließt.

Das Testament

Es gibt drei verschiedene Testamentsarten:
– das eigenhändige Testament,
– das öffentliche Testament und
– das Nottestament.

Wichtig

☛ Nur der Erblasser selbst kann sein Testament verfassen. Er kann sich nicht durch Verwandte oder Freunde vertreten lassen. Ab seinem 16. Geburtstag ist der Mensch testierfähig, aber erst ab Volljährigkeit, mit dem 18. Geburtstag, kann er ein eigenhändiges Testament verfassen. Will er in der Zwischenzeit ein Testament erstellen, ist er auf einen Notar angewiesen.

Testament vorhanden – wer erbt?

Hat der Verstorbene ein Testament hinterlassen, so überlagert dies die Vorschriften über die gesetzliche Erbfolge. *Es erben nur diejenigen, die im Testament erwähnt werden.* Hiervon gibt es nur eine Ausnahme: Die Pflichtteilsberechtigten können nicht ganz übergangen werden. Sie haben regelmäßig auch bei einem anders lautenden Testament Anspruch auf den sogenannten Pflichtteil.

Pflichtteil

In einem Testament kann man grundsätzlich dritte, auch nicht verwandte Personen bedenken, wobei jedoch immer das Pflichtteil zu berücksichtigen ist. Dieses bedeutet, daß bei einer Abänderung der gesetzlichen Erbfolge, zum Beispiel bei einer Enterbung, das Pflichtteil immer noch berücksichtigt werden muß. *Die Höhe des Pflichtteils ist genau die Hälfte des gesetzlichen Erbteils.*

Das eigenhändige Testament

Das eigenhändige Testament, das den Regelfall darstellt, muß vom Erblasser selbst geschrieben oder unterschrieben sein und in verständlicher Sprache und Schrift die Erben bezeichnen. Es muß *handschriftlich* verfaßt sein.

Wichtig

☞ Zu beachten ist, daß ein schreibmaschinengeschriebenes Testamt *nicht* zulässig ist.

Ein Testament sollte folgenden Inhalt aufweisen:
– Kennzeichnung als Testament.
– Genaue Beschreibung, welche Personen welche Gegenstände und Werte erben sollen. Sowohl die Person, wie auch das zu vererbende Gut sollen eindeutig und zweifelsfrei benannt werden. Es empfiehlt sich, die Erbberechtigten mit vollem Namen zu benennen und nicht nur mit dem Grad ihrer Verwandtschaftszugehörigkeit.
– Es können Bedingungen an die Erbverfügung geknüpft werden, jedoch nur, wenn diese nicht gegen ein gesetzliches Verbot oder die guten Sitten verstoßen.
– Ort und Datum.
– Unterschrift

Man kann das eigenhändige Testament amtlich verwahren lassen. Zuständig ist hierfür jedes Amtsgericht. Durch die amtliche Verwahrung ändert sich jedoch nichts am Inhalt und an der Gültigkeit des Testaments.

Information

☞ Amtsgericht

Öffentliches Testament

Wer ein eigenhändiges Testament nicht mehr verfassen kann, der sollte sich zum Notar begeben und mit ihm die Errichtung eines sogenannten öffentlichen Testaments besprechen. Man unterscheidet zwei unterschiedliche Formen:

1. Das Testament wird mit seinem vollen Inhalt mündlich zu Protokoll des Notars erklärt, das heißt, es wird die Erklärung des Letzten Willens zu Protokoll genommen.

2. Der Erblasser übergibt bereits ein fertiges Schreiben mit der mündlichen Erklärung, daß dieses Schreiben den Letzten Willen enthält.

Ist man sich nicht sicher, wie man ein Testament verfassen soll, so ist das öffentliche Testament zu Protokoll des Notars zu empfehlen.

Information

☞ Amtsgericht (Rechtsauskunft)
Notare

Der Notar ist verpflichtet, Sie dabei zu beraten und bei der Formulierung zu helfen. Er wird Ihnen steuerliche Hinweise, insbesondere hinsichtlich der Erbschaftssteuer, geben können. *Das notarielle Testament wird immer amtlich verwahrt* und nach dem Tod des Erblassers eröffnet. Die Gebühr für ein notarielles Testament richtet sich nach dem Wert des Vermögens, über das verfügt wird, z.B.:

Wert des Vermögens	Gebühr
10 000,- DM	80,- DM
50 000,- DM	160,- DM
100 000,- DM	260,- DM
200 000,- DM	410,- DM
	+ Mehrwertsteuer

(bei höherem Wert eine entsprechende höhere Gebühr)

Die Gebühren verdoppeln sich, wenn ein Erbvertrag oder ein gemeinschaftliches Testament beurkundet worden ist. Zusätzlich ist für die amtliche Verwahrung des Testaments noch einmal 1/4 dieser Gebühr zu entrichten. Bei einem Vermögen von 10 000,- DM müßten also insgesamt 100,- DM an Gebühren (80,- DM + 20,- DM) bezahlt werden.

Lassen Sie sich jedoch von den Kosten nicht abschrecken. Gut gemeinte, aber unzweckmäßig oder unklar abgefaßte Testamente führen oft zum Streit unter den Erben. Gerichtliche Auseinandersetzungen kosten dann ein Vielfaches. *Außerdem kann ein notarielles Testament den Erbschein ersetzen, wenn ein Grundstück auf die Erben überschrieben werden soll.* Sie sparen dadurch den Erben Kosten.

Nottestamente

Nun kann auch der Notfall eintreten, so daß die Testamentsniederlegung nur mit Einschränkungen möglich ist.

Bürgermeister-Testament

Kann ein Notar nicht mehr geholt werden, da der Erblasser zu sterben droht, so kann der Bürgermeister der Gemeinde, in der man sich gerade aufhält, die Niederschrift vornehmen. Der Bürgermeister muß zur Beurkundung zwei Zeugen hinzuziehen (sogenanntes Bürgermeister-Testament).

Drei-Zeugen-Testament

Ist auch kein Bürgermeister mehr zu erreichen, so genügen drei Zeugen. Diese drei Zeugen sollten im Testament jedoch nicht bedacht werden. Die drei Zeugen hören sich das Testament an, verfertigen eine Nieder-

schrift und unterschreiben diese (sogenanntes Drei-Zeugen-Testament).

☞ Nottestamente (Bürgermeister-Testament, Drei-Zeugen-Testament) werden automatisch ungültig, wenn der Erblasser drei Monate nach dieser Niederschrift noch lebt.

Was kann man in einem Testament alles regeln?

In einem Testament können Sie grundsätzlich völlig frei bestimmen, wer, was, unter welchen Umständen aus Ihrem Vermögen bekommen soll.

Sie können

- abweichend von der gesetzlichen Erbfolge einen oder mehrere Erben bestimmen – das muß nicht ein Mensch sein. Sie können auch eine wohltätige Organisation oder die Kirche zum Erben einsetzen;
- jemanden enterben. Den Pflichtteil können Sie jedoch nur unter eng begrenzten Voraussetzungen entziehen, z.B. wenn Sie vom Betreffenden vorsätzlich körperlich mißhandelt wurden. Der Grund für die Pflichtteilentziehung muß bei der Errichtung des Testaments bestehen und klar und eindeutig genannt werden (lassen Sie sich in diesem Fall besser von einem Notar oder Rechtsanwalt beraten);
- Ersatzerben bestimmen, beispielsweise für den Fall, daß der zum Erbe bestimmte vor Ihnen stirbt;
- Vor- und Nacherben bestimmen, die dann zeitlich nacheinander Erben des Vermögens werden;

Beispiel: »Ich setze meine Frau zur Erbin ein, und nach ihrem Tode soll mein Sohn Erbe sein.« Hier ist die Frau *Vorerbin*, der Sohn *Nacherbe*. Damit ist gesichert, daß der Sohn das Vermögen des Vaters nach dem Tod der Mutter bekommt. Dabei darf der Vorerbe, in diesem Fall also die Ehefrau, grundsätzlich nichts von der Erbschaft verschenken und auch keine Grundstücke verkaufen, damit der Nacherbe, also ihr Sohn, später in den möglichst ungeschmälerten Genuß des Erbes kommt. Von einem Teil der Beschränkungen und Verpflichtungen, der ein Vorerbe zugunsten des Nacherben unterliegt, kann ihn der Erblasser befreien. Allerdings darf auch der befreite Vorerbe grundsätzlich nichts von der Erbschaft verschenken.

– bei mehreren Erben bestimmen, wie der Nachlaß geteilt werden soll;

Beispiel: »Mein Sohn Wilhelm soll mein Sparbuch, mein Sohn Hans meine Wertpapier bekommen«;

– die Teilung des Nachlasses ganz oder teilweise für eine bestimmte Zeit ausschließen, z.B. um einen Familienbetrieb zu erhalten;
– einen Testamentsvollstrecker ernennen, der die Anordnung in Ihrem Testament ausführt;
– Vermächtnisse aussetzen, z.B. einzelne Nachlaßgegenstände oder bestimmte Geldbeträge bestimmten Personen zuwenden.

Kann man ein Testament widerrufen?

Das können Sie jederzeit. Es genügt, die Testamentsurkunde zu vernichten oder einen handschriftlichen Zusatz, z.B. »ungültig«, »aufgehoben«, daraufzuschreiben. Ein *neues Testament setzt ein älteres außer Kraft.*
Ein *öffentliches Testament* kann der Erblasser einfach dadurch widerrufen, daß er die Rückgabe aus der amtlichen Verwahrung verlangt. *Persönliches Erscheinen ist erforderlich.*
Der einseitig, nur von einem Ehegatten ausgesprochene Widerruf eines *gemeinschaftlichen Testaments* muß notariell beurkundet werden. Über die Formalien informiert der Notar.

Müssen Sie Erbschaftssteuer bezahlen?

Ob und in welcher Höhe Erbschaftssteuer zu entrichten ist, richtet sich nach dem Wert des Erwerbs (Erbanfall, Vermächtnis, Pflichtteil usw.) und dem Verwandtschaftsverhältnis des Erwerbers zum Erblasser.
Als *steuerpflichtiger Erwerb* gilt die Bereicherung des Erwerbers, das ist der Netto-Wert des erworbenen Vermögens abzüglich der Freibeträge. Bei der Wertermittlung ist land- und forstwirtschaftliches Vermögen mit dem Einheitswert (1964), Grundstücke sind mit 140 v.H. des Einheitswerts (1964) anzusetzen:

– für Mietwohngrundstücke mit 100 v.H.,
– für Geschäftsgrundstücke mit 400 v.H.,
– für gemischtgenutzte Grundstücke, Einfamilienhäuser und sonstige bebaute Grundstücke mit 250 v.H.,
– für unbebaute Grundstücke mit 600 v.H.

Kosten für Beerdigung, Grabdenkmal und Grabpflege, Kosten einer Testamentseröffnung, eines Erbscheines u.ä. können ohne Nachweis mit einem Beitrag von 10 000 DM als Nachlaßverbindlichkeit abgezogen werden. Höhere Kosten sind abzugsfähig, wenn sie nachgewiesen werden.

Die Erbschaftssteuer wird nach vier *Steuerklassen* erhoben:

Steuerklasse I: Sie gilt für den Ehegatten, die Kinder (eheliche und nichteheliche Kinder, Adoptivkinder, Stiefkinder, nicht jedoch Pflegekinder) sowie für Enkelkinder, die anstelle eines verstorbenen Kindes erben.
Steuerklasse II: Sie gilt für Abkömmlinge, die nicht unter Steuerklasse I fallen, und für Eltern und Großeltern.
Steuerklasse III: Sie gilt für Geschwister (auch Halbgeschwister), Geschwisterkinder, Stiefeltern, Schwiegereltern, Schwiegerkinder und den geschiedenen Ehegatten.
Steuerklasse IV: Sie gilt für alle übrigen Erwerber.

– Jedem Erwerber steht ein *persönlicher Freibetrag* zu.
Er beträgt
– 250.000 DM für den Ehegatten,
– 90 000 DM für die Kinder und Enkelkinder der Steuerklasse I,
– 50 000 DM für Personen der Steuerklasse II,
– 10 000 DM für Personen der Steuerklasse III und
– 3 000 DM für Personen der Steuerklasse IV.

Dem überlebenden Ehegatten und Kindern unter 27 Jahren wird zusätzlich ein *besonderer Versorgungsfreibetrag* gewährt. Dieser beträgt

– für den überlebenden Ehegatten 250.000 DM,
– für die Kinder je nach ihrem Alter zwischen 10.000 DM und 50.000 DM.

Neben diesen Freibeträgen gibt es eine Reihe von *sachlichen Steuerbefreiungen*, insbesondere für den Erwerb von Hausrat, Kunstgegenständen und Sammlungen (Freibetrag von 40.000 DM für Erwerber der Steuerklassen I und II, von 10.000 DM für Erwerber der Steuerklassen III und IV) und von anderen beweglichen körperlichen Gegenständen, z.B. Pkw, Schmuck usw. (Freibetrag von 5.000 DM für Erwerber der Steuerklassen I und II, von 2.000 DM für Erwerber der Steuerklassen III und IV).
Damit die Freibeträge für einen Zeitraum von 10 Jahren nur einmal in Anspruch genommen werden können, werden alle Schenkungen, die ein Erwerber innerhalb der letzten 10 Jahre vom Erblasser erhalten hat, dem Erwerb von Todes wegen hinzugerechnet (unter Anrechnung der Steuer, die für die Schenkungen gezahlt wurde bzw. zu zahlen gewesen wäre).

Kein Bankgeheimnis nach dem Tod

Alle Banken und Lebensversicherungen sind ab DM 2.000.— verpflichtet, im Todesfall ihres Kunden alle Guthaben und Schließfächer dem Finanzamt zu melden. Die Banken informieren dabei seit kurzem über die Sparsumme am Tag vor dem Todestag. Anhand der Vermögensmeldungen prüft das Finanzamt dann, ob bei den Erben Erbschaftssteuer anfällt, und verlangt innerhalb von drei Monaten eine Erbschaftssteuererklärung.
Probleme gibt es aber vor allem dann, wenn der Verstorbene sein Vermögen oder seine Zinsen bei seiner Einkommenssteuererklärung nur unzureichend angegeben hat. Die Erben müssen dann Steuern nachzahlen. Und das ist gar nicht so selten. Nach Angaben vom Bundesfinanzministerium sind 20 v.H. aller Erbfälle davon betroffen.

Die Nachzahlung macht manchmal enorme Summen aus. *Wer erben will, muß auch die Schulden übernehmen*. Das Gefährliche daran ist, daß der Erbe dafür grundsätzlich auch mit seinem eigenen Vermögen geradestehen muß. Deshalb überzeugen Sie sich rechtzeitig, ob die Erbschaft überschuldet ist. Ist das der Fall, sollten Sie überlegen, ob Sie nicht besser auf die Erbschaft verzichten, d.h. die Erbschaft »ausschlagen«.

Die *Erbausschlagung* muß binnen *sechs Wochen*, nachdem Sie Kenntnis von der Erbschaft erlangt haben, dem Nachlaßgericht gegenüber erklärt werden. Dies geschieht entweder zur Niederschrift beim Gericht oder in öffentlich beglaubigter Form. Dafür genügt ein Brief, wobei jedoch Ihre Unterschrift von einem Notar beglaubigt werden muß.

Die Erbschaftssteuer wird nach folgenden Steuersätzen erhoben:

Wert des Steuerpflichtigen Erwerbs bis einschließlich Deutsche Mark	Vomhundertsatz (Prozent) in der Steuerklasse			
	I	II	III	IV
50 000	3	6	11	20
75 000	3,5	7	12,5	22
100 000	4	8	14	24
125 000	4,5	9	15,5	26
150 000	5	10	17	28
200 000	5,5	11	18,5	30
250 000	6	12	20	32
300 000	6,5	13	21,5	34
400 000	7	14	23	36
500 000	7,5	15	24,5	38
600 000	8	16	26	40
700 000	8,5	17	27,5	42
800 000	9	18	29	44

Wert des Steuerpflichti-gen Erwerbs bis einschließlich Deutsche Mark	Vomhundertsatz (Prozent) in der Steuerklasse			
	I	II	III	IV
900 000	9,5	19	30,5	46
1 000 000	10	20	32	48
2 000 000	11	22	34	50
3 000 000	12	24	36	52
4 000 000	13	26	38	54
6 000 000	14	28	40	56
8 000 000	16	30	43	58
10 000 000	18	33	46	60
25 000 000	21	36	50	62
50 000 000	25	40	55	64
100 000 000	30	45	60	67
über 100 000 000	35	50	65	70

Anschriftenverzeichnis

Es gibt eine Fülle von Selbsthilfegruppen, Initiativen, Einrichtungen und Organisationen, die sich mit Sterben, Tod und Trauer auseinandersetzen und dazu Hilfen und Anregungen anbieten. Hier können deshalb nur überregionale Anschriften aufgeführt werden. Die Zentralstellen sind jedoch gerne bereit, auf Anfragen die Adressen ihrer regionalen bzw. örtlichen Gruppen, Initiativen und Einrichtungen mitzuteilen und entsprechendes Informationsmaterial zuzusenden.

1) Allgemeine Informationen

NAKOS – Nationale Kontakt- und Informationsstelle zur Anregung und Unterstützung von Selbsthilfegruppen
Albrecht-Achilles-Straße 65
10709 Berlin
Tel. 030/891 40 19

Deutsche Arbeitsgemeinschaft Selbsthilfegruppen e.V. (DAG SHG)
c/o Friedrichstraße 28
35392 Gießen
Tel. 0641/702-24 78

Diakonisches Werk EKD e.V.
Stafflenbergstraße 76
70184 Stuttgart
Tel. 0711/21 59-0

Deutscher Caritasverband
– Bundesverband e.V.
Karlstraße 40
79104 Freiburg i.Br.
Tel. 0761/20 01

Arbeiterwohlfahrt –
Bundesverband e.V.
Oppelner Straße 130
53119 Bonn
Tel. 0228/6 68 50

Deutscher Paritätischer Wohlfahrtsverband
– Bundesverband e.V.
Heinrich-Hoffmann-Straße 3
60528 Frankfurt am Main
Tel. 069/67 06-0

Zentralwohlfahrtsstelle der Juden in Deutschland
Hebelstraße 17
60318 Frankfurt am Main
Tel. 069/55 69 58

Bundesarbeitsgemeinschaft der freien Wohlfahrtspflege
Franz-Lohe-Straße 17
53113 Bonn
Tel. 0228/22 60 1

Deutsches Rotes Kreuz
– Generalsekretariat
Friedrich-Ebert-Allee 71
53113 Bonn
Tel. 0228/54 13 55

Telefonseelsorge:
Einheitliche Tel.Nr. 11 101/2
(in den meisten Großstädten)
Deutsche AIDS-Hilfe e.V.
Nestorstraße 8-9
10709 Berlin

2. Sterbehilfe/Sterbebegleitung

OMEGA – Mit dem Sterben leben e.V.
Kasseler Schlagd 19
34346 Hann Münden
Tel. 0 55 41/7 11 30 und 53 56

Internationale Gesellschaft für Sterbebegleitung
und Lebensbeistand e.V.
Im Rheinblick 16
55411 Bingen
Tel. 0 67 21/1 03 28

Österreich:
Neuklostergasse 1
A-2700 Wiener Neustadt
(Gründung für die Schweiz in Vorbe-
reitung)

Deutsche Hospizhilfe e.V.
Reit 25
21244 Buchholz
Tel. 0 41 81/3 88 55

Arbeitsgemeinschaft Hospiz
– Begleitung Sterbender und ihrer
Angehörigen
Büchsenstraße 34/36
70174Stuttgart
Tel. 07 11/2 05 43 71

Christophorus Hospiz Verein e.V.
Hirtenstraße 2
80335 München
Tel. 089/59 55 88

Zentrum für Hospizforschung und
-Ausbildung.
Arbeitsgruppe »Zu Hause sterben«
an der Evangelischen Fachhochschule
Hannover
Blumhardtstraße 2
30625 Hannover

Österreich:
Hospiz-Team Wien
Pramergasse 14
A-1090 Wien

Schweiz:
»Fondation Rive Neuve«
20, Clos-du-moulins
CH-1884 Villeneuve

Schmerztherapeutische Einrichtungen
in der Bundesrepublik Deutschland

Physiologisches Institut
der Universität Heidelberg
Im Neuenheimer Feld 326
69120 Heidelberg

3. Trauerbegleitung

Kontakt- und Informationsstelle
Verwaiste Eltern in Deutschland
Esplanade 15
20354 Hamburg
Tel. 040/35 50 56 - 44

Verwaiste Eltern
Arbeitsgruppe »Zu Hause sterben«
an der Evangelischen Fachhochschule
FB Sozialwesen
Ute u. Christoph Student
Blumhardtstraße 2
30625 Hannover
Tel. 0511/66 47 26

Initiative Plötzlicher Säuglingstod
(SIPS) e.V.
Franziska Brandes-Schnell, Per Schnell
Droste-Hülshoff-Straße 9
50968Köln
Tel. 0221/37 61 495

Gesellschaft zur Erforschung des
plötzlichen Säuglingstods (GEPS)

Sylvia Seßler
Postfach 41 02 62
76202 Karlsruhe

Initiative Regenbogen »Glücklose Schwangerschaft« e.V. Kontaktkreis für Eltern, die ein Kind vor, während oder nach der Geburt verloren haben
Barbara Künzer-Riebel
Rosenstraße 9
73550 Waldstetten
Tel. 0 71 71/4 17 13

Österreich:
Selbsthilfegruppe
»Verwaiste Mütter, Väter, Geschwister«
Amalienstraße 31–33, Zi. 14
A-Wien 13
Kontaktadresse:
Elisabeth Maurer
Schererstraße 50/4/9
A-1210 Wien
Tel. 25 92 380 (abends und Wochenende)

Tagungshäuser, die Trauerseminare anbieten

Evangelische Akademie Nordelbien
Tagungsstätte Hamburg und
Bad Segeberg Esplanade 14
20354 Hamburg
Tel. 040/34 12 64
34 26 04 und 34 23 71 (SHG-Büro)

Niels-Stensen-Haus
Worpshauser Landstraße 55
28865 Lilienthal bei Bremen
Tel. 04208/5 44

Evangelische Stadtakademie
Düsseldorf
Bastionstraße 6
40213 Düsseldorf
Tel. 0211/8 98 50

St. Norbert-Haus
Poststraße 4
46509 Xanten
Tel. 02801/10 08

Haus Reineberg
Ev. Tagungs- und Bildungsstätte
Postfach 1212
32604 Hüllhorst
Tel. 05744/10 41 und 10 42

Haus Wiesengrund in Überdorf
51588 Nümbrecht
Tel. 02262/27 33

Bischöfliche Akademie des Bistums Aachen
Leonhardstraße 10-18
52064 Aachen
Tel. 0241/4 84 74

Bildungsstätte St. Bonifatius
Bonifatiusweg 1-5
59955 Winterberg-Elkeringhausen
Tel. 02981/61 61

Kloster Neresheim
73450 Neresheim
Tel. 07326/2 13 (Kloster)
Tel. 07326/62 82 (Hospiz)

Evangelische Akademie Bad Boll
73087 Bad Boll
Tel. 07164/7 91

Caritas-Fortbildungshaus
Seewiesstraße 65
82340 Feldafing

Verwaiste Eltern München e.V.
Schrenkstraße 3
80339 München
Tel. 089/5 02 01 84

4. Selbstmordverhütung / Krisenberatung

Deutsche Gesellschaft für Suizidprä-
vention
– DGS – Hilfe in Lebenskrisen
Dr. Michel Heinrich
Böblinger Straße 24
70178 Stuttgart
Tel. 0711/64 05 944

Hilfe zum Weiterleben –
Arbeitskreis für Selbstmordverhütung
und Krisenberatung e.V. –
Ulla Sambach
Moltkestr. 10

32756 Detmold
Tel. 05231/29 336 und 32 984

Suizid / Angehörige
AGUS – Angehörigengruppe um
Suizid
Emmy Meixner-Wülker
Wichernstraße 1
95447 Bayreuth
Tel. 0921/66 110

5. Friedhof

»Arbeitsgemeinschaft Friedhof und
Denkmal«
Ständeplatz 13
34117 Kassel

Stichwortregister

Quellenverzeichnis

Einige Quellenangaben sind trotz Bemühungen des Verlags nicht oder nur ungenau möglich. Der Verlag ist für Hinweise dankbar.

Texte

11 Ich will. Zit. nach: Hildegard Knef, Das Urteil oder Der Gegenmensch. Molden, Wien-Zürich 1975, S. 324 ff.

1. Kapitel
16 Aus: Janosch erzählt Grimm's Märchen. Beltz Verlag, Weinheim und Basel 1991. Programm Beltz & Gelberg, Weinheim – **18** Aus dem Tschechischen übertragen von Peter Demetz (Fundort: FAZ) – **20** Aus: Ders., Gedichte. © S. Fischer Verlag GmbH, Frankfurt am Main 1977 – **22** Beinahe acht Monate. Nach: Publik-Forum Nr. 21/1991 – **24** Aus: Publik-Forum Nr. 21/1991 – **27** totengedenken. Rechte bei Autorin – **28** Aus: Publik-Forum 11/1991 – **30** Aus: Ders., Leichenreden. © by Hermann Luchterhand Verlag, Darmstadt-Neuwied. Mit frdl. Genehmigung des Luchterhand Literaturverlags, Hamburg 1969 – **31** Anläßlich eines Todes. Aus: Ders., Wortwechsel. Wolfgang Fietkau Verlag, Berlin. Rechte beim Autor – **32** Aus: Der Schwimmer. (c) Suhrkamp Verlag, Frankfurt am Main 1982 – **35** Aus: FAZ, Jugend schreibt, Zeitung in der Schule, 2. Dezember 1991 – **37** AIDS-Patient. Rechte beim Autor – **40** Dein Name. Aus: Publik- Forum EXTRA (Der Mut hat

eine Schwester) – Freiwillig. Aus: ferment 11/1988 – **44** Rechte bei Autorin – **46** Rechte bei Autorin – **48** Der Schwur. Aus: Am Rand unserer Lebenszeit. Gedichte. Verlag Klaus Wagenbach, Berlin 1987

2. Kapitel
54 Aus: Gesammelte Werke in sieben Bänden, hrsg. von Helmut Braun, Bd. 3: Hügel aus Äther unwiderruflich. Gedichte und Prosa 1966-1975. © S. Fischer Verlag GmbH, Frankfurt am Main 1984 – **56** Der Tod steht. Rechte beim Autor – **58** Fundort: FAZ. Rechte bei Autorin – **59** Der schwarzsilberne Leichenwagen. Aus: Ders., Geschichte des Todes. Aus dem Französischen von Una Pfau. © Carl Hanser Verlag, München-Wien 1980 – **60** Zit. nach: Ders., Krebsstation. Deutsche Übersetzung © Luchterhand Verlag, Neuwied-Berlin 1968 – **62** Aus: Ders., Der Rattenfänger. Alle Rechte vorbehalten S. Fischer Verlag GmbH, Frankfurt am Main (Auszug) – **64** Aus: Geh und spiel mit dem Riesen. Erstes Jahrbuch der Kinderliteratur, hrsg. von Hans-Joachim Gelberg. Verlag Beltz & Gelberg, Weinheim 1991 – **66** Bibelübersetzung nach: Die Gute Nachricht. Deutsche Bibelgesellschaft/Katholisches Bibelwerk. 2. verbesserte Auflage 1982

3. Kapitel
71 Zit. nach: Briefe Mozarts. Leipzig 1956, Inselbücherei 515 – **75** Aus: Wem soll ich Rosen schicken? Wolfgang Fietkau Verlag, Berlin. Rechte

bei Autorin – **76** Unsterblichkeit. Aus: FAZ, Jugend schreibt, Zeitung in der Schule, 2.12.1991 – **78** Äußerungen von Jugendlichen. Aus: Günther Klempnauer, Wenn ich noch einen Tag zu leben hätte. Kreuz Verlag, Stuttgart. Rechte beim Autor – **79** Jack. © by ROBA Music Verlag GmbH, Hamburg 1978 – **83** Der sechsjährige Ascher. Quelle unbekannt – **85** Bertolt Brecht. Aus: Ders., Gesammelte Werke. © Suhrkamp Verlag, Frankfurt am Main 1967 – Hans Küng. Aus: Ders., Ewiges Leben. © R. Piper & Co. Verlag, München 1982 – **87** Aus: Abschied. Erinnerungen, Theateraufsätze und Gedichte. © by Arche Verlag AG Raabe + Vitali, Zürich 1980 – **88** Aus: Süddeutsche Zeitung, 29.7.1992 – **91** Aus: Dies., Unerhörte Nähe. © Deutsche Verlags-Anstalt GmbH, Stuttgart 1988

4. Kapitel
98 Sonntags. Aus: Ders., Das Muster. © S. Fischer Verlag GmbH, Frankfurt am Main 1992 – **105** Nach: Gebrüder Grimm, Kinder- und Hausmärchen – **108** Gebet. Aus: Ders., Kassiber. List Verlag, München 1979 – Vor 300 Jahren. Vgl. Frey, 1976, S. 83 – **112** Organentnahme. Aus: Süddeutsche Zeitung, 19.3.1992

5. Kapitel
127 Wenn unsere Weise. Aus: Jüdisches Fest, Jüdischer Brauch. © Jüdischer Verlag, Frankfurt am Main 1979, S. 444

6. Kapitel
136 Hab ein wenig Geduld. Aus: E. Getto, Alltag in Kurzgeschichten. München 1983 – … die schwirren.

Aus: FAZ, 24.3.1983 – **137** Statistik. Aus: Paul M. Zulehner/Paul Bekker/Günter Virt, Sterben und sterben lassen. Patmos Verlag, Düsseldorf 1991 – **140** Aus: Dies., Gesammelte Werke in sieben Bänden. © Insel Verlag, Frankfurt am Main 1985 – **144** Aus: Dies., Wieder ein Tag aus Glut und Wind. Gedichte 1980-1982. © S. Fischer Verlag GmbH, Frankfurt am Main 1986 – **147** Aus: L. Reiners (Hrsg.), Der ewige Brunnen. München 1965 – **149** Es ist gut. Aus: Holländischer Erwachsenenkatechismus, S. 525 – **153** Aus: Spuren im Spiegellicht. Union Verlag, Berlin 1982 – **156** Die Antwort des Rabbi. Quelle unbekannt – **158** Aus: Ders., Gesammelte Werke. © Suhrkamp Verlag, Frankfurt am Main 1967 – **161** Nach: Ders., Die Brüder Karamasoff. Übersetzt von E.K. Rashin. R. Piper & Co. Verlag, München 1968 – **167** In seiner Jugend. Aus: Carl A. Keller, Reinkarnation – Wiedergeburt – aus christlicher Sicht. Paulus Verlag, Freiburg/Schweiz – **169** Textrechte: Christophorus-Verlag, Freiburg

7. Kapitel
173 An einem Wochenende. Aus: Ders., Geschichte des Todes. Aus dem Französischen von Una Pfau. © Carl Hanser Verlag, München-Wien 1980 – **177** Aus: Ders., Lebensschatten. Verlag Klaus Wagenbach, Berlin 1981 – **180** Man sollte. Aus: Ders., Gesammelte Werke in zeitlicher Folge, Band 7. © Suhrkamp Verlag, Frankfurt am Main 1986 – **181** Zum Dienstag. Aus: André Miquel, Warum mußt du gehen? Verlag Herder, Freiburg-Basel-Wien, 4. Auflage 1974 – **182** Rechte bei Autorin – **184** Untersuchungen. Aus: ZEIT-Magazin, 30.11.91 – **185**

Kindermeinungen. Aus: Joanne Klink, Früher als ich groß war. Aus dem Holländischen von Jacques Suijkerbuijk. Aquamarin Verlag, Grafing 1992 – **186** Kindermeinungen. Aus: Tobias Brocher, Wenn Kinder trauern. Kreuz Verlag, Zürich. Rechte beim Autor – **188** Aus: Antoinette Becker/Elisabeth Niggemeyer, Ich will etwas vom Tod wissen. © Ravensburger Buchverlag Otto Maier GmbH – **191** Kindermeinungen. Aus: D.H. Osenberg (Hrsg.), Das Leben ist schön – Das Leben ist schrecklich (Band 16 der Stundenbücher) – **196** Aus: Im Gespräch miteinander. Zeitschrift der Evang. Kirche von Hessen und Nassau, Sept. 1978 – **201** Er starb drei Wochen später. Aus: Ders., Mein Leben als Sohn. © Carl Hanser Verlag, München-Wien 1992 – **203** Wer vor Zeiten. Aus: Ders., Gesammelte Schriften in zeitlicher Folge, Band 7. © Suhrkamp Verlag, Frankfurt am Main 1986 – **208** Aus: Gott ist ein Freund des Lebens, hrsg. vom Kirchenamt der Evang. Kirche in Deutschland und vom Sekretariat der Deutschen Bischofskonferenz – **209** Wenn man nur noch. Aus: FAZ, Jugend schreibt, Zeitung in der Schule, 19.5.1992 – **211** Zeitungsmeldung. Aus: Rheinischer Merkur Nr. 47/1991 – **228** Gott, zu dir rufe ich. © Chr. Kaiser/Gütersloher Verlagshaus, Gütersloh

8. Kapitel
236 Zit. nach: Hildegard Knef, Das Urteil oder Der Gegenmensch. Molden, Wien-Zürich 1975 – **243** Von guten Mächten. © Chr. Kaiser/Gütersloher Verlagshaus, Gütersloh (Auszug) – **248** Aus einem Vortrag von L. Bergemann (unveröffentl. Manuskript) – **258** Aus: Ders., Leichenre-

den. © by Hermann Luchterhand Verlag, Darmstadt-Neuwied 1969. Mit frdl. Genehmigung des Luchterhand Literaturverlags, Hamburg – **272** Aus: Ders., Die wunderbare Zeitvermehrung. Verlag J. Pfeiffer, München, 2. Auflage 1983 – **276** Rechte bei Autorin

9. Kapitel
282 Am Abend kamen die Nachbarn. Aus: Dies., Herbstmilch. © R. Piper GmbH & Co. KG, München 1984 – **285** Quelle unbekannt – **286** Aus: Publik-Forum, 14.8.1992 – **291** Aus: Dies., Wer lebt. © Suhrkamp Verlag, Frankfurt am Main 1986 – **292** Weinen Sie ruhig. Aus: Lob der sieben Tröstungen, hrsg. von R. Walter. Verlag Herder, Freiburg-Basel-Wien, 3. Auflage 1984 – **293** Aus: Ursula Goldmann-Posch, Wie Männer und Frauen unterschiedlich trauern, in: Verwaiste Eltern 1/91, hrsg. von »Verwaiste Eltern Hamburg e.V.« in der Evang. Akademie Nordelbien – **296** Quelle wie S. 293 – **297** Es gibt auch andere. Zit. nach: Ders., Gesammelte Schriften für Erwachsene. Droemersche Verlagsgesellschaft Th. Knaur, München 1969. Mit frdl. Genehmigung Erich Kästner Nachlaßverwaltung – **299** Aus: Dietrich Steinwede/Sabine Ruprecht, Vorlesebuch 1. Verlag Ernst Kaufmann, Lahr/Vandenhoeck & Ruprecht/Benziger/TVZ – **301** Aus: Trauer über den Tod eines Kindes. Hilfen für »verwaiste Eltern«, hrsg. von der Arbeitsgruppe »Zu Hause sterben« an der Evangelischen Fachhochschule Hannover – **305** Aus: Ders., eines jeden einziges leben. © S. Fischer Verlag GmbH, Frankfurt am Main 1986 – **308** Aus: Verwaiste Eltern 1/1991, Hamburg. Rechte bei Autorin – **311** Aus: Josef Dirnbeck/Martin Gutl, Ich wollte schon

immer mit dir reden. Meditationstexte. Verlag Styria, Graz-Wien-Köln, 4. Auflage 1986

10. Kapitel

318 Aus: Ders., Es ist was es ist. Liebesgedichte, Angstgedichte, Zorngedichte. Verlag Klaus Wagenbach, Berlin 1983 – **321** Wenn einer sich vornähme. Aus: Dies., Gesammelte Werke in sieben Bänden. © Insel Verlag, Frankfurt am Main 1985 – **322** Aus: Dies., Die Hinreise. Kreuz Verlag, Stuttgart 1975 – **323** Aus: Ders., Das Nahe suchen. Verlag Klaus Wagenbach, Berlin 1982 – **326** Aus: Ders., Herr, da bin ich. Gebete. Verlag Styria, Graz-Wien-Köln, 61. Auflage 1986 – **328** Aus: Ders., Tagebuch 1946- 49. © Suhrkamp Verlag, Frankfurt am Main 1950 – **331** Aus: Abschied. © by Arche Verlag AG Raabe + Vitali, Zürich 1980 – **333** Einübung. Vgl. E. Schockenhoff, Sterbehilfe und Menschenwürde, Regensburg 1991 – **337** Um Versöhnung und Frieden besorgt. Aus: H. Becker (Hrsg.), Im Angesicht des Todes. EOS Verlag, St. Ottilien 1987 – **339** Mit frdl. Genehmigung des Amman Verlags. Aus: Ders., Der Schlag des Trommlers. © by Amman Verlag AG, Zürich 1992 – **341** Aus: Totenrede für Peter Noll am 18.10.19982, in: Ders., Gesammelte Werke in zeitlicher Folge, Band 7. © Suhrkamp Verlag, Frankfurt am Main 1986 – **344** Aus: Ders., Worte gläubiger Erfahrung. Verlag Herder, Freiburg-Basel-Wien 1985 – **346** Aus: Abschied. © by Arche Verlag AG Raabe + Vitali, Zürich 1980

Anhang

355-364 Nach: Der Bundesminister der Justiz informiert, Erben und vererben. 16. überarbeitete Auflage Juli 1991. Bezug: Referat für Presse- und Öffentlichkeitsarbeit, Heinemannstr. 6, 53175 Bonn

Bilder

48 a Edvard Munch, Junges Mädchen am Strand, 1896. Schabkunst, Kalte Nadel auf Zink. Gelb, violett, mit verschiedenen Grüntönen, 287 x 217 cm. Oslo, Kommunes Kunstsamlinger Munch Museet (OKK 816-1 Sch. 41) – **64 a** Edvard Munch, Das Herz, 1899. Holzschnitt von einer Platte, die in drei Teile zersägt ist. Schwarz, rot, blau-grün, 252 x 184 cm. Oslo, Kommunes Kunstsamlinger Munch Museet (OKK 602-47 Sch. 134) – **96** Krypta der Hl. Cäcilia. Aus: Diaserie: Die Katakomben. Audiovision LDC Leumann, Turin (Dia 37) – **97** Tanzwütige auf einem Kirchhof. Nach einem Holzschnitt. Aus: Hans-Jürgen Wolf, Sünden der Kirche. Historia 1992 – **100/101** Aus dem Totentanz von Hans Holbein d.J., Holzschnitt, um 1525. München, Staatsbibliothek. Foto: Kösel-Archiv – **104** Der Tod und der Arzt. Holzschnitt. Foto: Kösel-Archiv – **128 a** Marc Chagall, Die Schöpfung. Wolle, 255 x 187 cm. Paris, Atelier Yvette Cauquil-Prince; Paris, Ida Chagall © VG Bild-Kunst, Bonn 1993 – **144 a** Marc Chagall, Gott erschafft den Menschen, 1979. Ausschnitt aus einem Glasfenster in St. Stefan, Mainz. © VG Bild-Kunst, Bonn 1993 – **148** Trennung von Seele und Leib. Aus dem »Rosarium philosophorum«, 1550. Foto: Pierre Belzeaux – **160 a** Georges Rouault, Haupt Christi, um 1937. Öl auf Papier, 105 x 75 cm. Cleveland Museum of Art. © VG

Bild-Kunst, Bonn 1993 – **224 a** Marc Chagall, Christus mit der Uhr, um 1956. Gouache, 75,8 x 56,2 cm. Sammlung A. Rosengart. © VG Bild-Kunst, Bonn 1993 – **272 a** Pablo Picasso, Handstudie, um 1920. © VG- Bild-Kunst, Bonn 1993 – **336 a** Odilon Redon, Das Herz Jesu, um 1895. Pastell. Paris, Museé d'Orsay

Fotos